KB161504

하룻밤에 읽는
한국사

하룻밤에 읽는
한국사

최용범 지음
이이화(역사학자) 추천

페이퍼로드
paperroad

재미있으면서도
의미 있는 역사책

우리 집 아이들은 학교 공부를 잘하는 편이다. 그런데 이 아이들은 역사학자를 아버지로 두고서도 국사 성적이 밑바닥에 돌았다. 나는 조금 창피하기도 하여 아이들에게 그 까닭을 물어보았다. 그 대답은 '역사교과서가 너무 딱딱하고 재미없어서 흥미를 끌지 못한다'고 했다. 참으로 답답한 노릇이었다.

학생들에게 사명감을 가지고 역사공부를 하라고 엄숙하게 훈고死語식 방법으로 타이른다면 어른 또는 교육자로서 올바른 태도가 아닐 것이다. 어떻게 흥미를 유발할 것인가? 그 과제는 우리 역사교육계의 오랜 숙제다.

역사의 대중화는 바로 여기에 초점이 맞추어져 있다. 기존의 국사교과서는 군데군데 사어死語를 깔아놓고, 사건을 지루하게 나열해 늘어놓아 현대의식이 결여된 해묵은 역사이론을 서술하고 있으니, 감수성이 예민한 학생들의 흥미를 유발할 수 없음은 너무나 당연해 보인다.

따라서 우리 역사책을 쉽고 재미있으면서 의미 있게 써야 한다는 현실적 요구가 널리 제기된다. 글 쓰는 이도 그런 사람 중 하나다. 그렇다고 볼 때, 『하룻밤에 읽는 한국사』도 역사대중화를 위한 책 중 하나다. 그런 의미에서 이 책을 독자에게 추천하는 바이다. 이 책의 특징을 몇 가지 제시하면 다음과 같다.

첫째, 단군 사실史實을 객관적 관점에서 다루었고 발해사를 우리 역사 무대에 올렸다는 점이다. 우리 고대사는 누더기가 될 지경으로 너무나 상반된 견해를 보여 왔다. 『하룻밤에 읽는 한국사』는 이 부분에 대한 기술에서 합리적 방향을 제시했다.

둘째, 연대기로만 역사를 기술하지 않았다는 점이다. 하나의 주제를 두고 그 시작에서 결말까지 기술했다. 다시 말해 한 주제의 전체를 이해하는 데 도움을 주게 했다. 예를 들면 당파를 설명하면서 그 초기에서 마지막 단계까지 서술했다.

셋째, 한 왕조가 시작되면서 전체 흐름을 한눈에 볼 수 있도록 그림으로 요약해 제시하고, 역사 지리 또는 요점 정리라 할 도표와 그림을 풍부하게 삽입하여 시각적 효과를 가져왔으며, 매 원고마다 마무리에 강조 문장으로 주요 사항을 반복 학습하게 했다.

넷째, 역사용어를 살리면서 경색되지 않은 용어를 사용했으며 전체 서술에 있어 간결체 문장을 구사했다. 이는 학습과 이해를 동시에 충족시키는 장점이라 할 만하다. 역사책에서는 지나치게 소설체 서술을 도모하는 것도 그 기본 흐름을 도외시하는 결과를 빚기 일쑤다.

다음으로 이 책의 가장 큰 장점은 '근현대사' 서술 부분일 것이다. 대체로 대중용 역사서 또는 역사교과서에서 근현대 서술은 가장 논란거리가 되어왔다. 여기에는 너무나 편향된 금기사항이 많기 때문이다. 이와 달리 이 책에서는 이런 금기사항을 깨고 너무나 가치중립적 시각으로 근현대 역사를 기술했다. 그 보기를 몇 가지 들면 이러하다.

동학농민전쟁을 지배세력의 관점이 아니라 농민군의 요구와 주장을 중심에 두고 서술했다. 농민군의 처지가 어떠했는지, 그들이 꿈꾼 세상이 무엇이었는지를 요령 있게 설명했다. 김일성의 활동도 객관적으로 서술했다. 김일성의 항일투쟁 실상과 가짜 논쟁을 간단명료하게 설명하였고, 더욱이 해방 뒤 반민족행위특별조사위원회의 실패, 친일파 문제 등 식민지 잔재를 청산하지 못한 사실을 적시하였다. 그 속에 친일파 행적 정리를 통해 백낙준, 홍난파, 서정주 등 친일파 명단을 제시했다.

한편 해방 뒤 찬탁 반탁의 과정을 다룬 부분과 미군정기의 민중항쟁과 학살을 다룬 부분은 현대에 사는 우리 독자들의 역사의식에 도움을 줄 것이다. 또한 6·25전쟁부분도 객관적 서술을 도모하여 독자들의 현대사 이해를 고양시킬 것이다.

아무튼 일본 역사교과서의 왜곡 문제가 논의되는 시대에 살고 있는 역사학자로서 흔쾌한 마음으로 이 책을 독자들에게 추천하는 바이다.

이이화 (역사학자)

한국사 서문 개정증보판 머리말을 대신해

이 책을 세상에 내놓은 지 벌써 20년 가까운 세월이 흘렀다. 당시 필자는 『월간중앙』에 「역사 인물 가상인터뷰」란 코너를 만들어 힘겹게 연재하고 있었는데, 그걸 눈여겨 본 중앙M&B(현 중앙북스)의 한 기획자가 집필을 제의해 겁도 없이 쓰게 된 게 바로 이 책이었다. 부족한 필자이지만, 이 책이 전문적인 지식을 대중에게 쉽게 전달하는 가교를 목표로 기획됐다는 점, 그 정도 역할이라면 필자도 제몫을 할 수 있을 거라는 생각에 기쁘게 제의를 받아들였다.

하지만 한 권의 책을 쓰는 게 쉬운 일은 아니었다. 최소한 우리 시대 역사 연구의 진일보된 면은 보여줘야 하기 때문에 전문도서를 뒤적이는 내내 활자화에 대한 부담감으로 긴장의 연속이었다. 물론 세상에 쉽게 써지는 책은 없겠지만, 이 책은 그 가운데서도 분에 넘치는 대접을 받았다. 총 100쇄를 찍게 되었고, 전국의 각급 단위 학교, 대학에서 추천도서로 지정해주었다. 공무원 시험을 준비하는 이들도 본격적인 시험 준비에 앞서 한국사의 큰 그림을 그리기 위해 읽는다고도 한다.

그럼에도 『하룻밤에 읽는 한국사』는 한계도 많았다. 그 뒤 역사학계의 진전에 따라 달라진 내용도 있고, 지금 와서 돌아보면 필자의 설익은 견해가 도드라지는 대목도 많았다. 특히 근현대사 부분이 그러했다. 역사라는 분야는 고정되어 있지 않다. 새로운 내용이 발견되기도 하고, 기존의 학설이 뒤집어지기도 한다. 연도와 사건을 암기하는 것만으로는 역사를 제대로 이해했다고 말하기 힘들다.

기억을 둘러싼 역사 전쟁이 한중일 간에 끊임없이 계속되고 있다. 한국 사회에서도 역사에 대한 좌우의 시각 투쟁이 한창이다. 필자는 그에 대해 뭐라 언급할 마음은 없다. 다만 사실은 사실대로, 의견은 의견대로 구분해 생산적인 논의가 되길 바랄 뿐이다. 허공에 대고 삿대질해대는 역사 투쟁은 공허한 대립과 허구적인 자기만족만 있을 것이기 때문이다. 특히 우리 역사 부면에 와서는 우리의 어둡고 부끄러운 과거사에 대해서도 정면으로 응시하고 자기 반성하는 모습을 먼저 보였으면 한다. 반성할 줄 아는 힘이 근기 있는 자아를 만들지 않을까?

이 책은 본격적인 연구서나 독자적으로 역사를 해석하는 책은 아니다. 다만 역사에 관심을 두는 사람이 부담 없이 보고 다음 단계로 넘어가는 징검다리 역할만 해주면 좋겠다. 암기 위주의 역사 공부에 질린 사람이라도 이 책이 보여주는 전체 그림을 재미있게 훑어보고 나면 교과서가 새롭게 보일 것이다. 부족한 필자의 책이라 흠결이 많다. 독자들의 질책이 있다면 달게 받고 언제든 수정해가고자 한다. 양해 바란다.

최용범

역사를 의심하면
역사가 보인다

우리 역사에서 가장 자랑스러운 장면을 꼽는다면 어떤 것일까? 광개토대왕의 정복전쟁? 혹은 수와 당을 통쾌하게 물리쳤던 을지문덕의 살수대첩과 안시성 성주의 안시성 전투? 이런 대목도 좋기도 하지만 가장 자랑스러운 것으로 꼽자면 거란의 침략에 맞서 외교전과 군사전 모두에서 완승을 거두었던 고려의 대거란 전쟁 때다. 당시 서희 장군은 거란의 의도를 정확히 읽어내 거란군 총사령관 소손녕과의 한판 담판을 승리로 이끌었다. 영토를 떼어달라는 거란에게서 오히려 강동6주를 새롭게 얻어내는 통쾌한 역전승이었다. 나는 이런 서희 장군의 당당함과 현실인식 능력에 감동한다. 개인적으로 서희 장군의 팬이다. 그래서 딸 이름도 서희로 할까 심각하게 고민하기도 했다.

서희 장군은 협상전에서 이긴 뒤 거란의 재침략에 대비해 병력을 증강해 조련한 뒤 쳐들어온 거란군을 귀주에서 완파했다. 외교, 군사 모두 탁월하던 때였다. 송_宋이란 대국을 대륙의 한 귀퉁이로 몰아냈던 요나라도 고려에는 완패 당했던 것이다. 복잡한 국제정세 속을 헤쳐가야 할 지금의 상황을 어떻게 풀어야할지를 보여주는 이정표다.

그렇다면 반대로 가장 치욕스런 장면은 어떤 것일까?

나는 임진왜란과 병자호란 당시 조선 지배층의 대처 장면을 꼽는다. 당시 조선 백성은 일본군의 길잡이가 되기도 했고, 선조의 장남인 임해군을 붙잡아 일본군에 넘기기도 했다. 탐욕스런 왕자의 수탈에 이를 갈았기 때문이었다. 선조는 도망가기에 바빴고, 도망가는 선조 일행에게 백성들은 돌을 던졌다. 제 백성을 지키지도 못하고 도망가는 지배층에 대한 분노였다. 의병들의 빛나는 항쟁으로 임진왜란을 견딘 뒤 선조는 오히려 곽재우 같은 의병장을 홀대했다. 무너진 군위를 지키려는 헛된 자존심이었다. 인조반정이란 쿠데타를 일으킨 뒤 집권한 인조와 서인 세력은 임진왜란 당시 조선에 출정했던 명나라에 보은해야 한다는 헛된 명분에 빠져 명과 손잡고 청을 배척하는 정책을 선택했다. 준비도 없이. 그 결과는 인조가 청의 태종에게 무릎 꿇고 머리를 땅바닥에 박치기를 해야 했던 '삼전도의 치욕'이었다.

한 개인도 살다보면 잘한 때도 있고, 부끄러운 때도 있는 법이다. 역사 역시 마찬가지다. 한국사를 들여다보면 영광과 치욕이 교차한다. 우리의 부끄러운 과거사에 대해서도 정면으로 응시하고 자기반성하는 모습이 있어야 한다. 반성할 줄 아는 힘이 근기根基 있는 자아를 만들고 이는 같은 오류를 되풀이하지 않도록 만든다. 사실 역사를 공부하는 이유도 바로 이 때문일 것이다.

한국사 전체를 아우르는 통사적 성격을 띠고 있는 이 책을 서술하면서 나는 한국사의 전 영역을 포괄해 압축적으로 서술하는 방식을 채택하지 않았다. 그런 작업은 전문연구자들이 해야 할 몫이다. 대신 이 책의 목적을 '역사에 대한 의문'을 갖게끔 하는 데 두었다. 상식적으로 알았던 역사적 사실의 이면을 보여주는가 하면 시각을 달리해 같은 사실이라도 다르게 볼 수 있도록 했다. 독자들이 나의 시각에 동의할 수도 그렇지 않을 수도 있다. 다만 이를 통해 역사를 보는 자기만의 시각을 가지면 이 책의 목적은 달성한 셈이다.

이 책은 본격적인 연구서나 엄정한 시대구분론에 기초한 교과서적인 한국사 개설서가 아니다. 다만 우리 역사를 관심 있게 보고자 하는 초심자가 맛보기식으로 부담 없이 읽고 그다음 단계로 넘어가는 징검다리 같은 책이다. 딱딱하고 암기 위주의 역사 공부에 질린 사람이라면 이 책을 통해 역사의 재미를 느꼈으면 한다.

책의 성격상 참고가 됐던 많은 저서들에 대해 일일이 주석을 달지 못했다. 도움을 줬던 자료는 책 뒤에 밝혔다. 역사의 대중화와 생활화를 위해 좋은 책을 썼던 저자들에게 감사의 말을 전한다.

최용범

차 례

추천의 글	재미있으면서도 의미 있는 역사책	4
책머리에	한국사 서문 개정증보판 머리말을 대신해	7
들어가며	역사를 의심하면 역사가 보인다	9

1장 선사문화와 고대 국가 건설 _ 고조선의 성립과 삼국시대의 전개

훈족이 한반도 출신이라고?	19
그 많은 고인돌이 말해주는 것	22
단군신화, 어떻게 볼 것인가?	26
승리한 장군 모두 처형해버린 고조선-한 전쟁	30
삼국의 건국설화에 숨어 있는 세 가지 이야기	34
경제는 일류, 정치는 삼류였던 가야	40
광개토대왕은 어떻게 대제국을 건설할 수 있었을까?	44
한반도 역사를 바꾼 평양 천도	47
고대사 최대의 수출국 백제	51
고구려 삼국통일의 기회를 망친 운명적 수도이전	54
법흥왕대의 친위쿠데타, 이차돈 순교	58
왜 신라에만 여왕이 있었을까?	62
동북아시아 두 강국의 결전, 고구려-수나라 전쟁	66
의자왕의 향락 때문에 백제가 망했다?	70
연개소문 일가의 빛과 그림자	73
신라가 최후의 승자로 남은 이유	77
◆ 신라에 왔던 아랍인들	81

2장 통일신라와 발해 _ 삼국통일을 거쳐 남북국시대로

대조영, 고구려 계승을 선언하다	85
발해를 한국사에 포함시킬 수 있는가?	88
발해의 목줄이 달린 해외무역	92
원효가 해골에서 본 것은?	95
호족 세력의 불교, 선종	98
장보고는 청해진에서 무엇을 꿈꾸었나?	102

골품제 사회 6두품 지식인의 좌절　106

효녀 지은설화에서 통일신라의 붕괴를 본다　110

궁예가 몰락하 지짜 이유　113

농일선생 승리 식선에 패배한 선원　116

왕건의 쿠데타는 계획적이었다　119

◆ 고대사 최초의 사회복지제도 진대법과 을파소　123

◆ 연을 이용한 상징조작으로 내란을 진압한 김유신　124

◆ 매춘녀가 없었던 발해　125

3장　　고려시대 _ 후삼국 통일에서 위화도 회군까지

왕건, 혈연네트워크로 후삼국을 다스리다　129

「훈요 10조」, 전라도 사람은 절대 기용하지 말라고?　133

본관제는 고려에서 시작됐다　137

천하의 중심은 고려다　140

'광종의 개혁' 절반의 고시, 과거제의 도입　143

전시과 도입, 정권의 성격이 경제제도도 결정한다　147

너무나도 판박이인 왕비들의 꿈　150

대 거란 전쟁 제1라운드, 외교전에서 완승을 거둔 서희　155

대 거란 전쟁 제2라운드, 군사력의 승리　158

최고 권력자 이자겸의 반란　161

'묘청의 난' 자주적 민족 운동인가, 불만 세력의 반란인가?　164

고려청자 아름다움의 비밀　167

금속활자, '세계 최초'란 딱지가 부끄러운 보물　170

한국이 코리아로 불리게 된 이유　173

사대주의냐, 냉엄한 춘추필법이냐? 『삼국사기』와 『삼국유사』　177

무신정권, 군사쿠데타로 정권을 잡았지만　181

우리나라 최초의 천민해방운동, 만적의 난　185

대몽 항쟁기의 거대 프로젝트, 팔만대장경　188

반외세 항쟁이냐, 수구세력의 마지막 저항이냐?　192

어디서 감히 첩 제도 운운하나　197

친일파가 있었듯 부원파도 있었다　201

공민왕의 개혁, 신돈은 요승이었나?　205

열 개의 목화씨로 남은 사나이, 문익점　210

끝을 모르는 권문세족의 탐욕　214

◆ 거북선의 원형, 고려 군선　218

◆ 송나라 대시인 소동파가 고려와의 무역을 반대했던 이유　219

500년 조선왕조를 연 요동 정벌군의 회군   223

역성혁명의 기획자, 정도전   227

고려 말 권문세족의 토지문서를 불태우다   231

정말 신문고만 치면 됐나?   234

세종대왕, 그토록 조화로운 인간에게 불행의 그림자가   238

15세기 세계 최고 수준의 자동시계   242

한글을 만든 진짜 이유 세 가지   246

세조의 쿠데타 '왕권 강화냐, 명분 없는 권력욕이냐?'   250

속치마 폭까지 규정한 조선 최고의 법전 경국대전   254

조선의 네로 황제 연산군의 최후, 중종반정   257

조광조, 어느 깐깐한 개혁주의자의 죽음   261

누가, 왜, 무엇 때문에 싸웠는가?   265

임진왜란은 무역 전쟁이었다!   269

불패의 게릴라 부대, 의병   272

이순신이 넬슨보다 위대한 이유   275

세계로 수출된 지식상품, 『동의보감』   279

광해군, 조선시대 최고의 외교정책가   283

인조반정, 성공한 쿠데타는 역사도 처벌 못한다?   287

병자호란, 그날 인조는 무슨 생각을 했을까   289

소현세자 독살설의 진상   292

영조, 정쟁의 한복판에서 중흥 시대를 열다   296

정조가 수원에 열두 번 간 까닭은   301

조선에도 장사로 큰돈을 번 여자가 있었다   305

전봉준은 정말 정약용의 개혁론을 만났을까?   308

검찰이 구속한 신윤복의 춘화   312

세도정치, 2만 냥 주고 고을 수령을 산다?   317

용병을 고용한 평안도 농민전쟁   320

〈대동여지도〉, 김정호는 정말 옥사했는가?   325

세도가의 가랑이 사이를 기어나간 흥선대원군   330

◆ 조선시대 이혼 이야기   334

◆ 봉급 한 푼 없었던 조선시대의 향리   335

5장   근대의 전개와 현대사회의 성립 _제국주의 침략에서 민주국가 수립까지

제국의 근대화의 빌미를 잡은 병인양요와 신미양요   339

강화도조약, 새끼 제국주의 국가 일본에 일격을 당하다   343

임오군란 후 외국군이 주둔하다   347

노터치No-Touch가 노다지의 어원이라니!   351

김옥균의 삼일천하, 갑신정변   355

동학의 창시와 농민혁명의 전개   359

녹두장군 전봉준의 꿈   363

이완용이 독립협회의 초대위원장이었다   368

평민에게 넘어간 의병투쟁의 지도권   372

을사조약, 불법조약 체결을 강요하다니!   375

3·1운동, '동방의 등불'이 된 코리아!   378

'대한민국임시정부' 신채호, 이승만에게 일갈하다   383

홍범도, 봉오동·청산리전투를 승리로 이끌다   387

일제와의 야합 속에 진행된 예비 친일파의 자치운동   390

일제하 최대 규모의 독립운동조직, 신간회   394

김일성은 가짜였다?   398

잔혹한 수탈과 억압을 자행한 일제   401

아직도 청산되지 않은 반역의 역사, 친일파 문제   404

8·15해방과 건국준비위원회, 반쪽짜리 독립   407

찬탁은 재식민화의 길이었나?   411

식민잔재 청산, 그 통한의 좌절   414

비전쟁기간에 일어난 최대의 학살극, 4·3항쟁   418

남침이냐, 북침이냐?   422

한국 민중, 최초의 승리를 거두다 '4·19혁명'   425

박정희 개발독재의 빛과 그림자   428

광주민주화항쟁에서 촛불항쟁까지   431

참고문헌   435

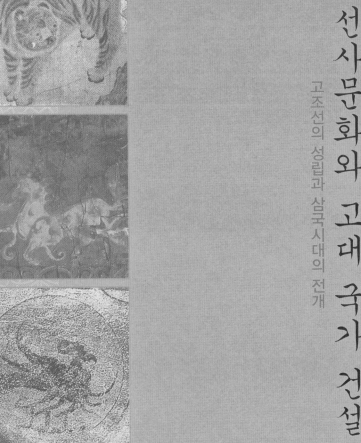

1장

선사문화와 고대 국가 건설

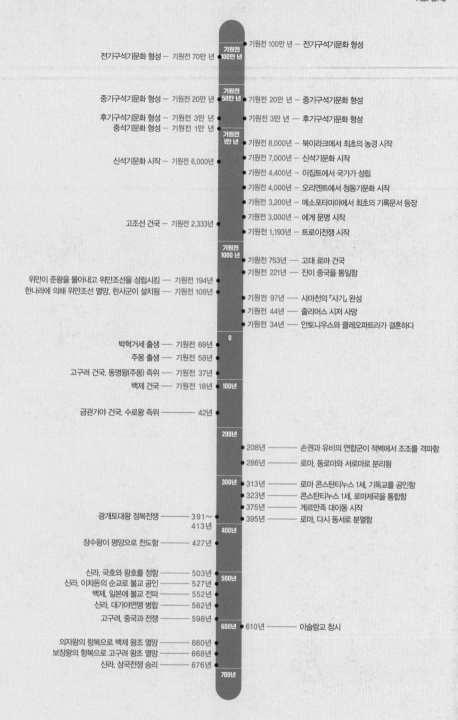

한국사

세계사

한국사		세계사
	기원전 100만 년	기원전 100만 년 − 전기구석기문화 형성
전기구석기문화 형성 − 기원전 70만 년		
중기구석기문화 형성 − 기원전 20만 년	기원전 50만 년	기원전 20만 년 − 중기구석기문화 형성
후기구석기문화 형성 − 기원전 3만 년		기원전 3만 년 − 후기구석기문화 형성
중석기문화 형성 − 기원전 1만 년	기원전 1만 년	
		기원전 8,000년 − 북이라크에서 최초의 농경 시작
신석기문화 시작 − 기원전 6,000년		기원전 7,000년 − 신석기문화 시작
		기원전 4,400년 − 이집트에서 국가가 성립
		기원전 4,000년 − 오리엔트에서 청동기문화 시작
		기원전 3,200년 − 메소포타미아에서 최초의 기록문서 등장
		기원전 3,000년 − 에게 문명 시작
고조선 건국 − 기원전 2,333년		기원전 1,193년 − 트로이전쟁 시작
	기원전 1000 년	기원전 753년 −−− 고대 로마 건국
		기원전 221년 −−− 진이 중국을 통일함
위만이 준왕을 몰아내고 위만조선을 성립시킴 − 기원전 194년		
한나라에 의해 위만조선 멸망, 한사군이 설치됨 − 기원전 108년		기원전 97년 −−− 사마천의 「사기」 완성
		기원전 44년 −−− 줄리어스 시저 사망
		기원전 34년 −−− 안토니우스와 클레오파트라가 결혼하다
박혁거세 출생 − 기원전 69년	0	
주몽 출생 − 기원전 58년		
고구려 건국. 동명왕(주몽) 즉위 − 기원전 37년		
백제 건국 − 기원전 18년	100년	
금관가야 건국. 수로왕 즉위 −−−−− 42년		
	200년	
		208년 −−−−− 손권과 유비의 연합군이 적벽에서 조조를 격파함
		286년 −−−−− 로마, 동로마와 서로마로 분리됨
	300년	313년 −−−−− 로마 콘스탄티누스 1세, 기독교를 공인함
		323년 −−−−− 콘스탄티누스 1세, 로마제국을 통합함
		375년 −−−−− 게르만족 대이동 시작
광개토대왕 정복전쟁 −−− 391∼		395년 −−−−− 로마, 다시 동서로 분열함
413년	400년	
장수왕이 평양으로 천도함 −−− 427년		
신라, 국호와 왕호를 정함 −−− 503년	500년	
신라, 이차돈의 순교로 불교 공인 −−− 527년		
백제, 일본에 불교 전파 −−− 552년		
신라, 대가야연맹 병합 −−− 562년		
고구려, 중국과 전쟁 −−− 598년	600년	610년 −● 이슬람교 창시
의자왕의 항복으로 백제 왕조 멸망 −−− 660년		
보장왕의 항복으로 고구려 왕조 멸망 −−− 668년		
신라, 삼국전쟁 승리 −−− 676년		
	700년	

훈족이
한반도 출신이라고?

게르만족 거주 지역과 로마제국을 침략해 유럽 남동부를 100여 년간 지배했던 훈족이 한반도 출신이었을까?

훈족이 한반도 출신이라고 볼 수 있는 두 가지 증거

독일 ZDF TV의 역사 다큐멘터리 시리즈 〈스핑크스, 역사의 비밀〉을 책으로 엮은 『역사의 비밀』에는 다음과 같은 흥미로운 주장이 나온다. 서기 370년경 게르만족 거주 지역과 로마제국을 침략해 유럽 남동부와 중부에 걸친 거대한 제국을 100년간 지배했던, 그러나 멸망한 뒤로는 그 자취를 감춰버린 훈족이 바로 한반도 출신일 것이라는 주장이다. 훈족은 진시황으로 하여금 만리장성까지 쌓게 했던 흉노족의 후예라는 설도 있는데, 그 무시무시한 전투력을 가진 훈족이 한반도 출신이었다니!

저자는 그 근거로 두 가지를 들고 있다. 하나는 경주에서 출토된 기마인물형 토기이다. 이 기마인물형 토기에는 흔치 않게도 말 탄 사람의 뒤에 솥이 얹혀 있다. 이런 형태의 그릇은 지금까지 훈족의 이동로에서만 발견되고 있다고 한다. 또 다른 근거는 19세기에 폴란드 서쪽 지방 슐레지엔에서 출토된 냄비들이다. 이 냄비의 가장자리에는 섬세하게 세공된 잎과 버섯모양의 조각이 있다. 훈족 귀족 부인의 머리띠

기마인물형토기 주인상 · 신라 6세기초, 높이 26.8 cm, 국보 91호, 국립중앙박물관

기마인물형토기는 하인상과 주인상 2기가 함께 출토되었다. 말 등에 깔때기 같은 구멍이 있고 말 가슴에는 대롱이 있는 것으로 보아 술이나 물을 따르는 데 쓰였던 것으로 추정된다. 천마총의 천마도에서 보듯, 고대 사람들은 말이 죽은 자를 하늘로 인도한다고 믿었다.

와 관에도 비슷한 장식이 있다. 그런데 우리나라에도 이와 똑같은 머리장식이 있다고 한다. 이 두 가지를 훈족이 한반도출신임을 증명하는 유력한 증거로 제시하고 있다.

물론 이 주장이 학계에 정설로 받아들여지려면 더 많은 사료가 뒷받침돼야 할 것이다. 그런데 정말 한국인은 어디에서 왔고, 한반도에는 언제부터 살았을까?

요서, 만주, 한반도에 한국인의 조상 출현

약 500만 년 전 지구상에 오스트랄로피테쿠스(남쪽 원숭이란 뜻)라고 불리는 곫인류가 등장했다. 이들은 초보적인 도구도 만들었고, 사회생활도 했고, 자녀도 양육했다. 그 뒤 170만 년 전쯤 호모 에렉투스(직립인간), 30만 년 전쯤 호모 사피엔스(네안데르탈인)가 등장했고 10만 년 전쯤 해서 현생인류인 호모 사피엔스사피엔스(크로마뇽인)가 진화해 나왔다.

한반도에 인간이 최초로 살기 시작한 시기는 약 70만 년 전이다. 호모에렉투스 종의 인간이다. 1972년 평남 덕천 승리산 동굴에서 '덕천인'의 어금니 두 개와 어깨뼈가 발견된 것이 최초였다. 그 외에 평남 상원 검은모루 동굴, 경기도 연천 전곡리 유적에서 구석기인들의 생활상이 발견되었다.

그렇다면 이들을 바로 한국인의 조상으로 볼 수 있을까? 이에 대해서는 부정적인 견해가 많다. 우선 너무 긴 시간 동안 지형과 기후가 변화해, 짐작하기도 힘든 이동과 변형의 과정이 있었을 것이라고 추정되기 때문이다. 남북한의 고고학자들은 그동안 발견된 유물을 토대로, 현재 한국인의 원형이 갖춰진 시기를 1만 년 전에서 1만 5,000년 전 사이로 보고 있다. 대략 이 시점에서 한국인의 조상으로 추정되는 사람들이 요서, 만주, 한반도를 중심으로 동북아시아에 넓게 분포돼 살았고, 신석기에서 청동기를 거치면서 민족의 기틀을 이루어나간 것으로 보인다.

훈족은 4세기말 루아왕 시기에 오늘날의 헝가리 일대를 지배했다. 다음의 아틸라왕 때는 전성기를 이루어. 주변의 게르만 제부족을 복속시켜 흑해 북안에서 라인강에 이르는 일대제국—大帝國을 수립하였다.

그 많은 고인돌이
말해 주는 것

한반도에는 전 세계 고인돌 중 40퍼센트 이상인 4만여 기 이상이
퍼져 있다고 한다. 이 많은 고인돌이 의미하는 것은 무엇일까?

고인돌 왕국, 한국

팔만대장경과 훈민정음이 각각 1995년, 1997년에 유네스코
세계유산에 지정된 바 있다. 그런데 2000년 11월, 우리가 생각하지 못
했던 유적이 다시 등록되었다. 대체 무엇일까? 그것은 바로 고창과 화
순, 강화의 고인돌이다. 남한에만 3만 기 이상의 고인돌이 있고, 남북
한을 합치면 4만여 기가 넘을 것이라고 한다. 전 세계 고인돌 중 40퍼
센트 이상이 한반도에 있는 셈이다. 현재까지 국제적으로 알려진 고인
돌 유적지는 프랑스와 영국 등 유럽 지역에 있는데, 프랑스에서는 이
를 관광자원으로까지 활용하고 있다. 이외에도 지중해 연안, 인도, 인
도네시아, 중국과 일본 등지에도 일부 나타나고 있다.

그런데 우리나라에 이렇게 많이 분포돼 있고, 박수동 만화 『고인돌』
로 친숙한 고인돌이 왜 그동안 눈에 띄지 않은 걸까? 그것은 박수동
만화에서처럼 받침돌 위에 큰 돌을 얹은 고인돌이 남쪽에는 드물기 때
문이다. 이런 탁자 모양의 고인돌은 대체로 북방계통의 것이자 초기의
것이다. 남방식은 큰 돌만 덩그러니 놓아두거나, 거대한 덮개돌을 자

그마한 받침돌로 괴어놓은 형태가 대부분이다. 그 외에도 고인돌의 형태는 시기와 지역에 따라 다양한 모습을 보이고 있다.

고인돌이 말해주는 선사시대의 모습

그렇다면 고인돌은 언제 만들어졌고, 그 시대의 모습은 어떠했을까? 학자들은 고인돌을 만들 때 필요한 인원수와 그 부장물을 통해 이를 추정하고 있다. 작게는 십 톤에서 크게는 백 톤에 이르는 덮개돌을 나르는 데는 수십 명에서 천여 명까지 동원해야 한다. 이렇게 동원할 수 있으려면 우선 이만한 인원이 모여서 살고 있어야 한다. 또한 지배자와 피지배자가 명백히 분화된 시기라야 한다. 지배자는 정치권력에서나 경제력에서 우월한 입지를 바탕으로 피지배자를 자신의 무덤을 축조하는 데 동원하였다.

이 시기는 바로 농경이 본격적으로 시작되고, 청동무기로 무장해 정복활동을 활발히 벌이던 청동기시대였다. 우리나라 청동기시대는 대략 3,000년 전으로 보고 있는데, 이때는 우리나라 최초의 국가인 고조선시대였다.

고인돌 · 경북 문경시
고인돌은 청동기시대의 일반적인 무덤 형태였다.

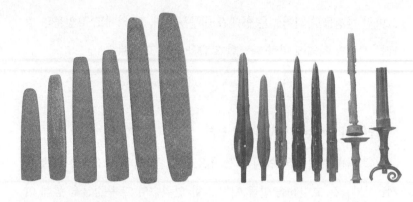

돌도끼 · 경북 울진군의 신석기 유물   청동검 · 청동기문화를 대표하는 유물

청동기시대의 간돌도끼와 갈판

청동기시대의 거대무덤에서는 제사장이나 군장의 것으로 추정되는 비파형동검, 거
울, 방패 등의 부장품이 나와 지배층의 무덤임을 확실히 알 수 있게 해준다.

뭐, 고인돌이 청동기시대의 무덤이었다고?

여기서 이런 의문이 하나 들 수 있다. 한 마을에서만 수백 기의 고인돌이 있고, 전남지방에만도 1만6천여 기가 있는데, 그 많은 고인돌들은 전부 당시 지배층인 군장(부족장)의 것이었을까? 그러기에는 너무 많다! 그렇다면 누구의 것이란 말인가?

고인돌은 바로 청동기시대의 일반적인 무덤 형태였던 것이다. 물론 천여 명의 인원이 동원돼야 하는 거대 무덤은 족장의 것이 분명하다. 이런 거대 무덤에서는 제사장이나 군장의 것으로 추정되는 비파형 동검, 거울, 방패 등의 부장품이 나와 지배층의 무덤임을 확실히 알 수 있게 해준다. 반면 부장품이 없는 작은 고인돌은 평민의 무덤이라고 추정할 수 있다. 수십 명만 동원되면 축조할 수 있는 작은 고인돌은 당시의 보편적인 매장방법이었을 것이다. 그 정도의 규모라면 공동생활을 하는 부락 단위의 사람들이 충분히 만들 수 있었을 것이다.

고인돌은 동아시아지역에서는 중국 랴오둥遼東 과 산둥山東, 일본 규수九州에 약간 있을 뿐, 주로 한반도 전역에 퍼져 있는 우리나라 고유의 거석巨石 기념물이다.

단군신화,
어떻게 볼 것인가?

인간이 되는 데 성공한 곰과 실패한 호랑이는 각각 무엇을 말해주는 것일까?
단군신화의 숨은 의미를 찾아 나서자!

신화의 숨은 그림 찾기

신화는 액면 그대로 받아들일 수 없다. 그러나 신화는 당대의 진실을 담고 있는 또 다른 역사 기록이기도 하다. 그렇다면 단군신화에 숨어 있는 진실은 무엇일까?

먼저 단군신화의 내용을 살펴보자.

환인의 아들 환웅이 천하에 뜻을 두고 널리 인간을 이롭게 하고자 했다. 이 뜻을 알고 환인은 천부인 세 개를 주어 세상을 다스리게 하였다. 환웅은 자신을 따르는 삼천 무리와 풍백風伯, 우사雨師, 운사雲師를 거느리고 태백산(묘향산) 꼭대기의 신단수로 내려왔다. 그는 곡식, 수명, 질병, 형벌, 선악 등을 주관하고, 인간의 360가지 일을 맡아서 세상을 교화시켰다. 그러던 어느 날 곰과 호랑이가 환웅에게 사람이 되게 해달라고 빌었다. 환웅은 쑥 한 심지와 마늘 스무 개를 먹고 백 일 동안 햇빛을 보지 않는다면 사람이 될 것이라고 하였다. 마침내 백 일 후 곰만이 약속을 지켜 여자가 되었다. 환웅은 여자가 된 곰과 결혼해 단군왕검을 낳았다. 단군왕검은 평양을 수도로 삼아 조선을 건국하고, 후에 아사달로 천도한 뒤 1,500년 동안 다스렸다. 나중에 주의 무왕이 은나라 사람 기자를 조선의 왕으로 책봉하자, 수도를 장당경으로 옮겼다가 훗날 아사달에 돌아와 산신이 되었다.

기자조선은 조작된 것이다?

이상이 『삼국유사』가 전하는 단군신화의 대략적인 내용이다. 과연 이 안에는 어떤 사실들이 숨겨져 있는 것일까?

먼저 환웅에 대해 살펴보자. 환웅은 하늘에서 내려온 인물로 표현되는데, 이는 우월한 문화를 가진 타 지역 이주민임을 나타낸다. 반면 웅녀는 태백산 지역의 토착민으로 해석할 수 있다. 고대 신화에서는 이

고조선의 성립과 변천

기원전 2333년 단군조선	• 단군왕검이 건국 • 신석기시대에서 청동기시대로 발전하는 단계 **→ 새로운 사회질서 성립**

기원전 12세기 초 기자조선	• 주 무왕이 중국의 현자 기자를 조선의 왕으로 봉함 **→ 기자 동래설**

기원전 194년
위만조선
	• 중국 진·한 교체기 혼란으로 많은 유민이 고조선으로 유입
	  → 우수한 철기문화 도입
	• 위만의 쿠데타
	  → 조선의 국호 계승, 고조선의 전성기

십이지신상(十二支神像) 중 호랑이 · 국립민속박물관
관복을 입은 호랑이가 두 손을 모으고 서 있다. 단
군신화에서 인간이 되는 데 실패한 호랑이는 어떻
게 봐야 할까?

주민이 남자와 하늘, 토착민은 여자와 땅으로 전형화 되어 있다. 그렇
다면 인간이 되는 데 실패한 호랑이는 어떻게 봐야 할까? 이는 호랑이
를 신으로 섬기던 부족이 새롭게 진출해온 이주민 세력에게 저항하다
패퇴한 것으로 볼 수 있을 것이다.

'단군왕검'은 제사장을 가리키는 '단군'과 정치적 지배자를 뜻하는
'왕검'을 합친 말이다. 즉, 당시가 제정일치사회였음을 나타내고 있다.
비와 바람과 구름을 부르는 풍백, 우사, 운사의 존재는 고조선 사회가
농경사회였음을 말해준다. 360가지 일을 주관했다는 것은 통상 1년을
360일로 보는 고대의 시간개념상 인간사 전반을 뜻하는 것이다. 이는
곧 생업인 농업에서부터 법제도인 형벌, 도덕적 관념인 선악여부의 판

정까지 통치체제 전반을 완전히 수립한 것으로 해석할 수 있다.

단군왕검이 1,500년간 통치하다 중국에서 기자가 왕으로 책봉되어 오자 산신이 되어 숨어 살았다는 것은, 단군조선이 주나라의 지배하에 들어간 것으로 볼 수 있다. 그러나 기자조선이 실재했는가에 대해 학계에서는 중국 측의 조작 가능성을 제기한다. 이상하게도 기자조선은 중국 측 사서인 『상서대전尚書大全』이나 『사기史記』 등에는 나오지만 우리 측의 사료에서는 그 흔적을 찾아볼 수 없다.

바로 이 점 때문에 중국 측이 기원전 108년 고조선을 멸망시키고 나서 그 침략을 합리화하기 위해 기자조선을 조작한 것이 아닌가 하는 의혹이 제기되는 것이다. 고조선의 문화가 기자가 속했던 은의 문화와는 성격이 완전히 다르다는 사실도 이러한 의혹을 뒷받침하고 있다.

그래서 최근에는 '기자조선'이란 실체가 있었던 것이 아니라, 은나라와 주나라의 유민 중 일부가 고조선 쪽에 흘러 들어왔을 것이라고 추정하고 있다.

『삼국유사』를 쓴 일연—然은 단군신화에 나오는 조선朝鮮을 위만조선衛滿朝鮮과 구분하려는 의도에서 '고조선'이란 명칭을 처음 사용하였다. 그 뒤 이성계가 세운 조선과 구별하기 위해 이 명칭을 널리 쓰게 되었다.

승리한 장군을 모두 처형해버린
고조선―한 전쟁

우여곡절 끝에 한나라는 고조선을 멸망시켰지만,
그것은 실패한 전쟁이었다.

위만조선의 성립

기원전 195년, 연나라의 고위 관료였던 위만이 고조선으로 도망 왔
다. 연나라의 왕이었던 노관이 한나라의 지배를 피해 흉노로 도망치자
그의 부하였던 위만이 고조선의 변경으로 온 것이었다. 위만은 휘하
세력 1천여 명을 끌고 와 고조선 준왕의 신하가 되었다. 위만은 휘하
의 세력을 잘 다스려 힘을 모았고, 10여 년 전 연과 제에서 고조선으로
이주한 수만의 가호와 고조선 토착민 세력도 규합해 고조선 준왕에 쿠
데타를 일으키고 왕이 되었다. 이때가 기원전 194년, 위만조선의 시작
이었다.

위만조선은 이웃한 동옥저와 임둔 진번 등의 부족국가를 정복했고,
주변 소국과 한나라의 직접 교역을 막았다. 한과 주변국 사이의 중계
무역을 통해 이익을 얻기 위해서였다. 위만의 손자대인 우거왕 때 진
번과 삼한 등 한반도 남부 지역의 각국이 한나라에 사신을 보내려했으
나 가로막자 한무제는 사신 섭하를 시켜 회유하려 했다. 북쪽의 흉노
와 연합하려는 것을 막으려는 목적도 있었다. 그러나 고조선은 고분고

요령식동검 · 국립중앙박물관

비파형동검이라고도 부른다. 고조선의 상징으로 여겨지는 요령식동검이지만 한반도에서는 그리 많이 출토되지 않으며 지배자의 위세품으로는 오히려 간돌검이 더 많이 사용되었다.

세형동검 거푸집 · 국립중앙박물관

세형동검과 달리 요령식동검은 거푸집이 발견되지 않았다. 다만, 중국 동북부 지역과 한반도 남부 요령식동검의 형태에 차이가 있기에 한반도에서도 독자적으로 요령식동검을 제작했을 것으로 추측하고 있다.

분하지 않아, 빈손으로 귀국을 하게된 섭하가 사고를 쳤다. 배웅 나온 고조선 장수를 죽이고, 한무제에게는 성과인 양 허위보고한 것이었다. 한무제는 섭하를 요동군 동부도위로 삼아 파견했다. 고조선은 가만 있지 않았다. 군사를 보내 섭하를 처단했다.

그러자 한무제는 누선장군 양복과 좌장군 순체에게 5만의 병력을 주어 고조선을 침략했다. 20여 년에 걸쳐 흉노와의 무모한 전쟁으로 인민을 피로하게 했던 한무제는 고조선 문제에도 강경일변도였다. 그러나 고조선은 만만치 않은 국가였다. 우거왕은 고조선의 험한 곳에 군사를 배치해 대비했다. 양복은 수군 7천으로 패서에서 고조선군과 싸웠으나 패배했다. 누선장군 양복은 겨우 산속으로 도망쳐 목숨을 부지했다. 좌장군 순체 역시 고조선군과 싸웠으나 이기지 못했다. 한무제는 위산에게 대군을 맡겨 무력시위를 하며 우거왕을 회유했다. 우거왕은 항복 협상에 임해 군마 5천 마리를 바치기로 하고 태자와 군사 1만 명을 대동해 위산과 함께 한라에 들어가게 했다. 그런데 또 문제가 생겼다. 군사 1만이 한라에 입국하면 문제가 생길 것을 우려한 위산이 무장해제를 요구한 것이다. 고조선 태자는 응하지 않고 돌아갔다. 한 무제는 협상을 결렬시킨 사신 위산을 목 베었다.

내분으로 멸망하다

1년 넘게 5만의 한나라군이 고조선과의 전쟁에서 성과를 거두지 못한 것이 누선장군과 좌장군 두 사람의 불협화음 때문인 것을 파악한 무제는 제남(현재의 산동반도 일대) 태수 공손수를 파견해 두 부대를 지휘하게 했다. 공손수는 좌장군 순체의 보고에 따라 분열의 원인이 누선장군에 있다 보고 양복을 체포했다. 그러나 이 보고를 들은 무제는 공손수를 목베었다.

좌장군 순체는 부대를 통합해 다시 고조선을 공격했다. 고조선군은 잘 막았다. 그러나 내부분열이 문제였다. 세 사람의 국상國相과 장군 왕협이 우거왕에게 항복을 청했다. 그러나 우거왕은 거절했다. 이에 네 사람은 한나라로 도망갔다. 니계상 자리에 있던 참은 자객을 보내 우거왕을 살해하고 성을 탈출해 한나라로 갔다. 우거왕의 왕자 장長까지 항복했으나 우거의 대신 성기가 왕검성의 백성을 지휘해 끝까지 싸웠다. 왕자 장과 국상의 아들까지 합세해 성내의 백성을 선동해 성기를 죽였다. 결국 고조선은 망했다. 한무제는 낙랑, 임둔, 진번, 현도 등 4군을 설치해 고조선을 다스리게 했다.

그런데 여기서 의문점이 남는 것이 있다. 정복전은 성공했다. 그러나 좌장군 순체는 분열의 죄로 기시(棄市)당했다, 목 베어져 저자거리에 시신이 버려지는 극형이었다. 우거장군 양복 역시 처형당할 뻔했으나 돈을 바치고 목숨을 겨우 부지하고 평민으로 떨어졌다. 곧 고조선 정벌전에 관계됐던 고위직 사신, 장군 모두 극형에 처해진 것이다. 고조선에서 항복한 왕자와 국상 등만이 제후로 대접받았다. 사마천이 쓴 『사기』와 반고의 『한서』가 전하는 전쟁 전후다. 이상한 정복전쟁이었다.

사마천이 쓴 『사기』는 최초의 기전체 역사서다. 사건을 연대순으로 서술한 편년체와 달리 기전체는 인물과 사건 위주로 서술한다. 고조선의 역사는 「열전」에 서술되어 있지만, 주로 위만조선 시기의 역사만을 다루고 있다.

삼국의 건국신화에 숨어 있는 세 가지 이야기

삼국이 저마다 가지고 있는 독특한 건국설화는
태동 당시의 나라 사정을 잘 말해준다.

고구려, 백제, 신라는 각기 자신들의 건국신화를 가지고 있다. 신화의 내용이나 이야기 구조는 조금씩 다르다. 삼국이 형성될 당시의 정황이 각기 달랐기 때문이다. 건국신화는 창업 세력의 지배정당성을 확보하기 위해 사실을 과장하고 신비화하고 있으므로 이야기 자체를 믿을 수는 없지만, 그 배경을 파고들어 가면 당시의 역사적 정황을 얼추 짐작해볼 수 있는 귀중한 자료가 된다. 먼저 고구려의 건국신화부터 『삼국사기』, 『삼국유사』등을 통해 간략하게 알아보자.

부여 계통에서 발전한 고구려

고구려의 건국신화는 부여에서 시작한다.

부여왕 해부루가 늙도록 아들이 없어 산천에 제사를 지내 후사를 구하려 했다. 제사를 지내러 가는 길에 금색을 띤 개구리 모양의 작은 아이가 있었다. 해부루는 이 아이를 아들로 삼고, 이름을 금와라

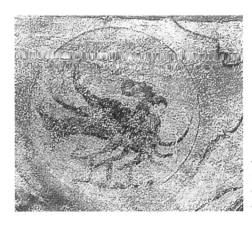

쌍영총의 삼족오 三足烏 · 조선유적유물도감
태양을 등지고 날아오는 불새의 모습
이다. 고구려 무덤, 벽화에서 자주 볼
수 있으며 태양을 상징한다.

했다. 금와는 해부루를 이어 동부여의 왕이 되었고, 어느 날 금와왕
은 태백산 남쪽 우발수 쪽에서 하백의 딸 유화를 만났다. 그때 유화
는 천제의 아들을 자칭하는 해모수의 아이를 임신하고 있었다. 데려
와 출산하게 했는데, 괴이하게도 사람이 아닌 알을 낳았다. 놀란 왕이
알을 버렸으나 개와 돼지 등 짐승들도 피하고, 돌로도 깨지지 않아,
할 수 없이 유화에게 돌려주어 부화하게 했다. 그러자 알에서 사내아
이가 나왔는데, 영걸스럽고, 기상이 높았으며 활을 잘 쏘아 주몽이라
불리게 되었다. 금와왕의 아들들은 자신들의 왕위를 빼앗길까 두려
워 주몽을 죽이려 했다. 주몽은 자신을 따르는 이들을 이끌고 도망을
갔는데, 도중에 재사, 무골, 묵거라는 사람들을 만나 성씨를 내려주고
부하로 삼았다. 강가에 이르러 추격하는 병사들에게 잡힐 뻔한 위기
의 순간에는 물고기와 자라가 다리를 놓아줘 무사히 피할 수 있었다.
그 뒤 압록강가에 정착해 나라를 세웠는데 나라 이름을 고구려라 하
고 자신의 성을 고씨로 했다. 이때 주몽의 나이 스물둘이었다.

주몽신화는 고구려가 부여 계통임을 밝혀준다. 부여의 지배계급 내에서 분화가 일어나 세워진 것이다. 주몽 역시 금와왕 계열의 자손일 것이다. 그러나 고구려인들은 부여 계통과 다른 독자성을 부여하기 위해 '천제의 아들' 해모수를 조상으로 내세웠다. 주몽이 새로운 나라를 세우러 가는 길에 만났던 물고기와 자라, 그리고 현인들은 그가 정착하고자 했던 지역의 토착민일 것이다. 특히 재사, 무골, 묵거는 이름까지 분명한 것으로 볼 때 토착세력의 유력자를 대표한다고 추정할 수 있다. 주몽신화는 북방의 발달된 철기와 우세한 군사력을 가진 이주민 집단이 남하하여 기존 토착세력을 복속시키면서 연맹국가를 형성해 간 과정을 보여주고 있다.

안정된 기반위에서 건설된 백제

백제의 건국신화는 신화나 설화라기보다는 역사에 가깝다. 현실적인 내용이 간략하게만 언급돼 있다.

백제의 시조인 온조는 북부여에서 난을 피해 졸본부여로 온 주몽의 아들이다. 졸본부여왕은 아들이 없어 주몽을 둘째사위로 삼고 왕위를 물려주었다. 주몽은 두 아들을 낳았는데, 맏이가 비류고 둘째가 온조다. 그런데 주몽은 북부여에 두고 온 부인이 낳은 아들이 찾아오자, 그를 태자로 삼았다. 이에 자신들의 안위가 걱정된 온조와 비류는 열 명의 신하와 백성들을 데리고 한강 유역으로 떠났다. 온조는 한강 유역에 도읍을 정하자는 신하의 말에 따라 정착해 나라 이름을

'십제+濟'라 했다. 형 비류는 미추홀(인천 지역)에 도읍을 정하기로 하고 따로 무리를 지어 떠났다. 그러나 미추홀은 물이 짜고 땅이 습해 살 만한 곳이 못 되었다. 비류는 후회 끝에 죽고 백성들은 온조에게 다시 합류했다. 그 후 백성이 즐겨 따르므로 나라 이름을 '백제百濟'로 고쳤다.

이런 현실성 있는 건국신화는 백제가 상당히 안정된 기반 위에서 세워졌음을 말해준다. 지배의 정당성을 신화에 기대지 않고도 충분히 내세울 수 있었던 것이다. 아무래도 고구려 계통의 국가로서 앞선 나라를 벤치마킹 할 수 있었기 때문인지도 모른다. 또한 "열 명의 신하의 보필을 받아 나라를 십제+濟라 했다"는『삼국사기』의 기록은, 백제의 통치 체제가 이미 어느 정도까지 구축되어 있음을 보여준다.

부족국가 수준이었던 초기 신라

이에 비해 신라의 건국신화는 상당히 복잡하면서도 신화적이다.『삼국사기』보다는 원 설화를 기록한 것이라 여겨지는『삼국유사』의 혁거세신화는 사로국6촌의 지명을 세세히 설명하면서 시작된다.

여섯 명의 촌장들이 우두머리를 세우기 위해 회의를 하였다. 그런데 회의를 하다 높은 곳에 올라가 남쪽을 보니, 양산 밑 나정蘿井이란 우물가에서 빛이 나고 흰 말이 무릎을 꿇고 있었다. 촌장들이 그리로 가보니 알이 있었다. 그 알을 쪼개니 아이가 나왔다. 촌장들은 놀랍기도 하고 이상하기도 했지만 아이를 동천東泉에서 목욕시켰다. 아이가 박과 같이 생긴 신성한 알에서 나왔다 하여 성을 박차이라 하고, 이름을 혁거세라 지었다. 6촌의 촌장들은 혁거세의 배필을 찾아주려 했다. 그때 알영이란 우물가에 계룡이 나타나 옆구리로 여자아이를 낳았다. 여자아이는 용모가 엄숙했지만 입술이 닭 부리와 같았다. 그러나 월성의 북쪽 냇물(북천北川)에 목욕시키자 부리가 떨어져나갔다. 여자아이는 우물 이름을 따 알영이라 했다. 이 둘이 열세 살 되던 해 남자아이는 왕이 되고, 여자아이는 왕비가 되었다. 혁거세왕은 나라를 다스린 지 61년 만에 하늘로 올라갔는데, 그 7일 뒤에 유체가 땅에 흩어져 떨어지자 황후도 죽었다. 이 둘을 합장하려는데 이무기가 방해해, 머리, 팔다리의 오체를 따로 장사 지내 다섯 능을 만들었다.

복잡한 신화구조는 권력구조의 반증이다!

역사학자 이이화는 이 신화에 대해 다음과 같이 해석하고 있다. 먼저, 양산촌에서 알이 발견된 것은 6촌연맹 중 주도권을 쥐고 있던 양산촌장이 자기 피붙이를 왕으로 만든 것을 의미한다. 그러나 권력을 독점할 만큼 힘이 강하지 않았던 양산촌장은 나머지 촌장들에게도 크고 작은 권력을 나눠준다. 신화의 복잡함은 권력구조의 복잡함을 나타내기도 한다. 왕비 알영이 나왔던 우물은 고허촌인데, 이는 고허촌장에게 제2권력인 왕비 자리를 내어주었음을 뜻한다.

신라의 건국신화가 이처럼 신화적 성격이 짙은 것은 당시 신라의 사회발전 정도가 지극히 후진적이었음을 보여준다.

그런데『삼국사기』는 신라의 건국 시기를 삼국 중 가장 빠르게 잡고 있다. 하지만 이 신화에서 보듯 초기 신라의 수준은 고구려나 백제에 훨씬 못 미쳤다. 고구려, 백제가 연맹국가 수준의 건국이라면 신라는 그보다 규모가 작은 부족국가 수준의 건국이라고 할 수 있다. 그러나 신라의 이런 늦은 국가 체제 형성은 역으로 삼국전쟁에서 최후의 승자로 남게 해준 원인이 되었다.

백제를 세운 온조는 자신의 성을 부여씨로 하였다. 부여에서 갈라져 나왔기 때문이다. 이웃한 부여와 싸워야 했던 고구려가 부여와의 차별을 강조한 반면, 백제는 부여를 고구려 너머 아득한 곳에 있는 풍요롭고 발전된 꿈의 나라로 여겼다.

경제는 일류,
정치는 삼류였던 가야

빼어난 철기문화를 자랑했고, 활발한 교역을 통해 선진문물 수입에도
유리했던 가야가 고대국가도 수립하지 못하고 망한 이유는?

『삼국사기』가 외면한 가야의 역사

한반도 이남 지역에는 일찍부터 진辰이란 세력이 있었다. 기원
전 2세기경 고조선이 망한 뒤 유민들이 남하해오면서 이 지역의 토착
세력과 함께 새로운 사회발전이 이뤄졌다. 그 결과 마한, 진한, 변한의
연맹체가 나타나게 되었다.

대전, 익산 지역을 중심으로 경기, 충청, 전라도 지방에서 발전한 마
한은 한강 유역에서 새로 일어난 백제국에 통합되었다. 대구, 경주 지
역을 중심으로 한 진한은 신라 성립의 기틀이 된 사로국으로 성장하
였다. 김해, 마산 지역을 중심으로 한 변한은 가야연맹체로 발전하게
된다.

그런데 가야연맹체만은 앞의 두 나라와 달리 단일한 국가로 성립
하지 못하고 소국연맹체제를 유지하다가, 마지막 연맹국인 대가야가
562년 신라에 병합되는 것을 끝으로 역사의 무대에서 사라졌다. 4세
기경까지만 해도 신라에 버금가는 세력을 자랑했던 가야가 순식간에
멸망한 것이다. 『삼국사기』는 아예 가야사를 빼버리며 철저히 외면했

다. 도대체 가야는 어떤 나라였고 , 왜 멸망했던 것일까?

일본이 왜곡한 가야의 역사

우리가 가야사에 관심을 두지 않는 사이 오히려 일본이 가야사를 이용했다. 일본은 자신들이 가야 지역에 '임나일본부'라는 것을 두어 한반도 남단을 식민지배 했다며 역사를 왜곡했던 것이다.

가야는 신라나 백제처럼 단일한 국가 체제를 형성하는 대신, 금관가야를 비롯한 여러 개의 소국으로 분립돼 느슨한 연맹체를 형성하고 있었다. 그러면서도 가야가 신라와 비슷한 수준의 국력이었던 것은 낙동강 유역의 비옥한 평야에서 농사를 지을 수 있어 확실한 경제적 기반을 갖추고 있었기 때문이다.

또한 가야는 철의 생산지로서 주변의 마한, 왜, 낙랑과 활발히 교역

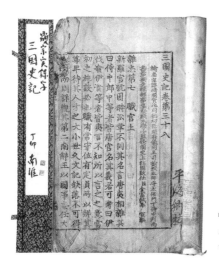

「삼국사기」
김부식이 편찬한 『삼국사기』는 아예 가야사를
빼버리며 철저히 외면했다.

함으로써 선진문물을 받아들이는 데도 유리했다. 오늘날 출토되는 철제 갑옷이나 철기를 통해 알 수 있듯 앞선 무기로 주위 왕국과 싸울 수 있는 군사력도 나름대로 갖추고 있었다.

가야가 국제관계에 약해서 멸망했다고?

그러나 소국 간의 느슨한 연합 시스템으로는 4세기말 급격한 국제관계의 변동에 적절히 대처하기 힘들었다. 고구려 광개토대왕은 신라와 연합해 가야·백제·왜 연합군에 큰 타격을 가했다. 특히 광개토대왕의 5만 군대가 낙동강 하류 지역까지 진출하여 임나가야, 아라가야를 토벌하자, 가야국 맹주 금관가야는 회복불능의 상태에 빠지게 되었다. 그 뒤 고령의 대가야가 맹주 역할을 대신했지만, 가야연맹을 이끌기에는 역부족이었다. 결국 532년 금관가야가, 562년 대가야가 신라에 항복하면서 가야의 역사는 막을 내리게 되었다.

가야는 비옥한 토지에서의 높은 농업생산력, 철의 생산, 중계무역, 수공업과 토기 제작기술의 발달 등으로 경제적으로 번영했다. 그러나 변동하는 국제관계에 대처할 만한 정치시스템을 정비하지 못한 것이 결국 멸망의 원인이 되었다.

신라에 흡수된 가야인 중 대표적인 이는 가야금의 발명자이

금관 · 호암미술관
경북 고령에서 출토된 가야 시대의 금관이다. 가야는 비옥한 토지에서도 철의 생산, 토기 제작기술의 발달로 경제적으로 번영했다.

자 명인인 우륵이었다. 그는 가야가 어지러워지자 신라 진흥왕에게 투항했다. 삼국전쟁의 영웅 김유신 또한 가야의 귀족가문에서 출생한 가야계 신라인이었다.

금관가야의 시조인 수로가 탈해와 변신술로 승부를 겨루었다. 탈해가 매로 변하자 수로는 독수리로 변하고, 탈해가 참새가 되자 수로는 매로 변하였다. 탈해는 패배를 인정하고 신라로 가서 왕이 되었다. 이 이야기는 가야 지방에 전해져오는 이야기로 가야 사람들의 자부심을 나타낸다.

광개토대왕은 어떻게
대제국을 건설할 수 있었을까?

광개토대왕은 고구려 중심의 세계관을 바탕으로
대제국을 건설할 수 있었다.

한국사에서 최고로 호쾌한 왕

우리 역사에서 가장 호쾌한 왕을 꼽는다면 아마도 광개토대왕
일 것이다. 그의 시호인 '광개토대왕廣開土大王'은 한국사 최대의 영토를
개척한 업적을 기리기 위해 사후에 받은 것이다.『삼국사기』에도 광개
토대왕은 "기상이 웅위하고, 남에게 구속을 받지 않는 뜻이 강했던"
인물로 묘사되어 있다.

그는 서북쪽의 거란을 쳐 5백 명을 포로로 잡아오고, 잡혀갔던 고구
려 주민 1만 명을 구해왔다. 또 만주 동쪽과 러시아 접경지대에 살고
있던 숙신을 정벌해, 이전까지 삼국을 괴롭혔던 이들의 기세를 꺾고
복속의 기초를 다져놓았다. 지금의 목단강 유역에 있는 동부여 정복전
쟁에도 나서 64개의 성과 1,400여 개의 촌락을 차지했다. 그런가 하면
요동 지방에 있는 강국 후연과도 겨뤄 일진일퇴를 거듭했다. 후연은
광개토대왕이 백제와 싸우는 틈을 타 고구려의 신성新城과 남소성南蘇成
을 격파하고 700여 리의 땅을 차지했었다. 이에 광개토대왕은 후연과
네 차례에 걸친 전투 끝에 이들을 물리치고 요동반도를 완전히 차지했

다. 이밖에도 한반도 내 숙적이었던 백제와의 싸움에서 완승을 거두기도 했고, 신라를 침략했던 왜구를 몰아내주기도 하는 등 불패의 전투력을 과시했다.

22년에 걸친 재위기간을 통해 그는 서북쪽으로는 심양을 넘어 몽고땅까지, 북쪽으로는 송화강 언저리의 넓은 평야를 차지했다. 동북쪽으로는 블라디보스토크 아래 지역까지, 서쪽으로는 요동반도까지 차지하는 대제국을 건설했다.

광개토대왕 불패의 세 가지 이유

그렇다면 광개토대왕이 이렇게 영토 확장을 할 수 있었던 이유는 무엇이었을까?

우선 선대가 고대국가의 기틀을 완전히 다져놓았기 때문이다. 통상 고구려의 최전성기는 광개토대왕과 그의 아들 장수왕대를 꼽고 있다. 최전성기의 기초는 큰아버지 소수림왕 때 다져졌다. 소수림왕은 불교를 수용해 사상 통일의 기반을 다졌고, 율령 반포를 통해 각 부족에 대한 국왕의 장악력을 높였다. 그리고 국가교육기관인 태학을 세워 유학을 가르치게 해 왕권 강화의 이념적 기초를 다지게 했다.

광개토대왕은 우선 왕권 중심으로 국가 체제를 정비했다. 고구려는 애초 부족국가인 나국那國 다섯 곳이 5나국 연합 체제를 이루고 있었다. 이런 연합 체제로는 강력한 국력을 행사할 수 없었다. 광개토대왕은 5부족 연합 체제를 왕권 중심으로 재편했던 것이다. 이는 곧 군사력의 집중화로 나타났다. 광개토대왕은 이렇게 확립된 시스템을 십분

활용해 방어전과 정복전에 나
설 수 있었다. 또한 군사에 관
한 사항을 관장하는 사마司馬,
그리고 참모총장 역할이랄 수
있는 참군參軍의 관직을 신설해
군사 중심의 통치제제를 강화
했다.

영토 확장을 할 수 있었던
또 다른 이유는 광개토대왕 스
스로 전술이 뛰어났기 때문이

광개토대왕릉비
광개토대왕은 왕권 중심으로 국가 체제를 정비했다.
고구려는 애초 부족국가인 나국那國 다섯 곳이 5나
국 연합 체제를 이루고 있었다.

었다. 그는 육전과 해전을 능란하게 구사해 백제군을 격퇴했다. 후연
과의 전투에서는 고구려 특유의 청야전술淸野戰術(성 안에서 방어하면서 성
밖의 마을을 비우고 식량을 없애 적의 보급로를 길게 하는 전술)과 함께 기습전도
구사하는 탁월함을 보였다.

또한 당시 중국 대륙이 5호16국시대로 접어들자, 열강각축의 무주
공산인 상태를 적극적으로 활용하였다. 그러나 무엇보다 그가 대제국
을 건설할 수 있었던 바탕은 고구려 중심의 세계관을 갖춘 자주적 민
족의식에 있었다.

광개토대왕은 소수림왕의 정치적 안정을 기반으로 최대의 영토를 확장한 정복군주이다.
이름은 담덕談德이며 생존시의 칭호는 영락대왕永樂大王이다.

한반도 역사를 바꾼 평양천도

장수왕 사후에는 귀족 세력의 힘이 오히려 왕권을 능가했다.
역사의 아이러니다.

장수왕은 왜 평양천도를 단행했을까

2003년『월간중앙』에서는 '한국사의 흐름을 바꾼 10대 역사적 결정'에 관해 100명의 역사학자에게 설문조사를 한 바 있다. 이때 예상을 뒤엎고 8위에 오른 결정이 바로 장수왕長壽王(394~491)의 평양平壤 천도였다.

박성봉 경북대 교수는 장수왕의 평양천도가 "한반도가 만주를 동시에 경영하는 독자적 제국으로 발전하는 계기"였다며 천도가 없었다면 "고구려 운명이 거란·여진의 운명과 궤를 같이했을 것"이란 시각도 제시했다. 고구려연구회 회장이기도 한 서경대 서길수 교수는 "만약 장수왕이 평양으로 서울을 옮기지 않고 계속 압록강 이북에 남아 있었더라면, 현재 중국은 한마디로 고구려를 중국사라고 단정지어버렸을 것이다. 그는 장수왕의 한반도천도는 만주와 압록강 위아래 모두 우리 역사로 규정하는 데 큰 잣대가 되었다"며 최근 중국의 역사왜곡에 대한 강력한 반대근거를 제시했다.

이와는 반대로 이덕일 박사는 "대륙적 성격의 고구려가 한반도의 평양으로 천도함으로써 우리 역사의 대륙적 성격이 퇴화하고 반도적 성격이 강해졌으며 이로써 신라·백제와 격렬하게 대립하는 계기가 된 사건"이라며 부정적으로 평가한다.

그러나 이러한 평가를 받는 장수왕의 결단이 『삼국사기』에는 단 한 줄로만 표현돼 있다.

> "15년(427년) 서울을 평양으로 옮겼다."
>
> -『삼국사기』「고구려본기」, 장수왕조

곧 만주 경계 지역의 국내성國內城에서 대동강 유역의 평양성平壤城으로 수도를 옮겼다는 기록이다. 이렇게 딱 한 줄로만 기록돼 있고, 천도의 목적도 원인도 제시되지 않았다. 그럼에도 평양성천도는 한반도사의 판도를 바꿔놓은 결정적인 대목이 되었다. 도대체 장수왕은 왜, 평양성천도를 단행했을까?

뭐, 장수왕의 독자적 아이디어가 아니었다고?

우선 주목해야 할 것은 평양천도가 장수왕이 독자적으로 기획한 것은 아니라는 점이다.

선대인 광개토대왕은 이미 대성산성(평양성)을 쌓아 평양에 도시 기반을 마련했다. 고대의 문화적 상징이라 할 사찰을 쌓았고, 주민도 대거 이주시켰으며, 몸소 평양을 순시하기도 했다. 선왕대부터 오랜 준비가 있었던 천도였던 것이다. 그렇다면 광개토대왕은 왜 자신이 정열적으로 개척했던 북방의 광활한 대륙 한가운데 수도를 두지 않고 고구려 영토 남반부에 치우친 평양성으로 도읍을 옮기려 했을까?

대륙을 포기하고 안온한 한반도에 안주하려 했던 것일까? 혹자의 지적대로 대륙성을 포기했던 소극적 선택이었을까? 이에 대해 임기환 한신대 학술연구원은 정반대의 평가를 내린다. "고구려의 국가 발전 방향은 제국적 발전이었다. 다양한 문화와 종족을 아우르며 국제무대에서 독자적 세력권을 구축하는 일이었다."

귀족 세력의 견제용으로 수도를 천도했다?

이런 세력권 구축을 위해 평양을 새 도읍지로 선택했다는 것이다. 내륙 깊숙이 박혀 있는 국내성과 달리 평양은 교통의 요지로 한반도와 대륙을 동시에 아우르는 입지에 있다. 또한 대동강 하구를 통한 바닷길이 열려 있어 국제무대로 진출할 수 있는 중심지의 역할도 할 수 있다는 점도 매력적이었다. 곧 한반도만이 아닌 중국 대륙의 남북부와 일본까지도 포괄할 교통의 중심에 새로운 도읍지가 건설되는 셈이었다. 여기에 덧붙여 평양의 너른 들판은 풍부한 농작물을 산출시키는 땅이었다. 경제적 기반까지도 안정되었다.

천도에는 정치적 고려도 작용했다. 평양천도 후 "대신과 유력 귀족들을 무수히 죽였다(『위서』「백제전」)"는 기록에서 보듯 국내성에 기반을 둔 귀족과 대신 세력을 견제하기 위해 천도를 단행한 것이다. 천도가 기존 세력의 타격과 신진 세력의 기반 다지기라는 것은 고려에서의 몇 차례에 걸친 평양천도 시도와 조선의 한양천도와 맥을 같이한다.

견제하려다 오히려 귀족들의 기세에 눌리다

그러나 이런 웅대한 포부를 가진 평양천도가 역사에 긍정적 기능을 한 것만은 아니었다. 평양천도를 자국의 명운을 가를 위협적 정책으로 판단했던 백제와 신라가 고구려에 적대적 태도를 취해왔기 때문이다. 이전까지 서로 각축하던 신라와 백제 두 나라는, 고구려에 대해서는 패권을 인정하면서 복속해왔었다. 그러나 한반도 남부, 즉 자신들의 목젖을 노리는 듯한 고구려의 남진정책에 백제와 신라는 공동의 대응도 마다하지 않으며 고구려에 고슴도치처럼 저항하는 형세가 돼버린 것이다.

그 결과 고구려는 대륙으로 뻗어가는 힘에 집중하지 못하고 한강 유역을 둘러싼 지리멸렬한 싸움에 국력을 소진하게 된다. 그 극단적 결과가 고구려의 패망으로 귀결됐던 것이었다. 한편 아이러니하게도 귀족, 대신 세력에 대한 견제 역시 장수왕 사후에는 귀족 세력의 힘이 왕권을 능가하는 형세로 전개됐다. 역사의 아이러니가 아닐 수 없다.

역사학자들은 만주 상실 원인 중의 하나로 장수왕의 평양성 천도를 꼽고 있다. 당시 고구려 국토를 보더라도 평양은 고구려의 중심에 놓여 있지 않았다.

고대사 최대의 수출국
백제

백제는 중국에 군현을 설치함으로써 대륙 경영에도 나섰다.
뿐만 아니라 일본의 중앙집권화에도 큰 역할을 했다.

안에서는 당했지만 활발한 경제활동은 압권이다

삼국 중 그다지 큰 인상을 주지 못하는 나라가 백제다. 고구려
는 만주벌판을 지배한 대륙의 주인으로, 신라는 삼국전쟁의 승자로 우
리 인상에 남아 있다. 반면 백제는 고구려에 밀리며 수도까지 한강 유
역에서 웅진(공주)과 사비(부여)로 옮겨야 했고, 후반에는 신라에까지
열세를 보이다 멸망했다. 그렇다고 신라처럼 많은 문화유산을 남겨놓
지도 못했다. 패망했기 때문이다.

하지만 백제의 대외교류사는 우리의 관심을 끌기에 충분하다. 사실
백제는 중국과 일본 등에서 활발한 활동을 벌였다. 백제는 중국과 무
역을 하면서 중국 해안 지방에 거점을 마련했는데, 이는 신라가 당에
신라방을 설치하기 훨씬 전인 4세기의 일이다. 남북조시대에 접어들
면서 중국대륙의 힘이 공백상태가 되자, 백제의 귀족들은 자체 무장력
을 가지고 중국에 진출, 백제국 또는 진평현이란 군현을 설치해 거점
으로 활용했다. 이 거점을 통해 백제인들은 중국·백제 간 무역과, 백
제·중국·일본을 잇는 중계무역을 주도했다. 뿐만 아니라 남북조 간의

대립 상황에서 남조의 정통왕조를 돕는 정치적 역할까지 했던 것으로, 중국의 문헌인 『송서』나 『남제서』는 기록하고 있다. 이른바 '요서경략 설遼東經略設'이 그것이다.

일본 고대문화는 백제인의 손으로

백제의 대외 진출과 교류에서 그 자취가 가장 많이 남아 있는 곳은 일본이다. 일본인들이 '도래인渡來人'이라 부르는 이주자의 다수는 백제 인이었다. 개인적이든 국가적이든 많은 백제인이 일본으로 건너갔다. 일본이 고대국가 체제를 형성하는 데 핵심적 기능을 담당한 불교를 처음 전해준 사람도 백제의 성왕이 보낸 노리사치계였다. 노리사치계는 불상과 경전을 가지고 일본에 가 불교를 전파하기 시작했다. 백제는 그 뒤 577년(위덕왕 24년)에 불상 만드는 기술자, 절 건축자를 보냈고,

백제의 일본 문화 수출사

시대구분	역사적 사실	주요 전래내용
식석기 청동기		농경 기술, 금속제 문물 전파
3~4세기	일본 야마토정권과 공식적인 교섭 시도	아직기·왕인 일본 태자의 스승이 됨. 『논어』와 『천자문』 전파
5세기	백제 궁월군이 120현의 주민을 이끌 고 일본 기나이지방에 정착	
6세기	성왕이 대규모 문화사절 파견 노리사치계를 일본으로 파견	• 불교 전파 불경·불상 전달, 도심 등 승려 16인 파견 • 선진문물전파 천문지리학, 의학, 약학, 미술, 음악 등
7세기	일본에서 백제 부흥군 파견	천문학 전수

이어 금속공예사, 기와 굽는 기술자까지 보냈다. 이보다 한참 전인 284년 무렵에도 백제의 아직기와 왕인은 『논어』, 『천자문』을 전했으며, 태자의 스승과 사관이 되어 최초로 역사 기록을 맡기도 했다. 백제는 이러한 학문적인 전수 말고도, 의학, 역학, 천문, 지리, 점술 등도 전파했다. 이런 백제인의 문화 전파는 일본의 고대국가 수립에 주요한 역할을 했다.

오늘날 일본인들이 고대사 최고의 인물로 평가하는 이는 7세기 초 스이코 천황의 섭정이었던 쇼토쿠 태자다. 그는 귀족들이 전횡하는 일본 황실에서 천황의 권력을 강화시켜 고대국가 체제를 완성시키고 아스카문화를 열었던 주역이다.

일본에 불교가 전파된 것은 중요한 의미를 가진다. 불교는 인도의 카스트제도와 부족제도를 초월한 보편적 교의를 가진 차원 높은 종교이다. 때문에 불교의 수용은 씨성제도를 기반으로 하는 호족연합 야마토 정권을 중앙집권적 율령국가로 개혁하는 이념적 장치가 되었다. 쇼토쿠 태자는 이를 염두에 두고 불교 수용에 적극적이었다. 그는 불교 수용을 위해 아스카문화의 상징이자 세계 최고最古의 목조건축물인 호류사法隆寺를 창건했다. 쇼토쿠 태자의 스승 역시 고구려의 승려 혜자와 백제에서 온 도래인이었다. 쇼토쿠 태자와 당시 개력세력에 섰던 소가씨 집안은 도래인의 협력으로 아스카 문화를 이뤄낼 수 있었던 것이다.

노리사치계는 백제 서부西部지역의 희씨姬氏로서 버슬은 달솔達率이었다. 그는 552년(성왕 30년) 10월, 왕의 명의로 금동석가모니불상 1구, 미륵석불 1구, 번개幡蓋 약간과 몇권의 경론經論을 일본에 전해주었다.

고구려 삼국통일의 기회를 망친 운명적 수도 이전

문주왕이 한강을 고집해 여주로 천도했다면,
고구려는 백제를 완전히 멸망시켰을 것이다.

백제를 멸망의 위기로 몰아넣은 바둑 고수

469년 백제의 개로왕蓋鹵王(?~475)이 고구려 남쪽 변방을 침략했다. 고구려 남진정책의 최전방 촉수를 건드린 것이었다. 남진정책에 골몰하던 장수왕은 분노했다. 그리고 때를 봤다. 우선은 백제에 대한 정보가 필요했다. 장수왕은 정보를 얻을 유능한 첩보원을 구했다. 이때 나선 이가 승려 도림道琳이었다. 도림은 고구려에 죄를 짓고 도망친 것으로 가장해 백제에 잠입했다. 그리고 개로왕에게 접근했다.

개로왕은 장기와 바둑 같은 잡기를 좋아하던 인물이었다. 이를 간파한 도림은 그의 장기인 바둑으로 개로왕의 총애를 받았다. 국수國手 수준이었던 도림의 바둑에 매료된 개로왕은 그를 상객上客으로 삼아 절친한 사이가 되었다. 자연 독대할 시간이 많아졌다. 이때를 놓치지 않고 도림은 개로왕에게 다음과 같은 말을 했다.

"왕은 마땅히 숭고한 형세와 부유한 실적으로써 다른 사람의 눈과 귀를 움직이게 할 것인데도 성곽을 수선하지 않고 궁실을 수리하지 않고, 선왕의 해골은 임시로 땅 위에 모셔놓았으며, 백성들의 가옥은 여러 번 하류에 무너졌으니 신은 감히 대왕을 위해 좋은 일이라고 말할 수는 없습니다."

한마디로 왕의 권위를 높이기 위해 대규모 공사를 하라는 것이었다. 개로왕은 도림의 진언에 흔쾌히 응해 궁성을 웅장하고 화려하게 증축하였고, 아버지 비유왕의 능을 대규모로 조성했다. 또 하수를 따라 장대한 제방을 세웠다. 이런 대규모 공사가 일시에 진행되자 국고는 텅비고, 백성은 곤궁해졌다. 왕조가 멸망할 때 통상적으로 나타나는 대규모 역사였던 것이다. 수나라의 대운하가 그랬고, 대원군 때의 경복궁 중건 사업이 그랬다.

정보 파악만이 아니라 백제 정책의 물꼬를 패착으로 돌려놓은 도림은 희희낙락하며 고구려로 돌아갔다. 장수왕은 도림의 보고를 들은 뒤 바로 3만의 군사를 백제 한성으로 보내 총공세에 나섰다. 475년의 일이었다.

한반도 역사의 물꼬를 바꾼 우유부단한 왕의 천도 결정

수도인 한성漢城을 포위한 고구려군의 기세는 무서웠다. 한성의 북쪽 성은 이레 만에 함락되었고, 남쪽 성마저 함락 직전에 몰렸다. 성문을 나와 도망치던 개로왕은 고구려군에 붙잡혀 비참한 죽음을 맞았다. 개로왕의 아들인 문주가 신라에 가 구원병 1만 명을 얻어서 돌아온 뒤에야 고구려군은 물러갔다.

그러나 후유증은 컸다. 아들 문주가 왕위에 올랐으나 왕궁이 있던 한성이 파괴돼 괴로움은 컸다. 결국 수도를 옮겨야 했다. 전화戰火를 입은 왕성을 복구할 수도 있었겠지만 남하정책을 집요하게 펴는 고구려의 공세가 무서웠다.

애초 수도 이전의 물망에 오른 지역은 여주였다. 그러나 최종적으로 옮긴 곳은 웅진(공주)이었다. 여주는 한강 수로로 열려 있어 고구려가 언제든 다시 침공해올 수 있을 것이란 두려움 때문이었다. 한강 유역이 아니라 금강 유역인 웅진은 그래도 안심할 만했다.

『삼국사기』에는 문주왕文周王(?~477)이 "성품이 부드러워 일을 잘 결단하지 못했으나, 백성을 사랑하므로 백성들도 왕을 사랑했다"고 그를 평한다. 한마디로 우유부단했던 것이다. 그런 문주왕의 웅진천도 결정은 뜻하지 않게도 한반도의 역사적 운명을 바꿔 놓았다.

부드러운 카리스마가 뒤바꾼 삼국전쟁 최후의 승자

고구려는 공주로 도망가는 백제를 추격하는 대신 한강 상류지역으로 진출해 새로운 영토를 개척했다. 고구려 입장에서는 선왕인 광개토대왕이 정복한 만주 지역의 광대한 토지를 개척하는 것이 중요했다. 또한 한강 유역을 확보하는 것만으로도 신라의 반격을 차단하는 효과를 얻을 수 있었다. 백제 역시 굳이 멸망시키지 않고 조공을 받으면서 속국 정도로 관리하는 것을 효율적인 대외정책이라 판단했을 것이다.

만약 문주왕이 한강 유역 사수를 고집해 여주로 천도했다면 고구려는 백제를 완전히 멸망시키는 결정을 내렸을 것이다. 그랬다면 당시의 역관계로 봤을 때 백제는 멸망당했을 가능성이 컸다. 그렇게 됐을 경우 고구려는 한반도에서 절대강자의 지위를 차지해 삼국통일의 결정적 고지를 점했을 것이고 한반도 역사의 판도는 크게 달라졌을 것이다. 결국 백제는 공주로의 천도를 통해 생명을 연장할 수 있었고, 2백년 뒤 신라는 삼국전쟁 최후의 승자로 남을 수 있게 되었다.

고구려의 강력한 남하정책에 맞서 백제와 신라는 나제동맹을 맺었다.

법흥왕대의 친위쿠데타, 이차돈 순교

귀족들이 법흥왕의 불교 공인을 반대하자,
이차돈은 희생을 자처하면서까지 불교 수용을 도왔다.

보통 '순교'라 하면 종교인이 정치 권력의 박해를 받아 죽음에 이르게 되는 것이 떠오른다. 로마에서는 기독교가 그랬고, 조선에서는 천주교가 그랬다. 그런데 신라에서는 이와 반대였다. 종교인이 국가 권력에 죽음을 자청함으로써 불교가 받아들여졌던 것이다. 여기에는 이차돈과 법흥왕의 '밀약'이 있었다. 과연 어떤 밀약이었을까? 우선 사건의 현장으로 들어가 보자.

법흥왕과 이차돈의 작전

신라가 불교를 공인했던 때는 527년으로, 고구려의 372년, 백제의 384년에 비해 약 150년이나 늦은 것이었다. 고구려, 백제에 불교가 전래됐을 때 신라에도 당연히 전래됐을 법하지만, 신라는 귀족들의 거부로 인해 불교의 유입이 늦춰졌다. 법흥왕은 이것이 못마땅했다. 그는 불교도였던 것이다. 절을 세워 불교를 크게 일으키고자 했으나 귀족들이 나랏일을 앞세워 반대하니, 자신의 뜻을 실현시킬 방도가 없었다.

여기서 잠시 『삼국유사』의 이야기를 인용해보자.

어느 날 법흥왕이 몇몇 신하들과 자리를 함께했을 때 혼자 탄식하며 말했다.

"나는 불교에 마음을 두고 있는데, 누가 함께 일을 할까!"

바로 그때 나섰던 인물이 사인이라는 미관말직에 있던 스물두 살의 이차돈이었다.

"거짓으로 왕명을 전했다고 하며 신의 머리를 베시면 만인이 모두 굴복하고 왕명을 어기지 못할 것입니다. 제 목숨을 바쳐 부처가 번성해지고 왕께서 편해지게 하겠습니다."

물론 법흥왕은 이를 거절했지만 이차돈의 뜻이 너무 굳어 받아들일 수밖에 없었다. 이로써 둘 사이에 밀약이 맺어졌다.

법흥왕릉
신라시대의 법흥왕은 불교 유입에 대한 의지가 강했다. 결국 이차돈의 죽음으로 불교를 공인하기에 이른다.

이차돈은 당장 절을 짓는 공사를 벌였다. 예상한 대로 귀족들이 거세게 반발했다. 귀족들이 법흥왕에게 가서 절 창건을 반대하자, 왕은 이차돈이 왕명을 사칭했다는 이유로 그의 목을 베었다. 그러자 갑자기 처형장이 어두워지고 이차돈의 목에서 흰 피가 솟구쳤다. 이차돈의 죽음이 있은 후 어느 신하도 절을 창건하고 불사를 펴는 데 반대하지 못했다.

귀족에 밀렸던 왕권

이 사건을 통해 우리는 무엇을 알 수 있을까? 첫째, 이차돈의 죽음이 있고 나서야 불교의 공인이 이뤄질 정도로 귀족들의 반발이 거셌다는 점. 둘째, 법흥왕의 불교에 대한 의지가 강했다는 점이다. 그런데 신라에서는 왕이 간절히 바랐던 불교가 왜 이렇게도 힘들게 공인됐을까?

그 이유는 우선 신라가 왕권국가로서의 틀을 갖추지 못하고 귀족들의 권력이 막강했던 데 있다. 12개 소국의 연합국가였던 신라는 귀족회의인 화백회의에서 주요 국사를 결정하고, 골품제라는 신분제를 두어 지배층의 지분을 나눠줘야 할 정도로 귀족의 권한이 막강했다.

그렇다면 귀족들은 왜 불교에 그토록 반대했던 것일까? 왜냐하면 불교가 귀족들의 존립 근거를 위협했기 때문이다. 자연법칙을 인과론적으로 설명해내는 불교적 세계관은 모든 것을 하늘신의 뜻으로 설명하는 귀족들의 부족신앙보다 차원이 높았다. 귀족들의 하층민 지배 근거는 바로 자신들이 하늘신의 자손이라는 '무속적' 성격에 있었던 것이다.

경주 금관총에서 출토된 신라의 귀고리 · 국립경주박물관
신라시대에는 귀족의 권한이 막강했다. 특히 귀족의 자제들은 자신들의 뛰어남을 알리기 위해 경쟁적
으로 치장을 하고 금 · 은 귀고리를 달았다.

이런 상황에서 이차돈의 죽음은 불교 공인만이 아니라 왕권 강화에
도 결정적인 계기가 되었다. 이 사건 이전 법흥왕은 우산국(울릉도)과
금관가야를 정복해 영토를 넓히는 한편, 율령을 반포하고 지방제도와
백관의 공복을 제정하는 등 왕권국가의 기틀을 다져나가고 있었다. 법
흥왕에게 불교는 인간 구원의 종교이자, 왕실의 권위를 높여주는 이념
적 배경으로도 매력적이었던 것이다.

화백회의는 신라 귀족의 회의제도로, 한 사람의 반대자도 없이 모든 사람이 찬성해야 하
는 만장일치 제도를 채택하고 있었다.

왜 신라에만
여왕이 있었을까?

성골만이 왕이 될 수 있는 골품제도와 여성의 높은 사회적 지위 때문에
신라에서는 여자도 왕이 될 수 있었다.

한국사의 여왕 세 명은 모두 신라에서 나왔다

우리나라 역사에서 여자가 왕이 된 시대는 신라시대뿐이었다.
27대 선덕여왕과 28대 진덕여왕, 그리고 통일신라 말의 51대 진성여
왕이 그들이다. 진성여왕을 끝으로 우리 역사에서 여자의 몸으로 왕이
된 이는 찾아볼 수 없게 되었다.

어떤 이유에서 여왕이, 그것도 신라에서만 세 명씩이나 나오게 되었
을까? 고려시대부터는 가장家長이 중심이 되는 유교가 통치이념으로
작동하여 여왕이 나오기 힘든 구조가 됐지만, 고구려나 백제에는 왜
여왕이 없었을까?

가장 중요한 원인은 신라의 골품제도에 있었다. 고구려, 백제의 경
우 왕에게 아들이 없을 경우 유력한 왕족 중 한 사람이 왕위를 계승하
면 되었다. 하지만 신라는 성골 신분이 아니면 왕위에 오를 수가 없었
다. 이러한 상황에서 유일한 성골이 선덕여왕밖에 없어 최초의 여왕이
탄생할 수 있었다.

혈통상의 원인 말고도, 신라는 남녀차별이 거의 없을 만큼 여성의

지위가 어느 시대보다 높았다. 여자도 상속권을 가지고 있을 뿐 아니라 경제권도 쥐고 있었다. 여성이 자신의 이름으로 절에 시주를 한 기록도 나온다. 또한 혼인을 하더라도 여성의 사회적 지위가 남편의 지위와는 별도로 계속해서 보장되었다. 신라는 고대 모계사회의 전통이 고구려나 백제에 비해 오랫동안 남아 있었는데, 이는 두 나라보다 늦게 유교문화를 수용한 덕이기도 하다.

그래도 힘들었던 여왕의 자리

이런 배경 속에서 왕위에 오른 선덕여왕이었지만 여성으로서 임금 업무를 수행하는 데는 많은 어려움이 있었다. 당 태종의 무례한 발언은 그 한 예를 보여준다. 당 태종은 군사를 요청하러 간 신라의 사신에게 이렇게 말했다고 한다.

"그대 나라는 부인(선덕여왕)을 임금으로 삼아 이웃나라에게 업신여김을 당하고 있다. 이는 임금을 잃고 도적을 맞아들인 격이므로 앞으로도 편할 날이 없을 것이다. 그기에 우리 왕가의 종친 한 사람

선덕여왕의 왕위 계승을 둘러싼 권력 관계

	대내적 관계	대외적 관계
골품제도	성골 출신 남자가 없어 선덕여왕이 등극	백제·고구려 침입
화백회의	강화된 왕권을 견제하려는 야심으로 여왕 등극에 찬성	
	상대등 비담의 반란	

새 날개 모양의 금관장식 · 금관총 출토 · 국립경주박물관
금관을 비롯한 각종 순금, 은, 구리 제품 등은 신라의 탁월한 금속공예 솜씨를 보여준다.

을 보내어 그대 나라의 임금으로 삼되, 혼자서 살아갈 수는 없을 것이므로 군사를 보내 보호해줄 것이다. 그런 뒤 나라가 편안해지면 그대들에게 맡겨서 스스로 지키게 하겠다. 이를 어떻게 생각하는가?"

이는 선덕여왕을 무시하고, 왕을 갈아치우라는 반란을 부추기는 발언이기도 했다. 결국 이런 발언이 빌미가 돼 상대등 비담이 선덕여왕 말년에 반란을 일으키기도 했다.

그러나 이러한 안팎의 도전에 선덕여왕은 자신의 친위세력을 구축하고, 왕으로서의 권위를 과시해나갔다.

친위세력의 대표적인 인물은 김춘추와 김유신이었다. 삼국전쟁 승리의 두 주역인 이들의 공통점은 다수의 진골계 귀족들과는 다른 입장에 처해 있었다는 점이다. 김춘추의 할아버지는 진골 귀족들의 회의인 화백회의에 의해 쫓겨나 입지가 축소돼 있었고, 김유신은 금관가야 귀족의 후예로서 주류 진골 귀족들에게 배척당하는 처지였다. 그러나 이들은 소수파였어도 실력을 갖추고 선덕여왕을 지지했다. 비담의 반란을 진압했으며, 뒤이은 진덕여왕의 즉위에도 강력한 뒷받침 세력이 되었다.

오죽하면 전투를 성적으로 설명했을까?

선덕여왕은 재위 중 소위 '옥문곡' 예언을 통해 백제군을 무찌르기도 하였다. 겨울인데도 영묘사 옥문지玉門池에 개구리가 몰려들어 울자, 신하들이 괴상하게 여겨 왕에게 물었다. 왕은 서쪽 교외에 있는 옥문곡으로 군사를 보내 백제군을 물리치도록 했다. 그곳에는 정말로 백제군이 매복해 있었던 것이다. 선덕여왕은 후에 "개구리는 남근이고, 옥문곡은 여근이다. 남근이 여성의 질에 들어가면 죽는 것과 같이, 골짜기에 있는 백제군은 쉽게 잡을 수 있는 것이다"라고 설명하였다. 이는 여성이 남성보다 우월하다는 것을 과시하는 발언이기도 했다. 그러나 사실 이 전투의 승리는 김유신군의 첩보 내용 덕택이었다. 선덕여왕은 이런 전투를 두고도 성적으로 설명해야 할 만큼 여성으로서 임금 노릇을 하기가 힘들었던 것이다.

선덕여왕의 부왕인 진평왕은 삼촌인 진지왕에게 왕위를 빼앗겼다가 진지왕을 몰아내고 왕위에 오른 인물이다. 그는 54년 동안의 장기집권으로 왕권을 강화시켰고, 화백회의의 추대를 통해 장녀인 선덕여왕을 등극하게 하였다.

동북아시아 두 강국의 결전,
고구려수나라 전쟁

동아시아 패권을 놓고 겨룬 고구려, 수나라 간 16년에 걸친
전쟁의 승자는 고구려였다.

고구려는 천하의 중심이다

"고구려는 궁벽한 작은 나라 하나였으나 능히 이를 막아냈으며, 제
나라를 보전했을 뿐만 아니라 군사를 격멸시켜 거의 다 없앴으니, 이
는 한 사람의 힘이었다."

『삼국사기』「열전」을지문덕 편에서 김부식이 평한 말이다.

수나라 장수 우중문의 3십만5천 명의 대군을 몰살, 살아 돌아간 병
사가 2천7백 명뿐이었으니, 살수대첩에서 을지문덕의 전공戰功은 대단
한 것이었다. 그런데 김부식은 고구려를 '궁벽한 작은 나라'로 지칭했
다. 과연 그럴까? 그리고 수와의 전쟁은 살수대첩뿐이었을까? 최근의
연구는 김부식의 견식見識이 좁았음을 지적하고 있다. 이 전쟁은 '궁벽
한 작은 나라' 고구려의 결사항전이 아니라, 동북아시아 강대국 고구
려와 신흥통일제국 수나라의 16년간 네 차례에 걸친 치열한 접전이었
다. 즉, 동북아 패권을 놓고 다툰 두 강대국 간의 전쟁이었던 것이다.

벽화에 나타난 고구려군
조선유적유물도감 4세기 후반에 고구려군이 전투하는 모습이다.

중국이 자신을 세계의 중심으로 보는 중화관을 기본으로 하고 있음은 잘 알려져 있다. 고구려 역시 광개토대왕릉비에서 보듯 자신을 천하의 중심으로 자부하고 있었다. 고구려는 5호16국시대에 북경 근처까지 세력을 넓히고 있었다. 수나라와 전쟁하던 시기 고구려는 한반도, 중국, 일본, 그리고 중앙아시아 일대의 상인들이 모여 무역을 하는 조양 땅까지 세력권에 넣으면서 경제적인 면에서도 주도적인 역할을 하고 있었다. 중원을 통일하고 동북아시아의 새로운 패자로서 위치를 공고히 하고자 했던 수나라로서는 고구려와의 한판 격돌을 피할 수 없었다.

고구려 역시 수나라가 중국을 통일하는 것을 지켜보면서 그것이 무엇을 의미하는지 알고 있었다. 『수서隋書』는 당시 고구려 평원왕이 이에 대비하여 군사를 훈련시키고 곡식을 저축하여 방어할 계획을 세웠다고 기록하고 있다. 두 나라는 서로 첩자를 보내 상대방의 전력을 탐색하고 사신을 보내는 외교전을 펼쳤다. 이런 외교전을 펴는 한편 수나라는 만리장성을 개축해 북방을 대비하고, 대운하를 건설해 군수 보급로를 준비했다. 새로운 무기를 개발하고 군사를 훈련시켰음은 물론이다.

대패를 거듭한 수나라

이런 긴장감 도는 정세에서 먼저 공격을 개시한 쪽은 뜻밖에도 고구려였다. 598년 영양왕이 말갈 군사 1만여 명을 거느리고 요서 지방을 선제공격한 것이다. 수의 전력을 살펴보려는 파상공격이었다. 수의 문제文帝는 즉각 육군과 수군 3십만 병사로 응전했으나 장마를 만나 아무 성과 없이 퇴각했다고 한다. 하지만 살아남은 군사가 열에 하나둘밖에 안 되었다는 것으로 미뤄, 이는 패전을 숨기려는 중국 측의 기록 누락일 가능성이 크다.

패전 뒤 수의 문제는 태자인 광廣에게 살해당했다. 아버지를 죽이고 즉위한 양제煬帝는 더욱 대대적인 전쟁을 준비하고 고구려를 공격해왔다(612년). 살수대첩은 바로 2차 전쟁 중의 큰 전투였다. 113만 3천8백 명의 수나라 병사가 2차 전쟁을 개시했다. 그러나 수나라 군대는 요동성 전투에서도 수천 명만이 살아 돌아가는 큰 패배를 당했다.

그 뒤 수의 양제는 613년과 614년에도 직접 군대를 이끌고 고구려를 침공했지만 별다른 성과 없이 퇴각해야 했다. 수의 문제와 양제, 2대에 걸친 고구려 공략은 완패했고, 고구려는 동북아의 강자로서 그 위치를 더욱 다지게 되었다.

살수대첩은 전쟁사에 길이 남을 대전이다. 수나라군은 처음 요하를 건널 때 30만 명이었지만, 살아서 요동성으로 돌아간 인원은 2,700여 명뿐이었다고 한다.

의자왕의 향락 때문에
백제가 망했다?

백제 멸망의 진짜 원인은 무엇일까? 그것은 바로 신라와 당의 연합에
대비하지 못한데다 지배층 내부에서 분열을 일으켰기 때문이다.

백제멸망이 의자왕의 사치 때문이라고 글쎄…

백제 멸망 당시의 왕이 의자왕義慈王(?~660)이라는 사실은 한국
사에 관심이 없는 사람이라도 다 알고 있을 것이다. 이에 반해 고구려
멸망 당시의 왕이 보장왕이란 사실을 아는 사람은 훨씬 적다. 왜 그럴
까? 의자왕 하면 삼천궁녀가 떠오를 정도로, 백제 멸망이 의자왕의 사
치와 향락 때문이었다는 인상이 강하기 때문이다.

그러나 삼천궁녀는 야사에 떠도는 말일 뿐 실체가 있는 것은 아니
다. '3,000'이란 수는 실제 3,000명이라는 의미가 아니라, '많다'는 것
을 강조하기 위한 상징적인 수라는 것이 학자들의 일반적인 견해다.
또한 궁녀가 '궁에 있는 왕의 여자'뿐인 것도 아니다. 소정방이 백제를
멸망시켰을 때 당군이 민간을 약탈하고 여자들을 강간하려 하자, 이를
거부해 '귀족부인'들까지 자살을 선택했다고 역사학자 이이화는 밝힌
바 있다.

그렇다면 의자왕은 어떤 인물이고, 백제 멸망의 진짜 원인은 무엇이
었을까?

즉위 초기 '해동 증자'라 불렸던 의자왕

『삼국사기』에 의하면 의자왕은 용감하고 결단성 있는 인물이었다. 백제 무왕武王의 맏아들인 그는 부모에게 효도하고 형제에게 우애가 있어 사람들이 '해동海東의 증자增子(공자의 제자로 효성이 지극하기로 유명했던 인물)'라고 일컬었다고 한다. 즉위 이듬해에는 신라를 공격하여 40여 개 성을 함락시키기도 했고, 신라의 주요 거점인 대야성을 점령하여 남녀 1만 명을 사로잡아오기도 했다. 그 뒤에도 10여 년간 거의 매년 신라와 공방을 벌였고, 멸망하기 5년 전인 655년에는 고구려, 말갈과 동맹을 맺어 신라의 30여 개 성을 쳐부수기까지 했다.

그러나 이 싸움 바로 뒤 김춘추는 당을 부추겨 백제와 고구려를 침략하게 하는 외교에 성공한다. 그것이 백제 멸망의 시작이었다. 수에 이어 중국대륙을 통일한 당은 중국의 대외지배력을 더욱 강화하려 했다. 백제와 고구려 틈에서 존망의 위기에 처해 있던 신라와 이해관계가 맞아떨어진 시점이었다.

매년 거듭된 전쟁과 당의 위협 때문이었을까? 의자왕은 즉위 16년째 되는 656년부터 주색에 빠지기 시작했다고 『삼국사기』는 기록하고 있다. 그는 충신인 성충의 간언을 듣기는커녕 감옥에 가두어 굶어 죽게 했다. 이듬해인 657년에는 큰 가뭄이 들어 한여름에도 논밭에 아무것도 없는 지경인데도 41명의 아들들에게 전원 좌평 벼슬을 주고 식읍을 내려줄 정도로 실정을 저질렀다. 그 뒤 660년 나당연합군이 쳐들어오자 백제는 계백의 황산벌 전투 외에는 변변한 저항 한번 못하고 무너져버렸고, 의자왕은 포로의 신세가 되어 당으로 끌려갔다.

멸망의 진짜 원인은 따로 있다

의자왕의 실정이 백제 멸망의 한 원인이기는 했다. 그러나 가장 큰 원인은 다른 데 있었다. 그것은 바로 새롭게 중국대륙을 호령했던 당의 의도와 힘을 제대로 읽어내지 못했기 때문이었다. 의자왕의 아버지 무왕은 수와 연합해 고구려를 공격하고자 할 정도로 외교적 감각이 있었다. 그러나 의자왕은 수보다 강성한 당의 힘을 보지 못했다. 삼국 안의 정세만 보면 655년 신라에 대한 연합 공격이 성공적인 것 같았지만, 나당연합이란 신라 측의 묘수는 간과해버렸던 것이다.

또 다른 주요한 원인은 백제 지배층 내부의 분열이었다. 나당연합군이 침략해오는 긴급한 상황에서도 백제는 기민한 수비 전략을 갖추지 못했다. 성충이 미리 대비책을 내놓았건만 신료들은 이를 버려두고 논쟁만 일삼다 적기를 놓쳤다. 또한 사비성에서 의자왕 대신 수비를 굳건히 하던 의자왕의 둘째 왕자 태泰를 의심해 성문을 열고 도망치는 태자 부여융과 그의 아들 부여문사 때문에 사비성이 쉽게 함락될 정도로 왕실 내부에서도 분란이 있었다. 이는 백제부흥운동에서도 나타났다. 661년 선전하던 부흥군이 일순간에 싸움에서 지고 물러난 것도 지도부인 복신, 도침, 왕자 풍 사이의 내부분열 때문이었다.

복신과 승려 도침은 일본에 망명해 있던 왕족 풍을 받들고 주류성과 임존성을 거점으로 삼아 백제부흥운동을 일으켰다.

연개소문 일가의
빛과 그림자

당과의 전쟁에서 한 번도 패배하지 않았던 연개소문! 그러나 그를 닮지 않은
아들 삼형제의 분열과 배신이 고구려의 멸망을 가져왔다.

대당 강경파의 쿠데타

연개소문 집안은 신흥 귀족으로, 군사 관계 일을 책임지는 무인 집안이었다. 그의 아버지 동부대인東部大人은 고구려 최고위직인 대대로大對盧였다. 당시엔 아버지가 죽으면 아들이 벼슬을 세습하는 것이 관례였는데, 나라 사람들은 연개소문이 잔인하고 포악하다 하여 반대했다. 그가 머리를 조아리며 사죄하고, 임시로 자리에 있다가 문제가 생기면 물러나겠다고 하자, 그제야 대대로에 오를 수 있었다. 그러나 영류왕과 신하들은 몰래 의논해 그를 죽이려 들었다. 이를 안 연개소문은 오히려 성의 남쪽에 이들을 초청한 뒤 모두 살해했다. 그리고 죽은 왕을 대신해 영류왕 아우의 아들 장을 왕으로 추대했다. 그가 바로 보장왕이다.

『삼국사기』는 고구려의 마지막 실력자 연개소문이 권력을 장악한 경위를 위와 같이 설명하고 있다. 연개소문이 주위의 미움과 반대를

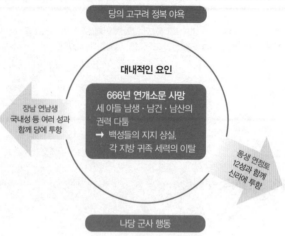

연개소문 일가의 분열

대외적인 요인

당의 고구려 정복 야욕

대내적인 요인

666년 연개소문 사망
세 아들 남생 · 남건 · 남산의
권력 다툼
➡ 백성들의 지지 상실,
　　각 지방 귀족 세력의 이탈

장남 연남생
국내성 등 여러 성과
함께 당에 투항

동생 연정토
12성과 함께
신라에 투항

나당 군사 행동

받은 것이 오직 그의 '잔인하고 포악'한 성격 때문이라는 것이다.

그러나 이는 고구려의 복잡한 정황을 고려하지 않고 당시 고구려와 대립하고 있던 당의 시각이 반영된 기록에만 전적으로 의존한 역사 왜곡이다.

노선의 충돌! 연개소문의 남문 쿠데타

단재 신채호는 "연개소문은 4,000년 한국사에서 첫째로 꼽을 수 있는 영웅"이라며 그를 높이 평가한 바 있다. 어떤 이유에서였을까? 연개소문의 쿠데타는 바로 영류왕을 비롯한 실세 귀족들의 당에 대한 굴욕적인 태도를 배경으로 한 것이었기 때문이다.

영류왕은 당의 위협에 굴복해 재위 12년에 국가기밀이랄 수 있는 고구려의 봉역도封域圖(지도)를 보냈고, 재위 14년에는 수와의 전쟁에서 승리한 후 세운 전승기념탑 경관京觀을 당의 요청에 따라 헐어버렸다. 게다가 재위 23년에는 세자 환권을 보내 조공하기도 했다. 이는 명백히 당의 속국임을 선언하는 외교 태도로, 고구려 중심의 천하관을 고수하는 대당 자주파, 혹은 대당 강경파의 입장에서는 도저히 받아들일 수 없는 외교노선이었다. 이렇게 합치될 수 없는 노선의 충돌이 바로 연개소문의 남문 쿠데타였다.

단 한 번의 패배도 없었던 대당 전쟁

쿠데타 이후 최고위직인 막리지에 오른 연개소문은 당에 대해 유화책을 쓰면서, 다른 한편으론 전쟁을 착실히 준비해갔다. 645년 당 태종은 직접 100만 대군을 이끌고 침략해왔다. 전쟁 초기 당 태종은 개모성과 요동성을 함락시키는 전과를 거둔 뒤 6월 안시성에 도착했다. 그러나 80일간의 안시성 전투 끝에 당 태종은 안시성 성주에게 치욕스런 완패를 당했다. 2년 후인 647년에도 이세적 등을 시켜 다시 공략에 나섰지만 실패하고 말았다. 당 태종은 이 패배 뒤 649년 고구려 정벌 중지를 유언으로 남기고 죽음을 맞았다. 그는 고구려 정벌을 두고 두고 후회했다고 한다.

뒤를 이은 당 고종도 660년과 662년 두 번에 걸쳐 100만 대군을 파병했지만 연개소문의 강력한 지도하에 있던 고구려군을 이길 수 없었다. 연개소문은 생전에 당과의 수차례에 걸친 전쟁에서 단 한 번도 패배하지 않았다.

666년 그는 죽으면서 후계자인 삼형제에게 "너희들은 물과 물고기처럼 화복하게 지내라. 벼슬을 두고 다투지 말거라"라는 유언을 남겼다. 그러나 아들들은 정반대로 권력 다툼을 벌인 끝에 장남 연남생이 당에 투항하는 등 온갖 추태를 보였다.

연개소문 사후 3년이 안 돼 고구려는 연남생을 앞세운 당에 변변한 저항 한 번 해보지 못하고 나당연합군에 항복했다. 고구려 역시 내부로부터 무너졌던 것이다.

고구려 멸망 이후 검모잠은 왕족 안승을 받들고 고구려의 유민들을 모아 고구려 부흥을 도모했다. 그러나 신라의 도움에도 불구하고 결국 실패로 돌아갔다.

신라가 최후의 승자로
남은 이유

당과의 연합은 신라가 삼국전쟁에서 이길 수 있던 가장 큰 요인이었다.
그러나 신라는 당의 침략을 막아낼 만큼 저력 있는 나라였다

신라는 진정 삼국을 통일했는가?

660년 백제의 멸망, 668년 나당연합군에 의한 고구려의 항복. 이로써 700여 년간의 삼국쟁패시대는 끝이 났다. 물론 그 후에도 신라는 한반도 전체를 차지하려는 당의 야욕에 맞서 치열한 공방전을 펼쳐야 했다. 675년 매소성전투와 이듬해 기벌포해전의 승리 뒤에야 비로소 한반도의 3분의 2 지역이나마 확보할 수 있었다. 만주까지 걸쳐 있던 고구려의 영토는 옛 고조선 영토에 한이 4군을 두어 지배하던 것처럼 당이 도호부를 설치해 당나라 것이 되었다.

〈발해국지장편〉
1935년 김육불이 발해국사에 관한 자료를 엮어 집대성한 역사서. 발해사에 관한 중국 및 한국·일본의 사료 뿐 아니라 연구 업적까지도 수집해 엮어낸, 발해사의 집대성이라고 할 수 있는 책이다. 전 20권. 대조영大祚榮이 고구려 출신임을 분명히 하고, 발해 문화를 고구려 문화의 계승으로 설명하였다.

이렇게 보면 신라가 삼국을 통일했다고는 말할 수 없다. 또한 옛 고구려 지역을 수복한 발해의 건국을 보더라도 통일신라란 말은 사실 무리가 있다. 90년대까지만 해도 이 시기를 통일신라시대라 불렀지만 이는 다분히 신라 위주의 역사 인식이고, 현재는 발해와 신라 둘 모두를 포함하여 남북국시대라 부르는 것이 정설이 되어 있다.

후발 주자의 이점을 살린 삼국전쟁 승리

신라가 삼국통일을 이루지 못했다 하더라도, 삼국 중 가장 열세에 놓였던 신라가 삼국전쟁에서 승리한 것은 분명한 사실이다. 비록 당과의 연합 때문에 가능한 일이었지만, 최후의 승자가 되었던 것은 신라의 입장에서는 최선의 결과임이 분명하다. 그렇다면 가장 열세였던 신라가 최후의 승자로 남을 수 있었던 이유는 무엇이었을까?

그것은 신라 내부의 단결된 힘 때문이었다. 고구려와 백제가 왕의 실정과 내부분열로 인해 멸망을 재촉한 반면, 이 시기 신라는 왕권을 강화하면서 국가의 힘을 하나로 모아 생존을 도모할 수 있었다.

4세기경에 이미 왕권을 강화하며 국가 체제를 정비했던 고구려와 백제에 비해, 6세기에나 율령을 반포하고 관제를 정비할 수 있었던 신라는, 비록 늦었지만 활력이 넘치고 있었다. 당시 고구려는 귀족에 의해 왕권이 제약당하는 등 국가 체제가 피로한 상태에 놓여 있었다.

통일의 주역 김춘추는 왕으로 즉위하면서, 왕권을 견제하는 귀족들을 제거하고 친왕적인 귀족은 최대한 포용하면서 지배층 내부의 통합력을 극대화했다. 씨족사회의 전통을 계승, 발전시켜 귀족들이 국가대

천마도 · 국립경주박물관

경주 천마총에서 출토되었다. 순백의 천마 한 마리가 하늘로 날아 올라가는 모양을 그린 것이다. 통일 이전 신라의 그림이 패기에 찬 수준 높은 그림이었음을 보여준다.

사를 논하던 화백회의조차 지배층을 통합시키는 기구로 활용하였다.

성장하는 젊은 국가로서 신라는 국가구성원들의 일치단결된 힘도 보여주었다. 관창과 같은 어린 화랑은 물론, 노비들까지 국가를 위해 목숨을 바쳐 싸울 수 있을 정도로 사회의 통합력은 막대했다. 이런 통합의 기초에는 세속5계로 대표되는 공동의 가치관이 자리 잡고 있었다. '임전무퇴臨戰無退' '교우이신交友以信'등 신의와 용기를 세목화한 세속5계는 화랑만이 아니라, 당시의 신라 남자들이라면 누구나 지켜야 할 계율이었다.

또 다른 이유는 당의 등장이었다. 당은 대륙을 평정한 뒤 주변 국가에 대한 지배를 강화하고자 하였다. 신라는 이러한 국제정세를 적절하게 이용했다. 정치적으로 안정된 기반 위에 당의 힘을 끌어온 것은 신라의 입장에서는 자국의 생존에 가장 유리한 외교적 선택이었다. 또한 신라는 당을 끌어들인 위험성을 자각하고 이에 대비했다. 고구려를 멸망시킨 당이 신라까지 넘보자 치열한 싸움을 벌여 영토를 보존했던 것이다. 이는 당의 태도 변화를 예상하지 못했다면 불가능했을지도 모른다.

신라의 삼국전쟁 승리는 단지 당의 힘에 편승한 손쉬운 외교적 선택이 아니라, 신라의 저력이 밑받침되어 나타난 결과라고 할 수 있다.

신라가 최후의 승자가 된 데에는 김유신이라는 주역 외에도 수많은 화랑들의 활약이 있었다. 비령자, 관창, 원술랑 등은 전쟁이 어려울 때 목숨을 바쳐 승리를 잡게 한 임전무퇴의 용사들이었다. 김부식의 『삼국사기』 「열전」 제7권에는 이러한 화랑들의 이야기가 실려 있다.

신라에 왔던 아랍인들

동서교류사의 대가인 정수일 박사(무하마드 깐수)에 의하면, 최초로 한국을 세계지도 속에 명기시킨 외국인은 아랍의 지리학자 아드리시였다고 한다. 그는 1104년 세계지도를 만들면서 신라를 중국 동남해상에 위치한 섬나라로 명기했다. 또한 "그곳(신라)을 방문한 사람은 누구나 정착하여 나오고 싶어 하지 않는다. 그 이유는 그곳이 매우 풍족하고 이로운 것이 많은 데 있다. 그 가운데 금은 너무나 흔해 주민들은 개의 사슬이나 원숭이의 목테도 금으로 만든다"며 신라를 이상향으로 묘사하고 있다. 아랍의 지리학자 마크디시 역시 966년에 쓴 『창세와 역사서』에서 "중국의 동쪽에 신라라는 나라가 있는데, 그곳에 들어간 사람은 공기가 맑고 부가 많으며 땅이 기름지고 물이 좋을 뿐만 아니라 주민의 성격 또한 양순하기 때문에 떠나려 하지 않는다"고 기록했다. 척박하기만 한 사막의 땅에서 온 아랍인들은 이렇게 신라에 대한 부러움을 기록했다. 아랍인들은 일찍이 신라 때 우리나라에 왔던 것이다. '처용설화'의 주인공 처용의 실체를 바다를 통해 입국한 아랍인으로 봐도 무방할 것이다.

정수일 박사는 신라에 온 아랍인의 흔적으로 8세기 원성왕의 묘로 추정되는 괘릉에 있는 한 쌍의 무인석상을 들기도 한다. 곱슬곱슬한 머리카락과 길게 드리운 구레나룻, 움푹 팬 큰 눈과 우뚝 선 매부리코, 우람한 몸통으로 봤을 때 전형적인 아랍인이라는 것이다. 9세기 흥덕왕릉의 무인석상도 아랍인을 모델로 한 것이라고 한다.

渤海國志長編卷一

遼陽金毓黻　撰集

渤海國志前編一

總略上

渤海靺鞨大祚榮者本高麗別種也高麗旣滅祚榮
居營州萬歲通天年契丹李盡忠反叛祚榮與靺鞨
各領亡命東奔保阻以自固盡忠旣死則天命右王
軍李楷固率兵討其餘靺鞨乞四比羽又度天
祚榮祚榮合高麗靺鞨之衆以拒楷固王師大敗並
還屬契丹及奚盡降突厥道路阻絕則天不能討祚
靺鞨之衆及高麗餘燼稍稍歸之聖厤中自立爲振
通於突厥其地在營州之東二千里南與新羅相接

2장

통일 신라와 발해

삼국통일을 거쳐 남북국시대로

600년

673년 ●——— 일본, 덴무 덴노 즉위

의상대사 범어사 창건 ——— 678년 ●
원효대사 입적 ——— 686년 ●

대조영, 발해 건국 ——— 698년 ●

700년

710년 ●——— 일본, 나라로 천도
720년 ●——— 『일본서기』 완성

신라, 불국사 창건 ——— 751년 ●
755년 ●——— 중국, 당에서 안사의 난 발생

발해, 상경용천부로 천도 ——— 756년 ●
신라, 일본 무사시노국에 신라부 설치 ——— 758년 ●

794년 ●——— 일본, 간무 덴도가 헤이안으로 천도

800년

신라, 전국 각지에서 반란 일어남 ——— 819년 ●
827년 ●——— 일본, 한시집 『경국집(經國集)』 편찬

장보고, 청해진 설치 ——— 828년 ●
831년 ●——— 일본, 백과사전 『비부락(秘府略)』 편찬

장보고, 청해진 장군에 임명. ——— 839년 ●
이듬해 장보고가 일본에 사신을 파견함
장보고, 반란을 일으켰다가 염장에게 피살당함 ——— 846년 ●
청해진 해체 ——— 851년 ●
875년 ●——— 중국, 황소의 난 발생

최고의 향가집 『삼대목』 편찬 ——— 888년 ●
사벌주(지금의 경상북도 상주) 지역에서 농민반란이 일어남 ——— 889년 ●
견훤, 완산주에서 반란을 일으키고 스스로 왕이라 칭함 ——— 892년 ●
최치원, 시무 10여조 지어 바침 ——— 894년 ●
견훤, 후백제 건국 ——— 900년 ●
궁예, 후고구려 건국 ——— 901년 ●

900년

905년 ●——— 일본, 최초의 시가집 『고금화가집(古今和歌集)』 편찬
907년 ●——— 중국, 당이 멸망하고 5대10국 체제 시작

발해, 거란에 멸망당함 ——— 926년 ●
아들 신검의 반란으로 견훤이 금산사에 유폐됨 ——— 935년 ●
왕건, 후삼국 통일 ——— 936년 ●

1000년

대조영,
고구려 계승을 선언하다

고구려 후예가 세운 발해는 한반도 동북부에서
요동 지역과 연해주에 이르는 옛 고구려 영토 대부분을 회복했다.

그래도 아쉬운 신라의 반쪽 통일

고구려와 백제가 한창 왕성할 시기에는 강한 군사가 100만이 되었으므로, 남으로 오월吳越(남중국)을 침략하고, 북으로 유연幽燕(하북성), 제로齊魯(산동성)를 위협하여 중국에 큰 해독이 되었던 것입니다. 수황제 양제가 망한 것도 요동 고구려 정벌에서 연유되었으며, 정관貞觀왕은 연간에 당 황제 태종이 친히 6군을 통솔하고 바다를 건너와서 정벌을 행했더니, 고구려가 위엄을 두려워하여 강화를 칭하므로 태종이 항복을 받고 행차를 돌이켰던 것입니다.

이때에 우리 무열대왕은 신라의 정성을 다하여 한 방면의 전란을 평정할 때부터 조련했으므로 당에 들어가서 알현하는 일이 이때부터 시작되었던 것입니다. 후에 고구려와 백제가 계속하여 나쁜 짓을 했으므로, 무열대왕은 일곱 번이나 사신을 보내어 길잡이가 되기를 청했습니다. 고종황제는 현경 5년(660년)에 소정방에게 명하여 10도의 강한 군사와 누선 1만 척을 거느리고 가서, 백제 군사를 크게 쳐

부수고 그 땅에 부여도독부를 설치하고 백제의 유민을 불러 모아 중국의 관리에게 다스리게 했는데 …… 총장 원년(668년)에는 영공 서적에게 명하여 고구려를 쳐부숴 안동도독부를 설치하고…….

이 글을 읽고 고개를 조금 갸웃거릴지도 모른다. 무열대왕이 나오는 것으로 봐서는 신라 사람이 쓴 것 같은데, 마치 당의 일개 현의 신하가 황제에게 편지를 쓴 것 같지 않은가.

이 글은 바로 최치원이 당의 태사시중太師侍中이란 벼슬아치에게, 당으로 가는 신라 사신의 행차에 군사와 물자를 보내달라고 청한 편지이다. 당시 신라가 삼국통일을 어떤 식으로 했고, 당에 대해 어떤 태도를 취했는지를 한눈에 볼 수 있는 자료이다.

물론 신라의 삼국통일이 우리 민족을 하나의 국가 체제로 엮어낸 출발점이었음은 부정할 수 없다. 하지만 절반의 통일이었다는 것에 대해 아쉬움이 드는 것은 어쩔 수 없다.

중원의 신흥 강국 발해

이런 아쉬움을 한 가닥 달래주는 역사적 사실은 바로 고구려가 망한 지 30년 만에 고구려 계승을 선언한 발해의 건국이다.

7세기 말 당의 중앙에서 측천무후 등이 불러일으킨 권력 투쟁이 거듭되면서 지방에 대한 통제력이 약화되자, 각지의 종족들이 당에 대항하여 반란을 일으켰다. 이러한 정세를 틈타 고구려 장군 출신으로 군사적 리더십과 용맹이 뛰어났던 대조영은 영주(지금의 조양)에서 거란인

이진충과 함께 반기를 들었다. 당시 고종 대신 실권을 쥐고 있던 측천무후가 이들을 진압하기 위해 군사를 동원하자, 대조영은 고구려 유민과 말갈족을 이끌고 동모산(지금의 길림성 부근)으로 탈출하여 698년에 진국振國이라는 나라를 세웠다. 이후 나라 이름을 발해로 바꾸었다.

발해는 대조영(고왕) 때 이미 요동 지역을 비롯, 옛 고구려 영토를 대부분 회복하였다. 2대 무왕 때는 동북방의 여러 세력을 복속시켜 한반도 동북부, 연해주에 이르렀다. 특히 10대 선왕(818년~830년 재위) 때는 당의 지배력이 약화된 틈을 타서 요동 지역을 지배하는 동북부 지역 대제국으로서 위상을 과시할 수 있었다. 이러한 세력 확장과 함께 당, 일본 등과의 활발한 교역을 통해 경제력까지 강해져 '해동성국海東盛國'이란 이름까지 얻게 되었다.

그러나 10세기 들어서 발해 내부는 귀족들의 권력 투쟁이 격화되었다. 당시 거란은 민족 내부의 단결을 기초로 세력을 다지면서 동쪽으로 세력 진출을 꾀하고 있었다. 동쪽의 발해로서는 이에 대한 적극적인 대처가 필요했다. 그러나 내부분열로 인해 거란의 발흥이라는 국제정세의 판도를 제대로 읽지 못하는 우를 범했다. 926년 거란이 침략하자 발해는 고작 사흘 만에 무너졌다. 이후 만주는 우리 역사의 무대에서 영영 사라지고 말았다.

발해의 역대 왕들은 스스로 '고려국왕'으로 칭했을 뿐만 아니라, 과거 고구려 왕실이 주장한 '천손天孫'을 일컫기도 하였다. 이런 점으로 미루어볼 때, 발해는 고구려 옛 지역에서 그 유민이 중심이 되어 세운 국가임이 분명하다.

발해를 한국사에
포함시킬 수 있는가?

발해는 신라와 대립 · 경쟁하면서 민족적 동질감을 잃지 않았던,
고구려의 후예가 세운 나라였다.

잊혀졌던 발해사

동아시아 각국의 발해에 대한 인식이 상이하기 때문에 발해사에 대해서는 더욱 신중하고도 객관적인 이해가 필요하다. 그것이 토대가 돼야 발해사는 우리만의 역사가 아닌 동아시아의 역사로서 제 위치를 갖게 될 것이다.

발해사가 우리 역사 속에 자리매김된 것은 사실 얼마 되지 않는다. 발해는 926년 거란에 망한 이후 800년간이나 우리 역사의 기록에서 찾아볼 수 없었다. 『삼국사기』와 『삼국유사』에만 몇 줄 언급됐을 뿐이다. 발해가 다시 등장한 것은 멸망한 지 858년이 지난 뒤였다. 1784년 조선 후기 실학자 유득공의 『발해고』란 저서를 통해서였다. 『발해고』에서 유득공은 발해를 창건한 대조영이 고구려 유민이라는 점과 발해 땅이 고구려 땅이었다는 점을 들어, 고려가 의당 발해사를 편찬해야 했다고 주장했다.

이러한 주장은 당시 일부 실학자들에게 받아들여졌지만, 조선이 망하고 일본의 식민사관이 판을 치면서 발해사는 다시 묻히고 말았다.

그러나 1970~80년대 민족주의 사관의 대두로 본격적인 연구가 시작되었다.

토박인은 말갈인, '고구려의 별종'이라고?

발해 땅이 중국과 러시아에 있었던 관계로 중국이나 러시아의 학자들 역시 연구에 참여하고 있다. 이들은 각각 입장에 따라 발해사를 자국의 역사나 말갈의 역사, 혹은 만주의 지역사로 보고자 한다. 왜 이런 시각 차이가 날까? 그것은 발해가 고구려 유민들만이 세운 나라는 아니기 때문이다. 발해는 고구려 유민이 지배층을 이루었지만, 피지배층의 다수는 말갈인이었다. 발해를 세운 대조영 역시 순수한 고구려 혈통이 아니었다. 말갈 계통의 사람이 고구려에 들어와 고구려화 된, 즉 『구당서』에 언급된 대로 '고구려의 별종' 또는 『신당서』의 기록대로 '본래 속말말갈로서 고구려에 붙은 자'였다. 그리고 발해의 유물 중 많은 것은 고구려 문화를 그대로 계승한 것이 아니라 말갈족의 고유문화와 합성되어 변형된 모습을 띠고 있다.

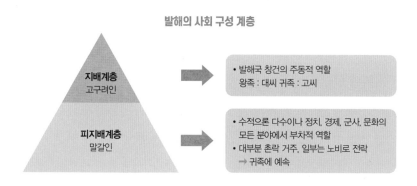

발해의 사회 구성 계층

| 지배계층
고구려인 | ➡ | • 발해국 창건의 주동적 역할
　왕족 : 대씨　귀족 : 고씨 |
| 피지배계층
말갈인 | ➡ | • 수적으론 다수이나 정치, 경제, 군사, 문화의
　모든 분야에서 부차적 역할
• 대부분 촌락 거주, 일부는 노비로 전락
　→ 귀족에 예속 |

그러나 이런 사실로 인해 발해가 고구려 계승국이 아니라고 말할 수는 없다. 오히려 이 점을 빼면 발해사를 우리 역사 속에 포함시킬 근거는 더욱 많기 때문이다.

먼저 일본에서 발견되는 발해 관련 기록을 들 수 있다. 일본기록에는 발해가 초기에 일시적으로 '고려'라는 나라이름을 쓰기도 했고, 일본 사람들이 발해왕을 '고려왕'이라고 부른 것으로 나온다. '고려'는 '고구려'와 같은 의미로 쓰였던 말이다. 발해의 건국 세력과 주변 국가는 발해가 고구려 계승국임을 분명히 인식하고 있었던 것이다.

또한 최치원이 894년경 당의 태사시중에게 보낸 편지에 "고구려의 잔당 등이 떼를 지어 모여서, 북으로 태백산 밑을 근거지로 하여 나라이름을 발해라고 하더니"라는 구절을 보면, 옛 고구려 영토에 유민들이 세운 나라가 발해임을 200년 가까이 지난 시점에서도 인식하고 있었음을 알 수 있다. 게다가 발해의 3대 문왕(737~793)의 딸들인 정혜공주와 정효공주의 묘(각각 1949년과 1980년에 발굴)는 분명 고구려 양식을 띠고 있어, 발해의 지배층 문화가 고구려 문화를 계승했음을 확실히 알려준다.

발해와 통일신라의 관계

이밖에 발해를 한국사의 한 부분으로 포함시킬 수 있는 근거로 당시 발해와 통일신라의 관계를 들 수 있다. 발해와 통일신라가 대립 갈등하면서도 한민족으로서 동질감을 느끼고 있었다고 해석할 만한 증거는 많다. 양국은 당이 외국인을 위해 설치했던 빈공과의 수석을 놓고

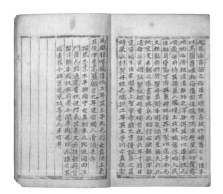

발해고 · 국립경주박물관
한국에서 현존하는 발해 역사서 중 최초의 역사서다. "무릇 대 씨는 누구인가? 바로 고구려 사람이다. 그가 소유한 땅은 누구의 땅인가? 바로 고구려 땅으로 동쪽과 서쪽과 북쪽을 개척하여 이보다 더 넓혔던 것이다."

치열한 경쟁을 벌였고, 당이 양국의 외교서열을 조정하는 문제에 대해서도 신경전을 벌였는데, 이는 발해와 통일신라가 '삼한'의 적자가 어느 나라인가를 놓고 경쟁했음을 보여주는 일례들이다.

또한 양국은 대립하고 경쟁하면서도 한편으로는 직해로를 두고 왕래를 하기도 했고, 서로 위급한 처지에 놓이면 도움을 요청하기도 했던 각별한 관계였다.

발해에 관한 기록은 『구당서』 「발해말갈전」과 『신당서』 「발해전」에 전하는데, 모두 발해를 '말갈의 나라'라고 기록하였다. 고려와 조선시대에는 발해를 통일신라와 이웃한 나라로 여겼을 뿐 한국사에 포함시키지 않았다. 조선 후기에 실학자 유득공이 발해사를 우리 역사라고 주장한 후부터 발해를 한국사에 포함시키게 되었다.

발해의 목줄이 달린
해외무역

발해는 자연환경의 열악함을 활발한 대외교류를 통해 극복하고
해동성국을 이루었다.

그들이 목숨 걸고 바다를 건너간 이유

"항해가 어려워 오래 때를 기다려 입국한다. 정당성 좌윤 하복연을
사신으로 보내 귀국과 교류하고자 한다."

훗날 발해 12대왕이 됐던 대건황이 일본에 보낸 외교문서 「발해중
대성첩」의 한 구절이다. 발해의 사신들은 지금의 블라디보스토크에서
배를 띄워 일본으로 향했다. 당시 사신들이 탔던 선박은 초속 15~20
미터의 강한 바람과 5미터가 넘는 파도를 이겨내야 했다. 그러나 고구
려인과 마찬가지로 해양에 익숙하지 못했던 발해의 사신들은 항해 도
중에 난파당해 목숨을 잃는 경우가 허다했다.

발해의 해외교역로는 다섯 개가 있었다. 동남쪽 바닷가에서 일본으
로 가는 일본도, 압록강 언저리에서 당으로 가는 조공도朝貢道, 장령에
서 돌궐방면으로 가는 영주도, 상경에서 길림을 거쳐 거란으로 가는
거란도, 남경 쪽에서 신라로 가는 신라도, 이렇게 다섯 개였다.

이 길들을 이용해 발해는 대외적으로 활발한 교류를 전개했다. 특히 일본과의 교류가 가장 활발했다. 그런데 육로보다 훨씬 위험했던 해로를 따라 목숨을 건 항해를 반복했던 이유는 무엇일까?

맨 처음 발해가 일본에 주목했던 것은 정치적인 이유에서다. 신라와 당에 맞서 세력을 넓혀나가는 발해로서는 정치적 동맹자가 필요했는데, 신라와 대립 관계에 놓여 있던 일본이 적당한 파트너였던 것이다. 일본 역시 발해와 손을 잡고 신라를 견제하고자 했다. 또한 당과 직접적으로 교류하기 힘들어 발해를 통해 당의 문물을 들여오고자 했다.

이러한 정치적 군사적인 목적과 함께 양국은 교역도 활발히 했다. 발해는 일본에 주로 호랑이·담비·물개·토끼 등의 가죽을 보냈다. 그리고 일본조정과는 별개로 일반 서민들에게도 질이 좀 떨어지는 가죽을 팔면서 상당한 이문을 남겼다. 돌아오면서는 비단, 옷감, 실, 수은, 금은, 진주, 동백기름 따위를 가져와 발해 귀족들의 수요에 충당했다. 이러한 무역에서 오는 이익이 적지 않았기 때문에 후기로 접어들수록 꼭 정치적인 목적이 아니더라도 양국 간의 교역은 더욱 활발히 이뤄졌다. 목숨을 건 항해를 반복하면서 발해는 뛰어난 항해술과 조선술을 키워나가 동해상을 장악할 수 있었다.

열악한 자연환경을 무역으로 극복하다

일본 외에도 발해는 각국으로 사신과 통역사들을 보내 교역에 힘을 썼다. 발해는 한반도 북부에서 시작해 만주와 연해주까지 이르는 넓은 영토를 아우르고 있었지만, 영하 40도가 넘는 혹한과 거친 토지로 인해 만성적인 물자부족에 시달렸다. 발해는 이를 무역으로 타파하고자 했다. 당에는 일본에 보냈던 가죽제품 외에도 인삼, 우황, 말 따위의 특산품을 보냈고, 대신 비단, 실, 곡식, 그릇 등의 생활필수품을 받아왔다.

발해는 당의 견제와 입지조건의 열악함을 활발한 대외교류를 통해 극복해가면서 발전을 거듭할 수 있었다. 본래 만주와 연해주 지역은 반농반목半農半牧 상태로 유목 생산이 주였고, 부족과 마을 단위로 경제생활을 꾸려나가는 미발달지역이었다. 발해는 이 지역에 곡창지대의 농경기술을 보급시켜 농업생산력을 높였고, 마을과 부족을 묶어나가 경제생활의 범위를 넓혀놓았다.

이런 노력이 결실을 맺어 9세기에 발해는 동북아시아의 강국으로 발돋움할 수 있었다. '발해 13대 경왕에 이르러 고금의 문물과 제도를 완비하여 드디어 해동성국이 되었다"는『신당서』의 기록은, 발해가 열악한 자연환경을 뚫고 신흥강국을 이뤘음을 증명해준다.

발해 멸망 후 고려로 귀부歸附해온 고구려 계통의 일부 지배층에 대해, 고려 태조가 후히 대접하고 발해 왕실의 제사를 받들게 했던 것도 동족의식을 가지고 있었기 때문이다.

원효가
해골에서 본 것은?

원효는 귀족 중심의 불교를 일반 평민에게까지 전파시킨
불교 대중화의 선구자였다.

아들을 낳고 파계한 고승, 모든 것이 마음먹기에 달렸다

원효元曉(617~686년)는 불교가 융성했던 삼국시대와 남북국시대를 통틀어 가장 개성이 강한 승려일 것이다. 스스로 파계를 했던 중임에도 고승으로 이름을 남겼고, 불교 대중화의 선구자이면서 불교 사상에도 뚜렷한 족적을 남겼다.

원효도 30대 때는 당시 많은 승려들이 그러했듯 당으로 유학을 떠나 선진불교를 익히려 했다. 의상과 함께 당으로 가던 길에 서해안의 바닷가에 이르렀는데, 밤이 늦어 한 토굴에서 자게 됐다. 원효는 자다가 목이 말라 주변을 더듬었는데, 마침 바가지에 물이 담겨 있어 시원하게 마셨다. 그런데 아침에 보니 자신이 마신 물이 해골에 담긴 더러운 물이 아닌가! 원효는 기겁을 하며 토해냈다. 그런데 그때 문득 깨달았다. '모든 것이 마음먹기에 달렸다一切唯心造!' 원효는 의상 혼자 당으로 떠나보내고 자신은 가던 길을 되돌렸다.

당 유학을 포기한 원효는 관심을 저잣거리로 돌렸다. 당시 신라의 불교는 귀족 중심의 종교에 머물러 있었다. 원효는 천민이나 농민과

유(왼쪽) · 불(가운데) · 선(오른쪽) 3가의 평화로운 공존을 보여주는 그림으로 유교는 학자, 불교는 승려, 도교는 은자로 형상화되어 있다.

어울리며 이들에게도 불교를 전파하기 시작했다. 그러던 중 원효는 파계를 하게 된다. 무열왕의 과부가 된 딸 요석공주와 관계를 맺은 것이다. 원효가 "누가 자루 없는 도끼를 빌려주겠는가 / 나는 하늘을 떠받칠 기둥을 찍으련다"란 노래를 부르며 다니자, 무열왕이 이를 듣고 '귀부인을 얻어 아들을 낳겠다는 생각이구나'라고 해석하여 요석공주를 만나게 한 것이다. 원효는 요석공주에게서 아들을 얻었는데, 그 아들이 이두를 고안한 신라의 대학자 설총이다.

춤과 노래로 포교 활동을

아들을 낳은 후 원효는 스스로 소성거사小性居士라 부르고 저잣거리에서의 포교를 더욱 활발히 했다. 이때 원효는 우연히 만난 광대들에게서 큰 박을 얻었는데, 그 박에는 '일체무애인無碍人(집착이 없는 자유인)은

원효의 불교관

중관파
중도(中道)를 지향하는 인도 대승
불교의 중요한 학파

유가파
수행방법으로 유가(요가)를 중요시
하는 대승불교의 또 다른 학파

화쟁사상

두 유파의 갈등·논쟁을 화해

세속적인 가치와 불교진리적 가치
사이의 갈등 화해

다원적이고 보편적인 생각으로
타인의 의견에 귀를 기울임

한길로 생사를 벗어난다'란 문구가 적혀 있었다. 원효는 '무애'란 이름
의 도구를 만들고, 〈무애가〉를 만들어 퍼뜨렸다. 그는 〈무애가〉에 무애
춤도 곁들여 추며, 가난하고 못 배운 이들에게 포교 활동을 하였다. 무
지한 이들도 '나무아미타불(부처님께 귀의한다)'이라는 구절만 외면 죽어
서 극락정토에 갈 수 있다는 원효의 포교로 많은 이들이 나무아미타불
을 외기 시작했다. 원효의 포교 활동은 계속되는 삼국전쟁에 지쳐 있
던 일반 민중에게 희망과 위안을 주었다.

원효는 불교 대중화와 함께 저술에도 전념해 150권이 넘는 책을 지
었다. 그는 당시 갖가지 교리와 주장이 난무하고 이론적 대립이 극심
했던 신라의 불교계에 '화쟁사상(和諍思想)'을 주창하여 갈등과 대립의 논
리를 하나의 근원으로 조화롭게 통일시켰다. 그의 불교사상은 심오하
면서도 독창적인 내용을 담고 있어 신라뿐만 아니라 중국 불교계에도
많은 영향을 미쳤다.

신라의 유명한 승려로는 원효와 의상, 원측, 그리고 『왕오천축국전』을 지은 혜초 등이 있다.

호족 세력의 불교,
선종

통일신라 말기 선종은 평민과 호족 세력의
절대적 지지를 받으면서 전국적으로 퍼져나갔다.

중앙에서 지방으로, 귀족에서 평민으로

통일을 전후해 원효와 의상 같은 고승들은 사상적으로는 심오하게, 실천적으로는 대중 속에 파고 들어가 불교를 발전시켰다. 그러나 신라 하대로 넘어오면서 의상이 개창한 화엄종을 비롯한 교종은 왕실과 귀족들만의 종교로 전락하였다. 초기의 치열한 의식은 사라지고 관념적인 교리와 의례적인 신앙 활동이 주를 이뤘다. 경주 귀족의 후원을 받은 교종의 사찰은 크고 화려해졌지만, 민중들의 고통을 어루만져주고 구원의 길을 제시하는 데는 관심이 없었다.

이런 종교적 부패의 상황에서 새롭게 선종이 일어났다. 선종은 남인도 출신의 달마대사가 당의 장안에 와서 『법화경』과 같은 불경을 번역하면서 전파했던 북방불교다. 이후 중국의 혜능과 신수에게 전해져 크게 발전한 교파였다. 선종 교리의 핵심은 도를 기성의 경전이나 문자에서 찾는 것이 아니라, 마음의 본질에서 찾는 것이다. 선종은 경전이나 교리 체계에 얽매이지 말라는 의미에서, '불립문자不立文字(문자를 세우지 말라)' '교외별전敎外別傳(경전 밖에 따로 전하는 것이 있다)'을 내세웠다. 또

범어사3층석탑
경주 귀족의 후원을 받은 교종의 사찰은 크고 화려해졌지만, 민중들의 고통을 어루만져주고 구원의 길을 제시하는 데는 관심이 없었다.

한 자아의 본질과 직접적으로 대면해 성불하라는 '견성성불見性成佛(본성을 보아 성불하라)'과 즉심즉불即心即佛(마음이 부처다)'을 교리의 핵심으로 하였다.

기성의 권위와 교리에 매이지 않는 점에서 선종은 새롭게 발흥하는 지방호족과 중앙의 6두품 세력에게 절대적 지지를 받았고, 그들의 사

통일신라시대 불교 종파

교종	불경·교리 중시 전통과 권위 중시	중앙귀족	신라중대	조형예술 발달, 중앙집권
선종	종교적 각성 중시, 형식과 권위 부정	지방호족	신라하대	조형예술 쇠퇴, 지방분권

상적 토대가 되었다. 또한 어려운 문자를 깨우치지 않고도 성불할 수 있다는 선종의 교리는 배우지 못한 가난한 평민들도 불교에 쉽게 접근하게 했다.

개혁세력의 근거지로

교종의 사찰이 경주를 중심으로 한 중앙에 집중된 반면, 선종의 사찰은 전국 각지의 산에 세워져 수행과 포교 활동을 하였다. 이렇게 건립된 절 중 대표적인 절이 아홉 개의 산에 있다 하여 '구산선문九山禪門'이라 불리게 되었다. 이 절들은 중앙귀족의 지원 대신 지방호족과 평민의 지원을 받아 설립 유지되었다. 선승들의 출신성분 역시 진골귀족은 거의 없고 6두품 이하의 하급귀족이나 관리, 그리고 평민이 절대다수를 차지했다. 이런 점에서 왕족과 진골귀족 출신이 다수였던 교종 계열의 화엄종과는 확연히 구별된다. 선종이 크게 유행하자 왕실이나 귀족들이 선승을 초청하는 일이 잦았으나, 선승들은 이에 응하지 않았다. 당시 평민들에게 원망의 대상이던 지배층과는 일정한 선을 긋고 있었던 셈이다.

선종은 사회적으로 계급의 평등을 주창했다. 선종 계열의 절들은 운영에 있어서도 승려와 신도 사이의 차별을 없앴으며, 절 소속의 노비도 없애는 평등사상을 실천했다. 이 점도 선종이 통일신라 말기 민중들의 지지를 이끌어낸 요인이 되었다. 지방의 유력 호족들 중 많은 실력자들이 전국 각지에 분포한 선종 계열의 절들과 긴밀한 관계를 맺고 후원자로 나서기도 했다.

소승불교는 계율을 엄수하고 개인의 해탈을 중시한 반면, 대승불교는 자유로운 경전 해석을 바탕으로 중생의 구제를 강조했다.

장보고는 청해진에서
무엇을 꿈꾸었나?

장보고는 군사기지이자 해외무역 및 서비스 기지인
청해진을 건설해 통일신라를 무역 강국으로 키웠다.

구국의 영웅에서 반란의 수괴로

한국 고대사에 등장했던 인물 중 가장 드라마틱한 생애를 살다
간 인물로 장보고張保皐(?~846년)를 꼽을 수 있다. 그는 어릴 때 '활을 잘
쏘는 사람'이라는 뜻의 '궁복弓福' 또는 '궁파弓巴'라 불렸는데, 이는 그
의 출신이 미천했음을 알려준다. 그의 장씨 성도 청년시절을 보냈던
중국에서 흔하던 성을 따서 쓴 것이라 한다.

유능하지만 골품제 때문에 신분상승이 막힌 신라 출신의 젊은이들
이 그랬듯, 장보고 역시 청년이 되자 당으로 건너갔다. 그는 군공을 세
워 당 무령군의 중소장이란 고위직에 오르는 '성공시대'를 구가하기도
했다. 당시 그의 지위가 어느 정도였는지는 정확히 파악되지 않는다.
하지만 당의 대시인인 두목杜牧이 그의 『번천문집樊川文集』에 장보고를
큰 인물로 묘사했고, 이것이 당의 정사인 『신당서』에 그대로 옮겨 적
힌 것으로 보아 대단한 정도까지 올라가지 않았나 짐작된다.

그가 귀국했던 이유는 잘 알려져 있다시피 신라인들이 중국 해적들
에 의해 납치 매매되는 현실을 타개하려는 데 있었다. 당 정부의 통제

철불좌상, 고려 10세기, 보물 332호 · 국립중앙박물관
고려시대 초기인 10세기에 제작된 이 철불은 무게가 무려 6.2톤에 육박한다. 철은 동에 비해 불리한 점이 많아 원래 불상 제작으로 선호되는 재질은 아니었다. 하지만 통일신라 말에서 고려 전기 사이에는 적지 않은 철불이 제작되었는데 여기에는 이유가 있었다. 해상무역을 주도하며 동의 국내 수급에 일조했던 장보고가 사망하자, 국내에서 동 부족 사태가 벌어졌던 것이다.

력 부족과 신라의 치안 능력 부재로 신라의 서남 해안은 그야말로 무법지대였다.

828년(흥덕왕 3년) 장보고는 흥덕왕에게 남해와 동지나해의 교통 요충지인 완도에 해군기지를 건설해야 한다고 건의해 청해진을 설치했다. 하지만 왕실의 지원은 전무했다. 그는 인근의 지방민을 모아 민병대를 조직했고, 이를 바탕으로 해적 소탕에 나서 성공적으로 해상권을 장악했다. 장보고의 해적 소탕으로 신라인들은 안정적인 해상활동을 할 수 있게 되었다. 해상치안에 성공하자, 장보고 자신도 직접 중국, 일본, 동남아 각국과 활발한 교역활동을 전개해 상당한 재력을 갖추게 되었다. 이로써 청해진은 군사력과 경제력을 동시에 갖춘 기지로 부상했고, 장보고는 유력한 정치 세력으로 성장할 수 있었다.

치열한 왕위 쟁탈전을 벌이던 중앙의 귀족들에게 장보고의 강대한 군사력이 눈에 보이지 않을 리 없었다. 마침 그 당시의 왕위계승 분쟁에서 패배한 김우징(후일 신무왕이 됨)이 청해진으로 피난을 오게 되었다. 김우징은 '구국'을 명분으로 장보고를 왕위계승 싸움에 끌어들였다. 장보고는 압도적인 군사력으로 경주를 공격, 김우징을 왕위에 올리는 데 결정적인 공을 세운다. 그는 신무왕 즉위 이후 청해진을 정년에게 맡기고 중앙정계에 진출하여 감의군사感義軍使란 고위직에 오른다. 즉위 1년 만에 신무왕은 죽지만 그 뒤를 이은 문성왕 역시 장보고의 정치적 지원이 필요해, 그에게 해군 참모총장이랄 수 있는 진해장군까지 맡긴다.

이처럼 미천한 출신의 장보고가 출세하자, 골품제에 찌든 신라의 귀족들은 당연히 반감을 갖게 되었다. 귀족들은 장보고의 딸이 문성왕의 두 번째 왕비로 책봉되는 것을 강력히 반대하면서 반격을 개시했다. 주로 문제 삼은 것은 장보고의 출신성분이었다. 양자 간의 갈등이 격화되는 상황에서 신라의 귀족들은 정면대결 대신, 한때 장보고의 부하였던 염장을 사주해 그를 암살하게 한다. 장보고를 술에 취하게 한 뒤 살해했던 것이다. 결국 그는 '구국의 영웅'에서 '반란자'로 낙인찍힌 채 역사의 무대에서 사라져버렸다.

역사 속에 살아남은 장보고

비참한 죽음이었다. 그러나 장보고는 역사 속에 살아남았다. 앞서 말한 대로 두목의 기록 덕택이었다. 이를 바탕으로 『삼국사기』는 그의 업적을 기록할 수 있었다. 장보고의 업적은 현대적 관점에서 봐도 놀랍다. 역사학자들은 장보고를 그랜드 디자인을 가졌던 인물로 평가하고 있다. 어떤 그랜드 디자인인가. 장보고는 청해진을 군사기지만이 아니라 해외무역기지로 활용해 해상상업제국을 건설했다. 학자들은 청해진이 오늘날의 홍콩, 싱가포르와 같은 독립적인 국제무역 및 서비스의 중계 기지였으며 자유항이었다는 연구 결과를 내놓고 있다. 장보고는 청해진을 기반으로 중국의 칭다오, 양저우, 쑤저우 등 10여 곳 이상의 신라인촌과 네트워크를 구축, 신라를 무역 강국으로 키우는 데 중추적인 역할을 했다.

청해진이 있었던 장좌리는 삼면의 조망이 트이고 수심이 깊어 선박을 대기 쉬울 뿐 아니라 태풍을 피할 수도 있는 천연요새지로, 남해안이나 해남, 강진에서 당의 산둥반도로 가는 해로를 감시할 수 있었던 곳이다.

골품제 사회 6두품 지식인의 좌절

최치원은 중국에서 빈공과에 합격하고 귀국했으나
오히려 귀족들로부터 질시를 받았다.

6두품 출신 아버지의 비정한 출세욕

"10년이 되도록 과거에 오르지 못하면 내 아들이 아니다. 가서 학
문에 힘써라."

어느 아버지가 유학길에 오르는 아들에게 이토록 냉정한 성공의 당
부를 할까. 『삼국사기』는 최치원崔致遠(857〔문성왕19년〕~?)의 아버지 최견
일이, 12세의 나이에 혈혈단신으로 바다를 건너 당으로 들어가는 아들
에게 이렇게 말한 것으로 전한다.

이런 비정한 아버지를 만든 것은 다름 아닌 신라의 골품제였다. 왕
이 될 수 있는 성골, 최고위직인 이벌찬까지 오를 수 있는 진골, 6위 관
직인 아찬까지 오를 수 있는 6두품, 그리고 최고 12위 관직까지만 오
를 수 있는 4두품, 이렇게 골품제는 타고난 신분으로 개인이 오를 수
있는 관직을 제한시켰다. 벼슬만이 아니라 집 크기, 옷차림, 식기의 종
류까지도 제한했다. 당연히 하위계급의 불만이 크지 않을 수 없었다.

골품제도에 따른 관등상승한계

관등	골품			
	진골	6두품	5두품	4두품
1. 이벌찬 2. 이 찬 3. 잡 찬 4. 파진찬 5. 대아찬				
6. 아 찬 7. 일길찬 8. 사 찬 9. 급벌찬				
10. 대나마 11. 나 마				
12. 대 사 13. 사 지 15. 길 사 16. 소 오 17. 조 위				

※ 골품제도는 신라말기 사회혼란의 원인이다.

통일신라로 접어들면서 이런 불만을 해소할 통로가 열렸으나 나라 안이 아니라 밖에서였다. 바로 당 유학과 당 관직으로의 진출이었다. 실크로드를 통한 대외무역이 성행해 멀리 아라비아 상인까지 드나들던 당은 중국 역대의 어느 왕조보다 개방적이었다. 신라의 젊은이들은 꽉 막힌 출셋길을 당에서 과거급제로 열어보려는 야망을 안고 떠났다.

작은 성공은 이루었으나

이런 분위기 속에서 당으로 건너간 최치원은 '졸음을 쫓기 위해 상투를 매달고 가시로 살을 찌르는' 노력을 하며 외국인을 위해 개설된

빈공과에 당당히 합격했다. 그 뒤 율수현에서 조세 업무를 담당하는 현위라는 미관말직을 얻어 잠시 일하기는 했는데, 이때까지는 별다른 성과가 없었던 듯하다.

최치원이 명성을 얻은 것은 황소의 난(중국 당나라 말기에 일어난 대농민 반란)을 만나 토벌군에 종사하면서부터였다. 그는 고변이란 장수의 수하로 들어가 종사관으로 일하게 되었는데, 여기서 그 유명한 「격황소서橄黃巢書」(881년)를 썼다. 황소가 이 격문을 읽고는 너무 놀라 저도 모르게 상 위에서 떨어졌다는 일화가 전해지기도 하는 명문이다.

고국에서 펼치지 못한 출세의 꿈

그러나 이런 공로에도 불구하고 최치원은 중국에서 그다지 성공하지 못했다. 그가 속한 고변의 군대가 토벌작전에서 별다른 성과를 거두지 못했기 때문이다. 이에 최치원은 17년 만에 고국으로 돌아왔다. 29세 때였다. 그러나 돌아온 고국은 실망스럽기 그지없었다. 『삼국사기』는 "당에 가서 배워 아는 것이 많았으므로 본국으로 돌아와서는 자기 뜻을 행하려 했으나, 세상이 말세가 되어 의심하고 꺼리는 사람이 많아 용납되지 못했다"고 기록하고 있다.

그는 태인, 서산, 당진의 태서 등 외직을 전전해야 했다. 당시 대국인 당에서 나름의 활동을 펼쳤던 그가 소국인 신라에서조차 외직을 떠돌아야 했으니 그 좌절감은 극심했을 것이다. 그는 당에서 지은 『계원필경』 20권 등의 저작을 헌강왕에게 바치고, 국정개혁안인 「시무 10여 조」를 올리기도 했으나 국정에 반영되지는 않았다. 좌절한 최치원은 야망을 버리고 신선사상과 불교에 심취해 산천을 떠돌아다녔다. 그는 합천 해인사에 은거하다 그곳에서 죽었다고 한다.

통일신라 말기는 최치원과 장보고의 예에서 보듯 신분제의 불만이 표출되었던 시기이다. 출세가 제한된 젊은이들은 당으로 가거나 반란군 진영에 가담했다. 『삼국사기』는 최치원이 왕건과 편지를 주고받으며 비밀리에 고려의 건국을 도왔다고 기록하고 있지만, 그것이 사실인지는 확인할 수 없다. 그러나 1020년 고려 헌종(재위 11년)은 최치원의 사후 영향력을 고려해서인지 내사령內史令에 추증하고 문창후文昌侯에 추봉했다.

신라가 당에 유학생을 최초로 파견한 것은 선덕여왕(640년) 때이다. 유학의 열기는 9세기에 최고에 달했는데, 당의 빈공과에 합격한 이는 김운경, 최이정, 최치원 등 58명이나 되었다.

효녀 지은설화에서
통일신라의 붕괴를 본다

효녀의 아름다운 선행에 대한 이야기인 지은설화에는
비참했던 평민들의 삶의 모습이 담겨 있다.

화랑 효종랑의 선행

통일신라 말 정강왕 때(886년) 일이다. 어려서 아버지를 여의고 홀
로 된 어머니를 봉양했던 지은은 서른둘이 되어도 시집을 가지 않았
다. 어머니가 홀로 됐을 뿐만 아니라 앞 못 보는 봉사였기 때문이다.
그러나 품팔이만으로는 두 모녀가 살기에 너무 힘들었다. 지은은 부
잣집에 가서 자청해서 몸을 팔아 집종이 되었다. 대가는 쌀 열 섬이
었다. 지은은 하루 종일 그 집에 가서 일하고 날이 저물면 어머니에
게 밥을 지어드렸다. 이런 날이 사나흘 지나자 지은의 어머니가 딸에
게 물었다.

"지난번에는 음식이 거칠어도 맛이 있었는데, 지금은 비록 음식이
좋으나 맛이 그전만 못하고 속을 칼로 찌르는 것과 같으니 무슨 까닭
이냐?"

어머니는 마음으로 맛을 봤던 것이다.

지은은 사실대로 말했다. 어머니는 가슴이 찢어지는 듯했다.

"나 때문에 네가 종이 되었으니, 내가 빨리 죽는 게 낫겠구나."

어머니도 딸도 서로를 부둥켜안고 통곡하니, 그 소리에 길 가는 사람들도 크게 슬퍼했다. 화랑 효종랑이 이를 보고는 자신의 집에서 곡식 백 섬과 의복을 보내주고, 그 몸값을 갚아 양민이 되게 했다. 효종랑의 무리 몇 천도 감읍해 각기 곡식 한 섬씩을 지은에게 주었다. 정강왕도 이 일을 알고는 벼 오백 섬과 집 한 구를 내주고, 혹시 곡식을 도둑질하는 자가 있을까 염려해 군사를 보내 지키게 했다.

지은설화는 통일신라 말 무너져가는 평민들의 삶의 확대경

효녀 지은설화는 『삼국사기』와 『삼국유사』에 모두 소개된 유명한 이야기다. 마치 『심청전』의 한 대목을 보는 것 같다. 이 이야기는 몰락을 눈앞에 둔 통일신라 말 평민들의 비참한 삶을 엿보게 해준다. 삶의 기반이 없는 평민들은 품팔이를 해서 연명해야 했는데, 효녀 지은처럼 건강한 여성의 노동력으로도 두 사람의 생활조차 보장할 수 없는 형편이었다. 그래서 지은은 자신을 노비로 팔 수밖에 없었던 것이다.

지은설화를 통해 또한 엄청난 빈부격차를 목격할 수 있다. 귀족 효종랑은 종 한 사람값인 쌀 열 섬의 열 배를 선선히 내놓을 정도의 재력이 있었다. 그의 무리 몇 천도 쌀 한 섬씩을 내놓았는데, 중간계급인 낭도인 그들 역시 그 정도의 성금은 무리가 없었다.

마지막으로 정강왕이 군사를 보내 도둑을 막게 한 조치를 살펴보자. 이는 효녀의 집에 곡식이 많아지자 도둑으로부터 그것을 지켜야 할 정도로 사회 치안이 마비된 상태임을 말해준다. 그리고 평민들이 굶주림

통일신라 말기의 반란

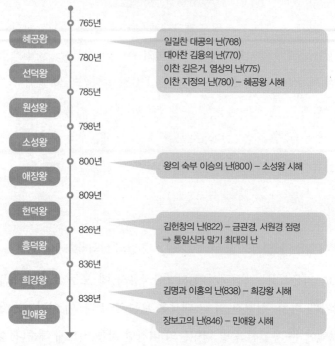

혜공왕
765년
780년

일길찬 대공의 난(768)
대아찬 김융의 난(770)
이찬 김은거, 염상의 난(775)
이찬 지정의 난(780) – 혜공왕 시해

선덕왕

785년

원성왕

798년

소성왕

800년

왕의 숙부 이승의 난(800) – 소성왕 시해

애장왕

809년

헌덕왕

826년

김헌창의 난(822) – 금관경, 서원경 점령
→ 통일신라 말기 최대의 난

흥덕왕

836년

희강왕

838년

김명과 이홍의 난(838) – 희강왕 시해

장보고의 난(846) – 민애왕 시해

민애왕

때문에 효녀의 재물까지도 가리지 않았음을 짐작하게 해준다.

당시 통일신라는 붕괴 직전으로, 임금의 재위기간이 평균 5년도 채 안 될 정도로 상부의 권력 투쟁이 극심했다. 평민은 도둑이 되거나 터전을 잃고 떠도는 일이 허다했다. 효녀 지은설화는 통일신라 말 무너져가는 평민의 삶을 보여주는 확대경이다.

진성여왕은 신라시대 가장 무능한 왕으로 꼽히기도 한다. 그러나 이는 정확한 사실이 아니다. 실상은 진성여왕을 우습게 아는 여러 주에서 세금을 보내지 않아 국가의 재정이 말라버렸고 결국엔 왕위를 물려줄 수밖에 없는 지경에 이르게 된다.

궁예가 몰락한
진짜 이유

궁예는 무리하게 강력한 중앙집권체제를 지향하다
왕건으로 대표되는 신진 세력의 쿠데타를 맞았다.

외국인 학자도 의심하는 궁예의 몰락 원인

우리나라 학자가 외국의 역사적 인물을 연구하는 일은 많아도 외국 학자가 우리의 역사 인물을 연구하는 일은 그리 많지 않다. 그런데 눈에 띄는 연구 사례가 하나 있다. 바로 미국 캔자스 대학 허스트 교수의 「선인, 악인, 그리고 추인. 고려왕조 창건 속의 인물들」이 바로 그것이다. 허스트 교수는 이 논문에서 우리가 흔히 폭군의 대명사로 알고 있는 궁예弓裔(?~918년. 후고구려왕 901~918년 재위)에 대해 새로운 시각을 제시하고 있다.

그는 궁예가 "큰 야심과 정치적 지혜, 개인적 권위가 있었고, 사람들의 능력을 잘 판단할 줄 아는, 곧 인재를 볼 줄 알았던 인물"이라고 말한다. 또한 "궁예 왕국의 정치적, 행정적 업적이 오로지 왕건의 탁월한 덕성의 결과였다고 생각할 만한 아무런 이유가 없다"고 평가하고 있다. 궁예가 폭군으로 인식된 것은 역사가들이 사서 편찬 당시의 정치적 목적에 맞춰 분칠했기 때문이라는 게 허스트 교수의 주장이다.

실제 왕건 진영의 기록이라 할 『삼국사기』에서도 궁예에 대해 "사졸들과 함께 즐거움과 괴로움을 나누고, 직책을 주고 빼앗음에도 공☆으로 하고 사☆로 하지 않았다. 이로써 여러 사람의 마음이 기를 두려워하고 사랑하며 떠받들어 장군으로 삼게 했다"고 기록하였다. 궁예는 이러한 강력한 리더십을 통해 경기, 강원, 충청 일대 실력자들의 대부분을 정복하거나 귀순시켜, 한반도의 3분의 2를 자신의 세력권 안에 두었다.

그런데 그는 왜 몰락했던 것일까? 『삼국사기』나 『고려사』 등에서 말하듯 그가 말기에 들어 변태적인 성격 파탄을 일으켜 포악하고 잔혹한 정치를 일삼았기 때문일까? 그러나 이렇게만 설명하기에는 뭔가 부족하다. 최근의 연구에서는 궁예의 몰락을 정치 세력 형성 과정의 한계, 내부 세력 대결을 잘 조율하지 못한 점을 들어 설명하고 있다.

신진 세력에 패배당하다

궁예가 신라 왕족 출신이라는 것은 잘 알려진 사실이다. 그러나 그는 버려진 왕자였다. 궁예는 절에 숨어 있다 혼란한 세상 속으로 뛰어들었는데, 첫 출발점은 체계적인 정치 집단이 아닌, 유민으로 구성된 도둑의 무리였다. 초기의 세력 기반이 되었던 양길의 무리가 바로 규모가 큰 도적 집단이었던 것이다.

궁예는 강력한 리더십으로 급격히 세력을 팽창시켜갔지만, 이후 안정적인 통치 체제를 구축하기에 이들 승려와 도적 집단의 인재들로는 무리였다. 그러나 이미 공신의 반열에 올라선 이들을 무시할 수도 없는 노릇이었다. 뒤늦게 합류한 송악 등지의 호족 엘리트층과 이들이 갈등을 빚은 것은 어쩌면 예정된 수순이었는지도 모른다. 왕건은 바로 후발 엘리트층과의 결속을 통해 내부 권력 투쟁에서 우위를 점할 수 있었다.

즉, 궁예는 호족연합국가인 후고구려의 왕권을 미처 강화하지 못한 상태에서, 왕건으로 대표되는 신진 세력과의 권력 투쟁에서 패배한 것으로 봐야 할 것이다.

궁예는 제대로 사람대접도 받지 못하는 최하층 유민들과 희로애락을 함께하면서 그들을 일개 도둑에서 강력한 군인으로 결집시켰다. 궁예는 그들을 위한 세상을 만들고자 했다는 평가를 받기도 한다.

통일전쟁 승리 직전에 패배한 견훤

견훤의 후백제는 고려와 호각지세를 이룬 강국이었다.
후백제의 몰락은 왕위 계승을 둘러싼 내분 때문이었다.

카리스마가 가장 강했던 인물

후삼국시대를 이끈 세 인물 중 영웅적인 상이 가장 뚜렷한 인물은 견훤甄萱(867~936년)이다. 우선 그의 탄생설화부터가 세 인물 중 가장 신비롭다. 『삼국유사』가 전하는 바에 따르면, 광주 북촌에 사는 한 부잣집 딸이 "매번 자주색 옷을 입은 남자가 저의 침실에 와서 관계를 갖곤 합니다"라고 아버지에게 말했다. 그러자 아버지가 "긴 실에 바늘을 꿰어 그 남자의 옷에 꽂아두어라"했다. 날이 밝아 실을 따라가 보니 큰 지렁이의 허리에 바늘이 꽂혀 있었다. 그 후 딸은 아기를 배어 사내아이를 낳았는데, 그가 견훤이었다.

백제사 전문가인 이도학 교수에 따르면 이러한 출생설화를 '야래자 夜來者설화'라고 하는데, 이런 유형의 설화는 전 세계적으로 나타나는 것이라고 한다. 야래자설화에서 주인공은 신의 자식임을 뜻한다. 청 태조 누르하치 아버지의 설화도 이와 같은 유형이라고 한다.

또한 견훤의 부모가 들에서 일할 때 아기를 수풀 아래 두었더니 호랑이가 와서 젖을 먹여주었다는 얘기가 전해지기도 한다. 이런 출생설화는 거의 '시조왕' 수준으로 신격화된 견훤의 위상을 보여주는 것이며, 그가 굉장히 용맹하며 카리스마적인 자질이 뛰어난 인물이었음을 말해주는 것이기도 하다.

통일 직전까지 갔으나 내부분열로 무너지다

농민의 아들로 태어난 견훤은 성장한 뒤 신라군에 입대했다. 그는 경주에서 근무를 하다 서남해안가의 방비防備를 맡았는데, '창을 베고 적군을 기다리는' 열성으로 공을 세워 비장의 자리까지 올랐다. 당시는 통일신라 말기로 백성들이 삶의 터전을 잃고 도적이 되거나 유랑민이 되는 시절이었다. 때문에 견훤과 같은 야심을 가진 청년들은 희망 없는 중앙에서의 출세 대신, 무리를 모아 독자적 세력을 형성하는 것을 택했다.

견훤은 892년 무진주(광주)를 친 뒤 900년에는 완산주(전주)를 쳐 이곳에 도읍하고 후백제를 건국했다. 그는 935년 아들 신검에게 정변을 맞을 때까지 후고구려와 후삼국 통일을 향한 각축전을 벌였다. 그의 주된 근거지인 충청, 호남의 서남해안 지역은 중국과의 교섭로이기도 했다. 견훤은 최승로로 대표되는 6두품 출신의 대당 유학생과 승려 등 엘리트 그룹을 흡수해 어느 나라보다 국가 체제를 공고히 했다. 조조가 맨 처음 실시했던 둔전제 - 군대가 군용식량을 직접 경작해 조달하는 제도 - 를 우리나라에서 처음으로 실시해 전투지원체제도 안정화시켰다. 둔전을 위해 방죽을 비롯한 관개시설까지 마련하는 등 경제에 대해서도 앞선 시각을 갖고 있었다. 또한 지방 각처에 왕족을 직접 파견해 중앙 지배력을 강화했던 백제의 옛 담로제를 시행하기도 했다. 뿐만 아니라 삼국 중 외교전에서도 가장 앞서나갔다.

이렇게 강화된 내부 역량을 바탕으로, 용맹과 지략이 뛰어났던 견훤은 숱한 전투를 지휘해 승리를 끌어냈다. 934년 운수산 전투에서의 패배로 다소 위축되기 전까지는 군사적 우위를 보였다고 할 수 있다.

그러나 결정적으로 견훤을 패배로 이끈 것은 군사적 실책이 아닌 내부 분열이었다. 바로 넷째 아들 금강을 후계자로 내세우는 무리수를 두었던 것이다. 이 과정에서 장자인 신검이 모반을 일으켜 그를 유폐시켜버렸다. 이듬해 견훤은 왕건과 함께 아들과 전투를 벌여 스스로 자신의 왕국을 무너뜨렸다.

견훤은 정치적 감각이 뛰어난 인물이었다. 근거지 서남해안은 일찍이 중국과의 무역로였고, 견훤은 이런 조건을 이용해, 오월 및 거란, 일본 등과 국교를 맺는 등 성숙한 외교 감각을 보여주었다.

왕건의 쿠데타는 계획적이었다

『삼국사기』의 기록과 달리 왕건 일파의 쿠데타는
10여 년간이나 치밀하게 준비된 쿠데타였다.

치맛바람이 결정타였던 쿠데타

『삼국사기』에 의하면, 왕건에게 쿠데타를 건의한 이들은 홍유,
배현경, 신숭겸, 복지겸 등 네 장군들이다.

> "지금 주상이 형벌을 함부로 쓰는 것을 만족하게 여겨 아내와 아들
> 을 죽이고 신하들을 죽여 없애니, 백성이 도탄에 빠져 살 수 없게 되
> 었습니다. 예로부터 어두운 임금을 폐하고 밝은 임금을 세우는 일은
> 천하의 큰 의리이니, 부디 공은 탕왕과 무왕의 일을 실행해주십시오."

부하 장수들의 이러한 제안을 왕건은 일단 거절했다. 충을 이유로
들어서다. 거듭된 부하 장수들의 부탁에도 왕건이 선뜻 결심하지 못하
자, 부인 유씨(신혜왕후)가 나서서 말했다.

> "인仁한 사람이 불인不仁을 치는 것은 예로부터 있던 일입니다. 지금
> 여러 사람들의 의논을 들으니 저도 오히려 분개한 마음이 나는데 하

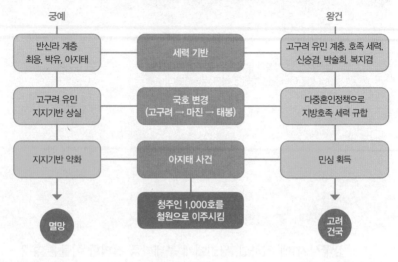

궁예와 왕건의 세력 비교

궁예		왕건
반신라 계층 최응, 박유, 아지태	세력 기반	고구려 유민 계층, 호족 세력, 신숭겸, 박술희, 복지겸
고구려 유민 지지기반 상실	국호 변경 (고구려 → 마진 → 태봉)	다중혼인정책으로 지방호족 세력 규합
지지기반 약화	아지태 사건	민심 획득
멸망	청주인 1,000호를 철원으로 이주시킴	고려 건국

물며 대장부야 여부가 있겠습니까? 지금 여러 사람들의 마음이 갑자기 변하였으니, 하늘의 명령이 돌아가는 곳에 따라야 할 것입니다."

이런 말을 한 뒤 왕건에게 갑옷을 갖다 주니, 비로소 왕건도 몸을 일으켜 거사에 돌입했다. 이처럼 왕건의 쿠데타에서 결정적인 역할을 했던 이는 바로 부인 유씨였다.

하루 만에 성공한 쿠데타

힘든 결정이 끝나자 실행은 간단했다. 왕건을 앞세운 쿠데타군이 "왕공(왕건)이 이미 의기義旗를 들었다!"라고 외치며 궁성문을 향하자 따르는 이들이 헤아릴 수 없었고, 기다리는 사람 또한 1만 명이나 되었다"고 한다. 『고려사』의 기록에서는 이렇듯 군중들이 궁으로 난입해 들어오자, 궁예가 "왕공이 벌써 승리를 얻었으니 나의 일은 이미 끝났다"고 한탄한 뒤 변장을 하고 왕궁을 탈출했다고 적고 있다. 918년의 일이었다.

그러나 이는 승자의 기록일 따름이다. 비록 궁예가 후기로 오면서 정치적 실책과 친위세력의 약화로 입지가 좁아졌다 해도, 하루만의 거사로 왕권을 이렇게 쉽게 무너뜨릴 수는 없는 것이다. 더욱이 왕건의 거사 뒤 궁예 복권을 명분으로 한 반란이 각지에서 수년간 진행된 기록이 있다.

사실 왕건의 쿠데타는 오래 전부터 준비됐다고 볼 수 있다. 송악의 유력한 호족이었던 아버지 왕륭은 아들을 어릴 때부터 야심을 갖도록 키웠다. 왕륭이 그의 성과 병사를 궁예에게 바치면서 정치적 제휴를 맺을 때, 송악 성주를 왕건에게 맡겨달라고 부탁했던 것에서도 그 근거를 찾을 수 있다. 그는 태봉의 중심 거점이 될 송악을 아들에게 맡겨 대업을 준비하고자 했던 것이다.

10년 전 이미 왕이 되는 꿈을 꿨던 왕건

쿠데타 당시 41세였던 왕건은 이미 10여 년 전인 30세 때 금탑에 올라가 왕이 되는 꿈을 꾸었다고 한다. 대권에 야망을 가졌던 왕건은 내직보다도 전장을 돌며 군부를 장악해가고 있었다. 그는 궁궐에 신라6두품 계열이 주류를 이룬 실무관료들을 자신의 세력으로 심어놓고 있었다. 전문관료진은 초기 창업공신들이 승려 무인세력들과 은밀히 대립하던 상황이었다.

쿠데타를 일으킨 918년에 왕건 세력은 당나라 상인 왕창근을 시켜 '궁예의 시대는 가고, 왕건이 천명을 받았다'는 참언이 새겨진 거울을 철원으로 가져오게 했다. 그리고 그 참언을 철원성 내에 퍼뜨렸다. 고대부터의 천명설을 이용해 민심을 움직인 교묘한 선무공작이었다.

이렇듯 문무 양쪽에 걸친 세력 확장과 백성에 대한 이데올로기 공작까지 포함된 왕건의 모반은 '준비된 쿠데타'였다. 이를 적절히 견제하기에는 궁예 자신의 경륜이 부족하기도 했고, 왕건의 세력이 너무 커져버린 상황이기도 했다. 역사는 후삼국 통일의 대업을 이룰 주인공으로 궁예가 아닌 왕건을 선택했던 것이다.

왕건과 견훤이 나눈 외교문서는 두 사람의 성격을 그대로 대변한다. 견훤은 후백제의 강력한 군대에 대한 자신감이 넘쳐나는 편지를 보냈고, 왕건은 계속된 전쟁으로 피폐한 백성의 생활을 후백제의 탓으로 돌리는 도덕적인 내용의 답장을 보냈다.

고대사 최초의 사회복지제도
진대법과 을파소

"420년 가을 7월에 서리가 내려 곡식을 죽였다. 백성들이 굶주려서 자손을 파는 사람까지 있으므로 죄수들의 정상을 살펴 용서해주었다."(『삼국사기』「신라본기 눌지마립간 편」) "432년 봄에 곡식이 귀해서 사람들이 소나무 껍질을 먹었다."(『삼국사기』「신라본기 눌지마립간 편」) "108년 이 해에 흉년이 들어 백성들이 서로 잡아먹었다"(『삼국사기』「백제본기 기루왕조」) "389년 봄에 기근이 들어 사람들이 서로 잡아먹으므로 왕은 창고를 열어 이를 구제했다"(『삼국사기』「고구려본기 고국양왕조」)

삼국사기를 보면 같은 부류의 기록이 수십 회 이상 반복되는 것을 알 수 있다. 삼국 모두 흉년이 들면 나무껍질을 뜯어먹거나 흙을 파먹고 심지어 서로를 잡아먹는 처절한 형국이었던 것이다. 물론 계급이 분화되고, 신분에 따라 부의 분배가 차등이 심한 시대라 국왕은 과부, 홀아비, 노인, 고아, 병자 등 사회적 약자를 구제하는 시책을 벌였다. 일찍이 고구려에서는 194년(고국천왕 16년), 봄 3월에서 가을 7월 사이에 곡식을 빌려주었다가 가을인 10월에 도로 받아들이는 진대법을 실시했다. 191년 고구려의 유력 부족인 연나부가 반란을 일으키자 이를 진압한 고국천왕은 왕권을 강화하기 위한 인사정책의 일환으로 지역의 농민에 불과했던 을파소를 국상으로 기용했고, 직접 농사를 지은 경험이 있던 을파소가 흉년에 일시적으로 창고를 개방하는 정도가 아닌 제도적으로 곡식을 빌려주는 장치를 마련한 것이다. 진대법은 훗날 고려와 조선의 의창, 상평창 등으로 계승되었다. 하지만 지배와 피지배층으로 심각한 계급분화가 있고, 생산이 농업에 집중된 시대에 피지배민은 언제든 흉년을 이겨내기 어려웠다.

연을 이용한 상징 조작으로
내란을 진압한 김유신

선덕여왕이 죽고 진덕여왕이 즉위하던 647년, 반란이 일어났다. 여자가 국가를 통치할 수 없다고 하여 비담과 염종이 군사를 일으킨 것이다. 이들 반란군을 진압했던 이는 김유신이었다. 반란군은 상당한 병력이었으므로 김유신도 초기에는 막기 힘들었다. 그 와중에 왕의 군사가 있는 월성에 큰 별똥이 떨어졌다. 별의 운행으로 운을 점치던 당시로서는 불길한 징조가 아닐 수 없었다. 진압군의 사기가 크게 저하됐다. 자칫하면 반란군에게 패할 수도 있었다.

이때 김유신은 한밤중에 커다란 연을 만들고 그 밑에 인형을 매달았다. 그러곤 불을 질러서 하늘로 띄워 올렸다. 먼 곳에서는 별이 다시 하늘로 올라가는 것처럼 보였다. 이를 본 진압군의 사기는 크게 올랐고 반란군은 반대로 사기가 꺾였다. 그 후 반란군은 쉽게 진압되었다. 김유신이 연을 이용해 일종의 상징 조작을 한 셈이다. 절묘한 심리전이라 할 수 있다. 『삼국사기』「김유신 열전」에 나오는 이야기인데, 우리 역사에서 최초로 연이 소개된 기록이다.

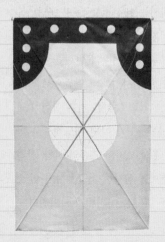

김유신 외에도 연을 전쟁에 활용한 장군은 적지 않았다. 고려시대 최영 장군도 제주도에 있는 몽고인의 난을 평정할 때 군사를 연에 매달아 적진에 투입시켰다고 한다. 연을 이용한 군수부대였던 셈이다. 최영은 연에다 불덩이를 매달아 화공전을 펼치기도 했다. 또한 이순신 장군은 임진왜란 때 섬과 육지 사이의 통신수단으로 연을 이용해 작전명령을 내리기도 했다. 연날리기는 전통놀이이기도 하지만 이렇게 전쟁에도 유효하게 활용되었다.

매춘녀가 없었던
발해

직업 중 역사가 가장 오래된 것 중 하나가 매춘업이다. 남성 중심의 역사가 그만큼 오래되었음을 말해주는 것이기도 하다. 시공간을 막론하고 매춘은 존재했다고 볼 수 있다. 그런데 매춘의 역사에도 예외가 있다. 발해의 경우가 그렇다.

발해는 여권이 상당히 강했다. 일부일처제가 일찍이 확립되어, 발해의 남자들은 인근의 신라나 중국의 귀족들은 물론이고 일반인들도 많이 거느렸던 첩을 제대로 둘 수 없었다. 남송시대의 문헌인 『송막기문』을 보면, 발해에서는 첩을 두었다 하더라도, 남편이 외출하면 부인들이 공모해 그 첩을 독살했다는 기록이 남아 있을 정도다. 일부일처제가 확고해서인지 발해의 무덤에는 부부합장묘가 많다고 한다. 첩을 둘 수 없었던 발해의 남자는 바깥에 나가서도 딴 짓을 할 수 없었다. 신라와 중국은 물론이고, 주변 부족인 거란이나 여진족에도 있던 홍등가, 창녀 등이 없었다. 발해가 계승한 고구려에도 창녀의 일종인 유녀遊女가 있었는데 말이다.

중국 동북부 지방에는 '홍라녀 전설'이 내려오고 있다. 홍라녀라는 발해 여인이 장군이 되어 거란과 싸움에 나가 이긴 뒤 남편을 구해 돌아왔다는 전설이다. 집 안에서만 강한 게 아니라 실제 전투를 수행할 정도로 씩씩한 발해의 여성이었다.

그래서인지 발해에서는 절을 할 때도 남자는 무릎을 꿇고 하는데, 여자는 무릎을 꿇지 않았다고 한다. 이 정도면 우리 역사에서 여권이 가장 강력했던 나라로 발해를 꼽지 않을 수 없을 것이다.

3장

고려시대

후삼국통일에서 위화도 회군까지

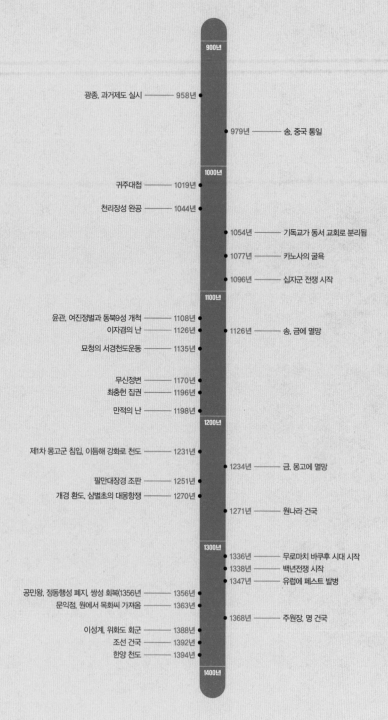

한국사

세계사

900년

광종, 과거제도 실시 —— 958년

979년 —— 송, 중국 통일

1000년

귀주대첩 —— 1019년

천리장성 완공 —— 1044년

1054년 —— 기독교가 동서 교회로 분리됨

1077년 —— 카노사의 굴욕

1096년 —— 십자군 전쟁 시작

1100년

윤관, 여진정벌과 동북9성 개척 —— 1108년

이자겸의 난 —— 1126년

1126년 —— 송, 금에 멸망

묘청의 서경천도운동 —— 1135년

무신정변 —— 1170년

최충헌 집권 —— 1196년

만적의 난 —— 1198년

1200년

제1차 몽고군 침입, 이듬해 강화로 천도 —— 1231년

1234년 —— 금, 몽고에 멸망

팔만대장경 조판 —— 1251년

개경 환도, 삼별초의 대몽항쟁 —— 1270년

1271년 —— 원나라 건국

1300년

1336년 —— 무로마치 바쿠후 시대 시작

1338년 —— 백년전쟁 시작

1347년 —— 유럽에 페스트 발병

공민왕, 정동행성 폐지, 쌍성 회복(1356년) —— 1356년

문익점, 원에서 목화씨 가져옴 —— 1363년

1368년 —— 주원장, 명 건국

이성계, 위화도 회군 —— 1388년

조선 건국 —— 1392년

한양 천도 —— 1394년

1400년

왕건, 혈연 네트워크로
후삼국을 다스리다

왕건은 지방호족 세력을 회유, 포섭하기 위해
각 지방의 유력한 호족들의 딸과 정략적으로 혼인하였다.

29명의 부인에 34명의 자식을 둔 왕건

우리나라 역대 왕 중 부인을 최고로 많이 거느렸던 이는? 바로 고려 태조 왕건이다. 왕건은 29명의 부인을 두고, 이들 사이에서 25남 9녀, 총 34명의 자식을 두었다. 영웅호색이라 그랬을까? 그렇지는 않다. '호색'만을 원했다면 연산군처럼 궁녀만 많이 두었을 것이다. 무엇 때문에 그 번잡한 혼례를 스물아홉 번이나 치르겠는가.

왕건은 왜 이리도 많은 혼사를 치러야 했을까? 그것은 정치적인 이유 때문이었다.

통일신라 말기이기도 한 후삼국시대에는 어느 세력도 중앙집권적인 강력한 왕권을 행사할 수 없었다. 전국 각지의 실력자들이 자신들의 세력 근거지를 바탕으로 웅거하고 있었기 때문이다. 세력 판도가 하루 아침에 바뀌던 당시 정세 탓에, 호족들은 통치력이 완전 바닥났던 신라에 대해서뿐 아니라 후백제나 고려에 대해서도 상대적 자율성을 가지고 움직이고 있었다. 궁예는 바로 이러한 형세를 무시하고 강력한 중앙집권제를 무리하게 추진하다 쿠데타를 맞은 것이다.

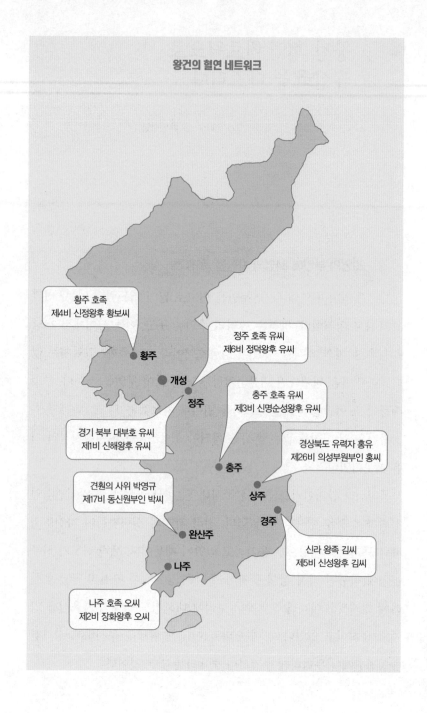

왕건의 혈연 네트워크

황주 호족
제4비 신정왕후 황보씨

황주

정주 호족 유씨
제6비 정덕왕후 유씨

개성

정주

충주 호족 유씨
제3비 신명순성왕후 유씨

경기 북부 대부호 유씨
제1비 신혜왕후 유씨

경상북도 유력자 홍유
제26비 의성부원부인 홍씨

충주

상주

견훤의 사위 박영규
제17비 동신원부인 박씨

경주

완산주

신라 왕족 김씨
제5비 신성왕후 김씨

나주

나주 호족 오씨
제2비 장화왕후 오씨

그러나 왕건의 쿠데타 역시 절대적 지지를 받았던 것은 아니다. 왕건이 쿠데타에 성공한 뒤 불과 5일째 되는 날에 쿠데타군의 일원이었던 환선길이 모반을 일으켰고, 15일째 되는 날에는 웅주(지금의 공주)의 이흔암이란 자가 반역을 도모하다 발각돼 처형되었다. 또한 후백제에 가까운 지역의 호족들이 모반을 꾀하고, 명주(지금의 강릉) 지역의 유력한 호족인 김순식 역시 적대적 태도를 보였다. 이러한 일들은 지방호족들의 분권화된 힘을 보여준 사건들이라 할 수 있다.

이렇듯 권력이 안정되지 않은 상황에서 왕건은 대대적인 호족 포섭 정책을 펴나갔다. 각 지역 호족들의 기득권을 인정해주는 한편, 그 딸들과 정략혼인을 하기 시작한 것이다. 지금도 그렇지만 결혼을 통해 집안 간 피를 나누는 것만큼 결속을 이루기에 확실한 것은 없다. 두 번째 왕후(장화왕후) 나주 오씨 집안은 남주의 해상 세력, 세 번째 왕후(신명왕후) 충주 유씨 집안은 중부 내륙의 호족 세력, 여섯 번째 왕후(정덕왕후) 정주 유씨 집안은 서해 중부의 해상 세력이었다. 29명의 부인들은 경기, 황해, 경상, 강원, 전라도 등 전국 각지의 내륙과 해상의 유력 호족을 망라하고 있다. 쿠데타 이전까지 두 명의 처만 있던 왕건은 이렇게 해서 29명의 부인을 두기에 이른 것이다.

왕건, 포용의 리더십

왕건의 혼인 정책을 단지 호족 세력들을 묶는 정략적인 수단으로만 볼 수는 없다. 왕건이 카리스마적인 리더십을 발휘했던 궁예를 대체할 수 있었던 것이나, 군사력에서 고려보다 막강했던 후백제를 항복시켜 민족 통일을 열었던 것은 왕건의 열린 리더십 때문이었다. 무리하지 않고 당시의 세력 분포에 맞춰 네트워크형의 정치적 연합체를 채택했던 것은 왕선의 탁월한 선택이었다. 왕건이 29명의 부인과 혼인한 것은 이러한 네트워크형 정치 결사체를 이루는 하나의 방법이었다.

고려 왕실에서는 극심한 근친혼을 중심으로 한 중혼이 성행하였다. 근친혼은 태조 왕건 때부터 적극 장려되어 고려 후대까지 답습되었다. 광종부터 공민왕에 이르기까지 무려 19명의 왕이 27명의 후비를 친족 가운데서 맞았다고 한다.

「훈요 10조」, 전라도 사람은 절대 기용하지 말라고?

호남 인사를 기용하지 말라는 내용이 있는 〈훈요 10조〉는
후세에 조작했다는 설이 유력하다.

지역 차별의 역사적 근거일까?

왕건의 흔적이 천 년이 지난 지금에 와서도 구체적으로 살아 있는 것은 그가 남긴 「훈요 10조」 중 제8조라며 떠도는 다음 구절의 탓이 크다.

"차령산맥 이남 금강 바깥은 산 모양과 지세가 거꾸로 달리고 있고, 인심 또한 그러하다. 그 아래 지역 사람이 조정에 참여하여 왕비나 왕실의 친척과 혼인하고 정권을 잡으면 나라에 변란을 일으킬지도 모르며, 후삼국 통합 때의 원한을 품고 반란을 일으킬 수도 있다. 이전에 관청노비, 진역津驛의 잡척雜尺으로 있던 자가 혹 권세가에 의지하여 방면되거나, 또는 왕후王侯, 궁원宮阮에 붙어서 말을 간교하게 하고, 권력을 농단하며, 정치를 어지럽혀 재변을 일으키는 자가 반드시 있을 것이다. 행여 양민이라도 벼슬을 주어 일을 벌이지 않도록 하라."

〈훈요 10조〉의 주요 내용

1	불교를 진흥시키되 승려들의 사원 쟁탈을 금지할 것	숭불정책과 아울러 사찰의 난립과 승려의 권력 억제
2	사원의 증축을 경계할 것	
3	서열에 관계없이 덕망이 있는 왕자에게 왕위를 잇게 할 것	
4	중국 풍습을 억지로 따르지 말고 거란의 풍속과 언어를 본받지 말 것	자주적 풍습과 문화 강조
5	서경에 100일 이상 머물러 왕실의 안녕을 도모할 것	고구려 옛 영토 회복운동
6	연등회와 팔관회의 행사를 증감하지 말고 원래 취지대로 유지할 것	후대왕에게 교시
7	상벌을 분명히 하고 참소를 멀리하며 간언에 귀를 기울여 백성의 신망을 잃지 말 것	
8	차령산맥 이남이나 공주강 외곽출신은 반란의 염려가 있으므로 벼슬을 주지 말 것	왕권 안정, 지역 차별
9	백관의 녹봉을 증감하지 말고 병졸의 사기 진작을 위해 매년 무예가 특출한 사람에게 적당한 벼슬을 줄 것	국방 중시
10	경전과 역사서를 널리 읽어 옛일을 교훈삼아 반성하는 자세로 정사에 임할 것	

차령산맥 이남은 지금의 전라도 일대다. 즉, 전라도 사람이라면 귀족의 경우는 혼사도 하지 말아야 하고, 천민이면 방면해서도 안되며, 양민이라면 절대 벼슬을 주지 말아야 한다는, 그야말로 철저히 왕따를 시켜야 한다는 유훈遺訓이다. 왕건의 이러한 유훈은 조선시대에 이익의 『성호사설』과 이중환의 『택리지』에도 그대로 이어져, 호남을 고려시대

이래 반역의 땅이라고 기록하게 했다. 선조 때 호남에서 일어난 '정여립 모반사건'은 호남 출신 인사의 관계 진출을 어렵게 만들었고, 왕건의 유훈을 더욱 정설화 하는 계기가 되었다. 호남 차별과 지역감정 문제는 21세기에 접어들어서도 해결되지 않고 있는 우리 시대의 문제이기도 하다. "전라도 사람…" 하는 이들 가운데 노년층은 왕건의 이 「훈요 10조」를 들어 차별을 정당화시키는 경우도 있다.

왕건도 후대 왕들도 지키지 않은 제8조

왕건은 왜 제8조를 남겼을까? 왕건은 스스로 「훈요 10조」를 지켰을까? 그리고 「훈요 10조」는 정말 왕건이 남긴 것일까? 「훈요 10조」에 대해서는 여러 가지 의문이 떠오른다.

왕건은 후백제와 20년 싸움을 통해 삼국을 통일할 수 있었다. 그리고 그 과정에서 죽음 직전까지 가는 패배를 당하기도 했다. 이런 이유에서 왕건이 후백제의 근거지였던 전라도에 대해 차별정책을 취한 것이라고 추측해볼 수도 있다.

그러나 그는 항복한 견훤과 그의 아들 신검을 죽이지 않고 방면한 바 있다. 더욱이 왕건은 전라도 나주 지역의 호족 오다련의 딸 장화왕후에게서 낳은 혜종을 후계자로 삼았다. 이런 예는 한둘이 아니다. 왕건의 최고 심복 장수이자 팔공산 전투에서 왕건을 살리기 위해 대신 죽은 신숭겸은 고려의 1등 개국공신이었다. 신숭겸에 대한 애도의 정이 깊었던 왕건은 목도 없이 죽어간 그를 기리기 위해 머리를 금으로 만들어 묻어주고, 자손들에겐 병역도 면제해주고 극진히 우대하라는 명을 내리기까지 했다. 신숭겸의 출생지도 전라도 나주였다. 이밖에도 태조부터 6대인 성종까지 여섯 임금을 보필했으며, 죽어서 고려의 사직에 배향된 고려 충신 최지몽도 호남 출신이었다. 그리고 제8조는 풍수지리에 근거한 것인데, 왕건이 그토록 존경한 풍수지리의 대가 도선 역시 전라도 영암 출신이었다.

이렇게 왕건 스스로도 지키지 않은 「훈요 10조」를 후대의 왕들도 절대시하지는 않았다. 보통 태조의 유훈이면 통치의 정당성을 확보하기 위해서라도 금과옥조처럼 지켜야 하는 것이 원칙임에도 말이다. 후왕들은 제6조에서 반드시 하라던 연등회와 팔관회를 폐지하기도 했고, 제2조에서 함부로 짓지 말라던 절을 왕은 물론이고 중신들도 거리낌 없이 세우기도 했다.

이런 모순들 때문에 최근에는 「훈요 10조」가 후세의 위작이 아니냐는 의혹이 제기되고 있다. 거란의 침략 때 불타 없어졌던 「훈요 10조」가 다시 등장하게 된 과정도 의혹을 부채질하고 있다. 원본이 불타버렸다던 「훈요 10조」는 우연히 경주 출신 최항의 집에서 발견되어 현종에게 바쳐졌다. 현종은 신라계를 외가로 하고, 지지기반 역시 신라 계열의 신하들이었던 왕이다.

왕건은 고구려의 옛 땅을 회복하기 위해 말년까지 강력하게 북진정책을 추진했으나, 만주를 회복하는 데는 실패했다. 그러나 청천강과 영흥 이북까지 여진족을 몰아내는 성과를 거두었다.

본관제는
고려에서 시작됐다

오늘날의 본관제는 고려에서 시작됐는데 이는
지방 세력을 통제하기 위해 만들어진 제도였다.

지방 세력 통제의 또 다른 방법

웬만한 오지 출신이 아니라면 다들 자기 이름을 가지고 있다. 그리고 가계를 나타내는 성이 이름 앞뒤에 붙는다. 그런데 우리나라는 여기에 하나가 더 붙는다. '안동김씨' '경주최씨' 하는 식으로 지역명이 성 앞에 붙는다. 이것을 본관本貫이라 한다.

그렇다면 본관제가 처음 시작된 것은 언제부터일까? 바로 고려시대부터다. 그런데 사실 이 본관은 '씨족'의 혈통을 유지하려는 목적에서 출발한 것이 아니다. 전국 곳곳에 포진해 있는 수천의 지방 세력들을 국가의 지배질서 안에 묶기 위해 시작된 것이다. 즉, 태조 왕건의 민족 통합 노력으로 탄생된 제도였다.

왕건은 후삼국을 통일한 뒤 가장 먼저 전국의 토지와 백성의 적籍을 작성했다. 그리고 그곳의 유력한 세력에게 성씨를 부여하고 지역 지배권을 인정해주었다. 이를 통해 지방 세력의 자율성을 보장해주면서 중앙정부의 통제 하에 둘 수 있었다. 한번 본관을 정해두면, 그 지역에 사는 사람은 본관의 경계를 맘대로 벗어나지 못했다. 중앙정부의 입장

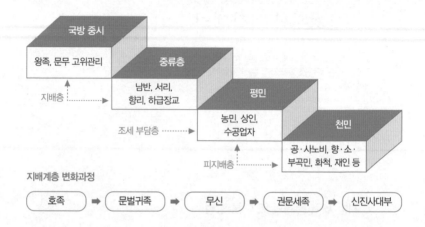

고려 사회의 계층구조

국방 중시
왕족, 문무 고위관리

중류층
남반, 서리, 향리, 하급장교

평민
농민, 상인, 수공업자

천민
공·사노비, 향·소·부곡민, 화척, 재인 등

지배층

조세 부담층

피지배층

지배계층 변화과정

호족 ➡ 문벌귀족 ➡ 무신 ➡ 권문세족 ➡ 신진사대부

에서는 농민의 유랑을 막고, 백성들로부터 조세와 역을 안정적으로 수취하는 효과를 거둘 수 있었다.

중앙정부는 이렇게 지방 유력자의 권리를 보장해주는 한편, 이들이 유력한 호족 세력으로 발전해나가는 것을 막기 위해 여러 가지 장치를 마련했다. 그중의 하나가 과거제도였다. 과거제를 통해 지역의 유력자를 중앙정계에 진출시킴으로써 토호화되는 것을 막은 것이다.

또한 기인제도와 사심관제도도 실시했다. 기인제도는 지방호족의 자제를 볼모로 삼아 수도에 두고 출신지의 일에 대해 자문하게 하는 제도였다. 사심관제도는 중앙의 고위관직으로 올라온 지방 세력을 사심관으로 임명해 지방을 통제하도록 하는 제도였다. 신라의 마지막 왕 경순왕 김부를 경주의 사심관으로 삼아 옛 신라 지역을 통제하는 임무를 맡긴 것에서 비롯된 것이다.

본관이라고 다 같은 본관이 아니다

본관제는 유력세력뿐만 아니라 일반평민에 대해서도 효과적인 통제책이었다. 백성들은 또한 본관이 어디냐에 따라 대우를 달리 받았다. 주·부·군·현을 본관으로 하는 사람과 달리, 향·소·부곡·진역을 본관으로 하는 사람들은 차별대우를 받았다.

고려 통일 과정에서 적대세력이 있었던 지역은 본관제를 실시하면서 부곡으로 편성되었다. 그러한 지역의 주민들은 일반 군현의 농민과 같이 농업에 종사하게 되었으나, 관직 진출에 제한을 받았고, 일반 농민보다 천한 대우를 받았다. 새롭게 개간된 지역의 주민 역시 향과 부곡으로 편성되었다. 소의 주민들은 금, 은 등의 광산물을 캐거나 종이 등 각종 수공예품을 만드는 일에 종사했다. 이들 주민들은 승려가 되는 것도 금지당했고, 결혼도 같은 부곡민끼리만 할 수 있었다. 또한 직업이나 거주지 선택의 자유도 없었다. 하지만 고려 사회가 후기로 넘어가면서 이들 중 중앙의 고위관직으로 수직상승하는 경우도 나타났고, 많은 부곡민들이 양인의 신분을 얻기도 했다.

고려 사회에서 부모 중 어느 한쪽이 노비이면 그 자녀도 노비가 되었다.

천하의 중심은
고려다

고려는 원의 간섭을 받았던 시기를 빼놓고는
일관되게 황제국 체제를 지향한 자주적 왕조였다.

황제를 칭하고 독자적인 연호를 쓰다

중국이라는 강대국 바로 옆에 붙어 있는 지리적 조건 때문에
우리나라는 자주적인 태도를 견지하기 힘들었다. 조선만 해도 천자국
인 명에 의해 책봉된 군주국가라는 위상 때문에 관제와 복식, 왕실의
행사 등에 걸쳐 여러 가지 제약을 받았다. 삼국시대에도 고구려의 일
부 시기를 제외하고는 그러했다. 그러나 고려는 원 간섭기를 제외하고
는 자주적 의식을 일관되게 견지하려는 태도를 보였다. 고려는 황제국
체제를 지향하면서 천자국의 위상에 맞는 제도와 격식을 사용했다.

고려가 수교국이었던 송·요·금·원·명의 각 왕조에 사신을 보내
'고려국왕'으로 책봉 받은 것은 사실이다. 그러나 책봉을 받는다는 것
은 제후국이나 식민지가 되는 것이 아니라, 중국 중심의 세계에서 인
준을 받는 정도의 의미였다. 정치외교상의 복속이나 경제적인 종속은
아니었던 것이다. 고려는 또한 대외적으로는 독자적인 연호를 쓰거나
황제를 칭하지 않았는데 이는 강대국과의 불필요한 마찰을 피하기 위
한 것이었다. 중국 왕조교체가 일어나는 시점에 4대 광종은 칭제건원稱

^{帝建元}, 즉 황제를 칭하고 연호를 사용하기도 했다. '광덕'과 '준풍'은 광종이 사용한 연호였다. 황제로 즉위한 해를 기준년으로 삼는 연호를 광종이 두 번이나 쓴 것은 그가 급변하는 당시 국제정세를 대단히 기민하게 읽고 대처했음을 말해준다.

대외적으로는 제후국, 대내적로는 황제국

중국과의 관계를 신경 쓸 수밖에 없는 처지였지만 고려는 대내적으로는 독자적인 천하관을 고수했다. 우선 조정의 체제부터 그랬다. 고려는 2성6부 체제로 중서문화성, 상서성의 2성과 이호예병형공의 6부를 두었다. 6부는 조선시대의 6조체제와 같다. 그런데 왜 '부'라고 했을까?

고려의 중앙통치기구

왕

도병마사
(대외적인 군사문제 의논)

중추원
(군사기무와 왕명 출납)

식목도감
(법제 · 격식 제정문제 논의)

어사대
(법 시정, 탄핵 · 사정기관)

삼사
(전곡의 출납과 조세를 관장)

중서문하성

상서성

이부
(인사담당)

병부
(군제 · 군사)

호부
(재정 · 호적 관리)

형부
(재판 · 노비 문제)

예부
(과거 및 상례)

공부
(도로 · 교량 · 도량형)

그것은 천자국이 '성省'과 '부部' 체제였기 때문이다. 제후국은 이보다 낮은 품계의 관청인 '조曹'를 써야했다. 고려는 황제국의 정부를 갖추었던 셈이나. 이밖에도 고려 국왕은 황제가 자신을 가리키는 호칭인 '짐朕'을 썼으며, 제후국 왕의 계승자를 칭하는 '세자' 대신 황제의 후계자를 칭하는 '태자'를 썼다. 아들이나 관작을 받은 신하들을 칭할 때도 '제왕諸王'이라 하여 제후국 왕을 부르듯 했다. 또한 수도인 개경을 '황도皇都' '황성皇城'이라 불렀고, 황성의 격식을 갖춘 원구단圓丘壇을 만들어 제천의식을 거행했다. 이는 진시황제가 천하를 통일하고 태산에 올라 '천제天祭'를 지낸 이래로 중국 황제들의 관행이었다.

백성들도 왕을 황제로 인식했다. 고려시대 묘비명에서 돌아가신 왕을 '선황先皇'이라 지칭한 것이나, 국왕에게 만수무강을 기원한다는 뜻의 '황제만세축원皇帝萬歲祝願'이란 문구를 찾을 수 있다.

고려시대 중앙통치기구는 당, 태봉, 송의 관제를 참조하여 성종 때 정비하기 시작해 문종 때 3성 6부로 완비됐고, 성종14년 이래 중서문하성과 상서성의 2성 체제로 운영되었다.

'광종의 개혁' 절반의 고시, 과거제의 도입

광종은 노비안검법, 과거제의 도입을 통해
호족 세력을 누르고 왕권을 강화하는 개혁을 단행했다.

호족 세력과의 전쟁을 선언하다

태조 왕건 이래 그 뒤를 이은 혜종과 정종은 초기의 호족 세력과 원만한 관계를 유지했다. 그들의 기득권을 어느 정도 인정해주는 선에서 타협하며 정권을 이끈 것이다. 그러나 이런 사정은 광종 대에 와서 일변했다. 즉위해서 7년이 될 때까지 조용히 정국을 관망하며 힘을 기르던 광종이 7년째 되는 해부터 호족들의 기반을 송두리째 빼앗는 개혁을 단행했던 것이다.

956년 광종은 노비안검법을 공포했다. 원래 양민이었던 노비를 해방시켜주는 이 법은 호족의 경제적·무력적 기반을 무너뜨리는 혁명적인 조치였다. 당시 지방호족들이 거느렸던 노비들 중 많은 수는 애초부터 노비가 아니었다. 대부분 후삼국 전쟁의 와중에 포로로 잡혔거나, 채무자, 극빈자였던 양민들이다. 이들 노비들은 호족들의 농사일에 종사하거나 유사시 사병私兵으로 동원되는, 호족들의 경제적 무력적 기반이었다. 호족의 자체 무장력은 왕권에 위협적이었다. 호족들은 노비의 수를 늘리기 위해 노비 남자와 양인 여자의 결혼을 강요해 양쪽 다

노비로 삼고 이들 사이에 태어난 자식들 역시 노비로 전락시켰다. 때문에 노비가 급증함으로써 국가의 조세수입이 줄고 국방력이 약화될 수밖에 없었다. 노비를 하루아침에 양인으로 해방시키는 조치는 호족들의 거센 반발을 샀으나, 광종은 이런 반발을 무시하고 강력히 시행해나갔다.

후주 사람 쌍기를 스카우트하다

노비안검법이 시행되고 2년 뒤인 958년에는 과거제가 실시되었다. 과거제는 호족 자제들을 관직에 등용하는 것에서 벗어나 시험에 합격한 인재를 기용함으로써, 호족의 정치적 기반을 축소시키는 한편 왕권을 강화시키는 방안이었다.

과거시험의 종류는 문장을 짓는 능력과 정책에 관한 의견을 묻는 제술과製述科, 유교경전에 대한 지식을 측정하는 명경과明經科, 천문·지리·번역·의학 등의 일에 종사할 인재를 뽑는 잡과雜科가 있었다. 과거제가 시행되자 이를 준비하기 위한 학교가 전국적으로 세워지고 유학이 널리 퍼지게 되었다. 과거를 통해 선발된 신진관료들이 왕권의 강력한 기반이 되었음은 물론이다.

과거제 시행 2년 뒤에는 공복제를 실시했다. 관료의 등급에 따라 네 가지 색의 관복을 입게 한 제도이다. 이로써 왕을 중심으로 한 관료체제가 정비된 셈이었다.

광종은 이러한 개혁을 하는 데 고려인이 아닌 후주 사람 쌍기를 스카우트해 중용했다. 쌍기는 고려에 책봉사절로 온 일행 중 한 사람이

인정전진하도(仁政展進賀圖) · 작자미상 · 서울창덕궁
과거가 처음 실시된 때는 고려 958년이다. 이를 통해 선발된 신진
관료들이 왕권의 강력한 기반이 되었다.

었는데, 광종이 그의 식견을 높이 사 개혁 작업의 선봉에 세웠던 것이다. 쌍기는 다수의 후주 사람을 고려 조정에 입조시켜 광종을 뒷받침할 세력으로 키웠다.

그러나 과거제의 시행이 곧바로 귀족 세력의 약화를 가져온 것은 아니었다. 광종 이후의 대호족 타협책도 있었지만, 권문세가의 자제를 관직에 진출할 수 있도록 한 음서제가 있었기 때문이다. 왕족과 공신 집안의 후손, 그리고 정5품 이상 관리의 자제들이 음서제의 혜택을 받아 관직에 오를 수 있었다. 음서제로 진출한다 해도 승진에는 제한이 없었다. 또한 유력 가문끼리 혼사를 통해 종횡으로 묶이면서 이들은 고려시대 내내 지배계급으로 기득권을 유지할 수 있었다.

광종은 과거제를 통해 전국에 학교가 세워지고 학풍이 일어나 문치文治적 관료체제가 갖춰지길 원했다. 계속된 과거시험으로 이 같은 분위기가 조성되자, 유학을 공부하는 선비가 늘어나고, 충과 효를 최고의 행동윤리로 생각하는 유교적 관료들이 조정을 주도하기 시작했다

전시과 도입, 정권의 성격이 경제제도도 결정한다

전시과는 호족들이 기존에 가지고 있던
토지의 수조권을 인정해주는 데서 출발한 제도였다.

지방호족의 무한대 수취를 금한다

예나 지금이나 경제는 국가 경영에서 가장 중요한 대목이다. 국가의 성격도 어떤 경제적 토대 위에 서 있는가에 따라 결정된다. 산업사회 이전 봉건농업사회의 경제활동에서 가장 큰 요소는 토지였다. 이 토지의 소유 구초와 배분 양식에 따라 백성의 생활 모습이 달라졌다.

통일신라 말 통치 체제의 문란은 농민들의 삶의 기반을 무너뜨렸다. 갖은 명목의 세금을 내야 하는 통에 한 식구 먹고살기에도 빠듯했다. 때문에 새롭게 들어선 고려 정권에는 토지제도를 정비해야 할 절박한 필요성이 있었다.

태조 때는 역분전役分田이라 하여 후삼국 통일에 기여한 공신들에게 공훈의 대가로 토지를 지급했다. 하지만 온전한 의미에서의 토지제도 확립과는 거리가 멀었다. 2대 혜종과 3대 정종은 토지제도를 정비하기에는 재위기간이 너무 짧았고 왕권 또한 불안정했다. 4대 광종은 다양한 개혁정치를 해나갔지만 호족 세력의 반발로 이를 제도화하지 못했다. 5대 경종(976년) 때에 와서야 토지제도가 정비되었는데, 이것이 바로 전시과로 고려시대 토지제도의 근간이 되었다.

전시과에서 '전田'은 농토를, '시柴'는 땔나무를 얻는 삼림을, '과科'는 등급을 뜻한다. 즉, 전시과는 관원들의 등급에 따라 전지와 시지를 나눠주던 제도다. 전시과는 경종 때 처음으로 시정전시과始定田柴科가 제정되었고, 목종 원년의 개정전시과改正田柴科를 거쳐, 최종적으로 문종30년(1076년)에 경정전시과更正田柴科로 정비되었다.

호족과의 타협의 산물, 전시과

국가가 토지를 직접 소유해 관리하지 않고 귀족과 관료들에게 나눠준 것은, 그만큼 호족의 힘이 강했기 때문이다. 고려는 호족연합정권으로서, 왕건은 이들의 도움을 얻어 고려를 건국하고 후삼국을 통일할 수 있었다. 광종은 호족들의 힘을 누르고 왕권을 강화하고자 강력한 개혁정치를 펼쳤다. 그러나 중앙집권화 정책을 제도화하지 못하고 사망했다. 그 뒤를 이은 경종은 광종의 정책을 잇기에는 힘이 미약했다. 그래서 경종은 광종이 기용했던 신진관료와 더불어 이들 호족을 포섭

고려의 토지제도 변천 과정

태조(920) ➡ 경종(976) ➡ 목종(998) ➡ 문종(1076)

역분전 / 시정전시과 / 시정전시과 / 경전전시과

개국공신에게 지급 / 관품에 따라 차등 지급 (현직, 퇴직) / 18품계에 따라 차등 지급 (문관 우대) / 현직 위주 지급 무관 차별 시정 공음전 지급

하는 방향으로 정치를 펴야 했다. 이러한 정치적 배경으로 정비했던 토지제도가 전시과였다.

전시과는 태조의 역분전에 기초하고 있다. 중앙에 관료로 진출하는 호족에게 그들이 가지고 있던 지방의 토지에 대한 권리를 인정해주는 데서 출발한 것이다. 그러나 이것이 토지에 대한 소유권을 넘겨주는 것은 아니었다. 토지의 소유권은 개인에게 있었기 때문이다. 국가가 가지고 있는 것은 토지에서 세금을 거둬들일 수 있는 수조권이었다.

오죽 수탈이 심했으면, 조세를 규정했을까?

태조는 가혹한 수탈을 막기 위해 조세를 수확량의 10분의 1로 규정했다. 따라서 토지를 받은 귀족이나 관료는 그 토지의 소유권자에게 수확물의 10분의 1을 징수하는 권리를 가졌다. 그러나 수확량이 다르므로 일률적으로 정할 수 없었다. 권력을 쥔 수조권자는 일방적으로 수확량을 높이 매기는 경우가 많았다. 그리고 중앙에 있는 수조권자에게 세금을 전달하는 비용도 적지 않아, 세액은 10분의 2에서 10분의 3까지 이르게 되었다. 지급받은 과전이 불법으로 집안의 재산으로 바뀌는 경우도 빈번했다. 때문에 국가의 수입이 줄고, 새로 임명된 관료들에게 토지를 지급하지 못하는 문제가 발생하게 되었다. 전시과의 이러한 모순은 고려왕조 내내 해결되지 못했다.

공음전은 대체로 5품 이상의 관리에게 지급하여 자손에게 세습하도록 했다.

너무나도 판박이인 왕비들의 꿈

관습과 제도를 거스른 자매의 사랑은 유교적 지배체제를 거부했다.

아들을 낳으면 왕이 되어 한 나라를 가지게 되리라

고려 경종景宗(955~981)의 비인 헌애왕후獻哀王后와 헌정왕후獻貞王后는 모두 태조와 신정왕후 황보씨 소생인 대종의 딸이었다. 자매는 경종의 3비와, 4비로 출가했다. 그러나 경종이 스물여섯 살의 나이로 단명하자 자매 모두 애인을 두었다. 경종이 죽고 난 뒤 연애를 했으니 불륜이라고는 할 수 없을 것이다.

헌애왕후는 김치양을 파트너로 선택했다. 동생인 헌정왕후는 태조의 아들로 그녀의 작은 아버지인 안종 욱과의 관계를 가졌다. 『고려사』에는 다음과 같이 기록돼 있다.

헌정왕후 황보씨도 대종의 딸인 바 경종이 죽자 대궐에서 나와서 왕륜사 남쪽에 있는 자기 집에서 살고 있었다. 어느 날 꿈에 그가 혹령에 올라서 소변을 누었더니 소변이 흘러서 온 나라에 넘치었으며 그것이 모두 변하여 은銀바다로 되었다. 이 꿈을 깨고 점을 치니 '아들을 낳으면 왕이 되어 한 나라를 가지게 되리라'는 점괘가 나왔다.

이에 왕후가 '나는 이미 과부가 되었으니 어찌 아들을 낳겠는가?' 물었다. 당시 안종의 집과 왕후의 집이 서로 가까운 까닭에 자주 왕래하다가 서로 통하여 임신이 되었다. 하지만 만삭이 되어도 감히 임신 사실을 말하지 못했다. 성종 11년(992년) 7월에 왕후가 안종의 집에서 자고 있을 때 그 집 종들이 화목을 뜰에 쌓고 불을 지르니 불꽃이 올라서 마치 화재가 난 듯하여 백관들이 달려와서 불을 껐다. 그때 성종도 급히 위문하러 가서 본즉 그 집 종들이 사실대로 고하였다. 그래서 안종을 귀양 보냈는데 왕후는 부끄러워서 울고 있다가 자기 집으로 돌아갔다. 자기 집 문어귀에 이르렀을 때 뱃속의 태아가 움직였다. 그래서 문 앞의 버드나무 가지를 붙잡고 아이를 낳았으나 산모는 죽었다. 성종이 유모를 택하여 그 아이를 양육하라고 명령하였다. 그 아이가 장성한 후 왕위에 올랐으니, 그가 바로 현종이다.

판박이인 문희와 헌정왕후의 꿈

재미있는 것은 헌정왕후의 태몽과 출산 과정이 계통이 있는 것이라는 점이다. 이능화 선생이 『조선여속고』에서 밝힌 바 있듯 김유신의 동생이자 김춘추의 부인으로 문명왕후가 된 문희와 고려 태조의 조부인 작제건作帝建의 어머니 진의辰義의 태몽은 판에 박은 듯 똑같다. 문희와 진의 둘 다 산꼭대기에 올라 오줌을 누자 세상이 온통 오줌바다가 된 언니의 꿈을 산 것이다. 그리고 왕이 될 자식을 낳았다. 진의의 아버지 보육의 꿈은 헌정왕후의 꿈과 똑같았다. 혹령에 올라 남쪽을 향해 오줌을 누자, 온 나라 산천에 넘치고 그것이 은바다로 변한 것이다.

뭔가 냄새나지 않을 수 없다. 특히 왕건의 세계世界는 조선조의『용비어천가』가 이성계 가문을 신비한 가문으로 조작했던 것과 마찬가지로 신성한 것으로 꾸며내지 않을 수 없는 상황이었다. 왕가의 신성함을 드러내는 데 '오줌이 세상을 넘치게 하는' 꿈이 동원된 것은 왕가의 상징조작 과정으로 봐야할 것이다.

게다가 헌정왕후의 집종들이 뜬금없이 집 뜰에 꽃나무를 쌓아두고 불을 지른 것 역시 김유신의 행동과 동일한 것이었다. 김유신은 문희가 혼전에 임신하자 그 아버지가 김춘추라는 것을 뻔히 아는 상황에서 그 죄를 물어 불태워 죽이겠다는 소문을 낸 뒤 집 뜰에 나뭇단을 불태워 연기를 피워 올렸다. 선덕여왕이 남산에 오를 것이라는 것을 알고 왕에게 동생을 죽일 것이라는 신호를 보낸 것이었다.

선덕여왕이 그 사실을 알고는 김춘추에게 문희를 구할 것을 명해 김춘추는 문희와 혼인을 하게 되었다. 헌정왕후의 집종, 곧 그의 측근들 역시 집 뜰에 불을 질러 그녀의 불가피한 출산을 알리려 했던 것은 아니었을까? 그러나 문희 때와는 달리 파트너가 작은아버지인 관계로 혼인으로 이어지지 못하고 출산 직후 죽음을 맞았다.

자매의 엇갈린 사랑

한편 현애왕후는 경종 생전에 유일한 아들인 목종을 낳았으나, 목종의 나이가 어리기에 오빠인 성종이 왕위에 올랐다. 성종이 죽고, 십대 후반의 나이로 목종이 즉위하자 현애왕후는 왕이 아직 어리다는 핑계를 대고 섭정을 시작했다. 천추전에 거하며 섭정을 했다 하여 세간에서는 천추태후라고 불렀다.

자신과 마찬가지로 인정받지 못한 사랑으로 고초를 겪었던 여동생의 소생인 내량원군(현종顯宗, 992~1031), 헌정왕후의 소생으로, 불행한 성장과정에 있던 조카였지만, 천추태후에게 대량원군은 그녀의 정치적 행보를 딛는 데 최대의 걸림돌이었다. 그녀는 대량원군을 절로 보내 중이 되게 하였다. 고려시대에 왕자들이 중이 되는 것은 후계자 서열에서 탈락된 왕자들을 권력으로부터 격리시키는 처리방식이었다. 그러나 대량원군은 왕씨 성을 가진 유일한 왕자였다. 이미 유교적 충신관을 신봉하는 관료 세력사이에는 대량원군을 다음 대의 후계자로 옹립하고자 하는 움직임이 있었다. 천추태후는 대량원군을 제거하고자 궁녀를 보내 독이 든 술과 떡을 보내기도 하는 등 여러 가지 시도를 했지만 대량원군은 주변의 도움으로 살아날 수 있었다고 한다.

천추태후 측과 유교적 관료그룹 간의 갈등은 결국 강조의 난(1009년)을 일으킨 관료 측의 승리로 끝났다. 최항, 최충순 등의 관료세력이 서북면순검사西北面巡檢使로서 막강한 군사력을 지닌 강조康兆(?~1010)와 손을 잡고 대량원군을 옹립하는 쿠데타를 일으켰던 것이다. 천추태후는 아들인 목종과 함께 유배당한 뒤 죽음을 맞았다.

천추태후와 헌정왕후는 당대에도 쉽사리 인정받기 힘든 사랑을 했고, 자식을 잉태했다. 그러나 두 자매의 사랑의 결과는 달랐다. 유교적 관료층에 밀린 천추태후는 쿠데타를 맞아 실각했고, 그녀의 자식은 김치양과 함께 살해됐다. 헌정왕후의 아들 대량원군은 배다른 어머니이자, 큰이모인 천추태후에게 항상 목숨을 위협받는 불행한 성장과정을 거쳤지만 왕위에 올랐다. 그래서였을까? 현종의 어머니 헌정왕후의 태몽과 출산과정은 태종무열왕비인 문희의 그것과 비슷한 이야기로 꾸며졌다.

관습과 제도를 거스른 자매의 사랑은 유교적 지배체제를 거부하고 고려의 전통적인 문화와 정치노선을 지향했던 천추태후의 정치적 패배로 판이한 모양새를 띠게 되었다.

근친혼이 심했던 고려왕실의 왕비들은 친가의 성이 아니라 외가의 성을 썼다.

대 거란 전쟁 제1라운드, 외교전에서 완승을 거둔 서희

국제정세를 꿰뚫어본 서희는 오직 말로써 청천강에서
압록강에 이르는 영토를 획득했다.

등거리 외교

993년(성종 12년) 거란의 제1차 침입부터 1018년(현종 9년)의 제
3차 침입에 이르는 대 거란 전쟁은 고려의 완승이었다. 우리나라는 고
조선 이래 수많은 외적의 침입을 받았지만, 이때만큼 자주적인 입장에
서 실리적인 외교와 철저한 군사적 준비로 적극적인 대처를 한 적은
거의 없었다.

거란의 추장 야율아보기는 10세기 초 당 말기의 혼란을 틈타 여러
부족을 통일해 거란제국을 수립했다. 부족의 힘을 한데로 모은 야율아
보기는 단번에 발해를 멸망시켰다. 이어 화북의 연운 16주를 점령하
고, 947년 나라 이름을 요로 바꾸며 대제국 건설의 야망을 키워갔다.
그러나 후주의 절도사 출신인 한족 조광윤이 당말오대의 혼란을 수습
하고 송을 건국했다. 이렇게 해서 동아시아는 남쪽의 송, 북방의 요, 그
리고 동쪽의 고려까지 삼각의 세력 관계를 형성하게 되었다. 그중 가
장 공세적이었던 요는 송을 치기 전에 고려와의 관계를 정립해두려 했
다. 군사적으로 복속시키든지, 우호적인 관계를 형성하든지, 어떻게든

요가 송을 칠 때 고려의 개입을 막아야 했다. 만약 그렇게 하지 못하면 남과 북, 두 곳의 전쟁을 치러야 하는데, 요로서는 그럴 여력이 없었다.

942년(태조 25년) 거란이 고려에 사신과 낙타 50두를 보내왔을 때 태조는 거란이 발해를 멸망시킨 무도한 나라라 해서 사신은 유배 보내고 낙타는 개성의 문부교 아래 매달아 굶겨 죽였다. 태조는 발해에 대해 동족의식을 갖고 있었던 것이다.

땅을 '넘겨주는' 대신 '넘겨받은' 서희

요는 연운16주를 둘러싼 송과의 전투에서 대승한 뒤 고려를 침입했다. 이제 고려만 영향권 안에 넣으면 송의 숨통을 끊어놓는 것은 문제가 아니었다. 993년 요의 장수 소손녕이 80만 대군을 이끌고 압록강을 넘어왔다. 소손녕은 압도적인 군사력으로 봉산군(현 청천강 이북지역)을 빼앗고 고려에 항복을 강요했다. 그러자 대부분의 고려 신하들은 서경 이북의 땅을 넘겨주자는 할지론割地論을 주장했다. 그 주장이 곧 관철되는 듯 보였다. 그러나 이때 제1차 전쟁의 영웅 서희徐熙(942~998년, 고려 초기의 정치가)가 나섰다. 그는 분명히 인식하고 있었다. 요의 전략적 목표는 영토 획득에 있는 것이 아니라, 고려와 송의 국교단절, 고려와 요의 외교관계 회복에 있다는 것을 말이다.

서희는 소손녕과 담판을 통해 요와 통교를 하고자 해도 여진족이 방해가 된다며 두 가지 요구사항을 내걸었다. 즉, 여진족을 내쫓아줄 것과 압록강 유역의 땅을 고려에 넘겨줘 통교할 길을 트게 해달라는 것이었다. 고려와의 싸움에 적극적인 의사가 없었던 요는 이를 쉽게 받아들였다. 요는 압록강 동쪽의 280리 지역에 대한 영유권을 고려에 넘겨주는 대신, 고려가 송과 관계를 끊고 요와 통교하는 조건의 화약을 맺었다. 이것으로 거란과의 제1차 전쟁은 종료되었다.

송과의 국교단절도 절묘했다. 고려는 이듬해 6월 송에 사신을 파견하여 거란의 침입을 알리며 원병을 요청했다. 패전한 지 얼마 안 된 송이 이를 받아들일 리 만무했다. 이로써 송과의 단절은 자연스럽게 이뤄졌다. 곧이어 서희는 직접 군사를 이끌고 여진족을 몰아내면서 흥화진, 통주, 용주, 철주, 곽주, 귀주 등에 강동6주를 쌓았다. 우리 측 군사 한 사람의 피해도 없이 청천강에서 압록강에 이르는 땅을 확보한 것이다. 강동6주는 영토 확장의 의미도 있지만, 더욱 중요한 것은 전략적 요충지로서 이후 거란과 제2차, 제3차 전쟁의 승리를 이끄는 거점이 되었다는 사실이다.

국제정세를 주체적 입장에서 면밀히 꿰뚫어본 한 외교관의 지력과 담력 덕에, 고려는 동아시아 3국의 각축전에서 유리한 고지를 점령할 수 있었다. 그야말로 외교전의 통쾌한 승리였다.

서희는 972년 10여 년간 단절됐던 송과의 외교관계를 회복시키면서 처음으로 외교 능력을 인정받았다. 이때 송의 태조는 서희의 절도 있는 행동과 예법을 높이 평가하여 벼슬을 내리기도 하였다.

대 거란 전쟁 제2라운드, 군사력의 승리

고려는 대규모 군사를 이끌고 쳐들어온 거란군을 매번 대파했다

송을 굴복시키고 다시 눈길을 고려로

고려와 화약을 맺었던 거란은 1004년(목종 7년) 송과 본격적인 전투를 벌였다. 그리고 끝내 송을 굴복시켰다. 송은 강화조약으로 '전연의 맹'을 맺어야 했는데, 이는 거란에게 은 10만 냥, 비단 20만 필을 바쳐야 하는 굴욕적인 조약이었다. 또한 중원의 연운16주를 거란에 넘겨줘야 했다. 이제 거란은 동아시아 최강으로 군림하게 되었다. 단지 제1차 전쟁 때 접어두었던 고려를 제압하는 일만이 남아 있을 뿐이었다.

거란은 1010년 제2차 전쟁을 일으켰다. 전쟁의 구실은 1009년 '강조의 난'이었다. '강조의 난'이란 강조가 목종을 폐위시키고 현종을 즉위시킨 일로 고려의 내정 문제였다. 거란과는 전혀 관계가 없는 '강조의 난'을 핑계로 삼은 것은 강동6주의 전략적 가치를 새삼 인식하면서 이를 되돌려 받고 고려를 완전히 제압하려는 뜻이었다.

10월에 40만 대군을 직접 이끌고 온 거란왕 성종은 먼저 강동6주를 공격했다. 하지만 양규, 김숙흥 등의 강력한 저항 끝에 점령을 포기하

고, 대신 우회하여 이듬해 1월 개경을 점령해 궁궐과 민가를 불태웠다. 이때는 현종이 이미 나주까지 피난 간 뒤였다. 거란군은 강동6주 싸움에서 타격을 입고 선두력을 유시하기 어려웠기 때문에, 섭렁 /일 만에 고려 국왕의 친조親朝(왕이 직접 황제국의 조정에 들어가 예를 갖추는 것)를 조건으로 철수했다. 그러나 거란국은 강동6주를 장악하고 있던 양규 등에게 다시 한 번 퇴로를 차단당한 채 엄청난 전력 손실을 입고서야 겨우 퇴각했다.

귀주대첩으로 거란의 침략 기도를 완전 분쇄하다

거란군이 물러난 뒤 고려는 친조를 하지 않았다. 현종의 와병을 핑계로 거부했다. 이는 고려의 국권이 달린 문제였으므로 벼랑끝 외교로 끝내 굴복을 거부했던 것이다. 그러자 거란은 다시 강동6주의 반환을 요구했다. 고려는 한번 확보한 전략적 거점을 내줄 수는 없었다. 고려는 1014년 송에 사신을 파견하여 국교재개를 요청했다. 다음해에도 사신을 파견하여 유사시에 군을 보내줄 것을 요구했다. 그리고 거란과 외교적 관계를 중단한다는 의미에서 거란의 연호 대신 송의 연호를 사용했다.

고려의 이러한 일련의 조치에 대해

강감찬 장군
고려 현종 때의 장군인 강감찬은 성종 시절 과거에 장원급제한 문인이다.

거란은 제3차 전쟁을 개시했다. 1014년(현종 5년)부터 1019년(현종 10년)까지 네 차례의 대격돌이 있었던 제3차 전쟁에서 고려는 완승을 거두었다. 이중 가장 큰 전투는 소배압이 10만 군대를 이끌고 온 1018년의 3차 침입이었다. 고려 정부에서는 이미 거란이 밀려올 것을 대비해 20만 병력을 준비해둔 상태였다. 소배압의 10만 대군은 개경을 공격했으나 실패했고, 퇴각하면서 강감찬 장군이 이끄는 주력부대에 격멸당해 불과 수천 명의 병사만 살아 돌아갔다. 1019년 2월 1일에 벌어진 이 전투가 바로 그 유명한 귀주대첩이다.

제3차 전쟁에서 패배한 뒤 거란은 고려에 화친을 제의해왔다. 고려는 화친을 받아들인 뒤 강감찬의 건의로 북쪽 국경 일대에 천리장성을 쌓았다. 또한 거란과 전쟁기간 중에도 수시로 고려 국경을 침범했던 여진족 등 북방의 소수민족도 다독여 국방의 안정을 도모했다.

거란과의 30년 전쟁은 고려·거란·송 등 동아시아 3대국의 각축이라는 새로운 국제질서를 맞아, 고려가 유연한 외교정책과 강력한 군사력으로써 능동적으로 대응했던 우리 역사의 자랑스러운 대목이 아닐 수 없다.

자칫 무인으로 알기 쉬운 강감찬은 성종 대에 과거에 장원급제한 문인이다. 그는 누차에 걸쳐 승진을 거듭해, 승지, 이부상서 등을 역임하고 문하시중에까지 올랐다.

최고 권력자
이자겸의 반란

인종 때의 대표적 외척인 이자겸의 반란 이후
고려의 문벌귀족사회는 붕괴하기 시작했다.

일단 권력 투쟁에서 승리했지만

이자겸 집안은 고려 왕조의 대표적인 외척이었다. 이씨 집안의
딸 셋이 모두 11대 문종에게 시집을 갔고, 첫딸인 인예왕후의 소생들
이 12대 순종, 13대 선종으로 왕위에 올랐다. 이자겸 또한 그의 둘째딸
이 예종의 왕비가 되면서 정2품 문하평장사라는 고위직에 오른 유력
한 외척이었다.

그러나 사위인 예종이 외척에 힘을 크게 실어주지 않았기 때문에 그
저 왕과 가장 가까운 외척에 지나지 않았다. 예종은 고려 지배층의 양
대 축인 신진관료와 문벌귀족 사이에서 힘의 균형을 도모해 왕권의 안
정을 꾀한 임금이었다.

이자겸에게 힘의 우위를 가져다준 결정적인 계기는 왕위 계승을 둘
러싼 정치 투쟁이었다. 한안인 등의 신진관료 세력과 예종의 동생인
대방공 왕보 등의 종실 세력은 어린 태자 대신, 덕종, 선종, 숙종의 전
례를 들어 왕의 동생이 왕위를 계승해야 한다는 입장이었다.

반면, 예종과 이자겸 등의 외척 세력은 태자가 왕위에 올라야 한다

는 입장이었다. 결국 태자가 왕위를 계승하면서 이자겸이 우위를 점하게 되었다. 14세의 나이로 왕위에 오른 인종을 대신해 이자겸은 권력을 완전 장악하고 정사를 좌지우지했다.

아예 왕위에 올라보자

이자겸이 권력을 쥔 다음 가장 먼저 한 것은 자신의 정적인 한안인과 같은 신진관료 세력과 왕보 등의 종실 세력 제거였다. 왕위 계승을 둘러싼 권력 투쟁에서 일단 이자겸은 완벽한 승리를 거둔 듯했다.

이제 거칠 것이 없는 이자겸 일파는 무소불위의 권력을 휘둘렀다. 이자겸은 인종에겐 이모가 되는 자신의 셋째딸과 넷째딸도 인종에게 시집보내 왕비로 삼게 했다. 근친혼이 성행했던 당시에도 이런 혼인은 금기시하는 것이었다. 또한 매관매직을 자행해 엄청난 부를 축적했으며, 스스로 국공國公을 자처하며 태자와 동일한 위계의 예를 치르게 했다. 더욱이 이자겸 일파는 신흥국가인 금에 대해 사대의 예를 갖출 것을 주장해 신진관료 세력의 반발을 샀다. 금은 전대의 예종 때 윤관이 정벌했던 여진족이 세운 나라였다.

'이자겸의 난'은 문벌귀족사회의 붕괴를 알리는 신호탄

이러한 이자겸의 전횡에 왕권조차 위협받던 인종은 신진관료 세력에 동조해 제거를 결심했다. 그러나 제거 계획이 이자겸과 척준경 일파에게 흘러 들어갔다. 이자겸은 인종을 자신의 집에 감금한 뒤 왕처럼 행세했다. 그는 내친 김에 인종을 폐하고 스스로 왕위에 오르려고 했다. 인종은 이자겸에 의해 몇 번이나 독살당할 뻔했지만 왕비의 도움으로 살아났다. 그러니 기회는 오히려 인종에게 있다. 인종은 척준경을 달래어 자신의 편으로 만든 뒤 이자겸을 제거하는 데 성공했다. 그 후 척준경 역시 정지상의 탄핵으로 축출되었다.

이자겸의 난은 고려 전기 문벌귀족사회의 붕괴를 알리는 첫 신호탄이었다.

이자겸은 원래 음서로 벼슬에 오른 인물이다. 그는 여동생의 간통 사건으로 파직되었다가. 둘째딸이 예종에게 시집을 가면서 출세가도를 달리게 되었다. 이후 외손자인 태자가 인종으로 왕위에 오르자 정적들을 숙청하면서 절대 권력을 휘두르게 되었다.

**'묘청의 난' 자주적 민족 운동인가,
불만 세력의 반란인가?**

묘청의 난은 문벌귀족 세력에 맞선 개혁세력의 마지막 몸부림이었다.

도대체 어떤 사건이기에, 한국 역사의 좌절이라 했을까?

단재 신채호는 『조선사 연구초』에서 묘청의 난을 '조선 역사상 1,000년래 제1대 사건'이라고 평가했다. 어떤 사건이기에 1,000년 안에 일어난 사건 중 가장 중요하다고까지 평가했을까?

신채호는 묘청의 난이 '낭가·불교사상 대 유가' '국풍國風 대 한학파' '독립당 대 사대당' '진취사상 대 보수사상'의 한판전쟁이며, 전자의 대표자가 묘청, 후자의 대표자가 김부식이라고 했다. 그는 독립 대 사대의 싸움에서 묘청이 졌기 때문에 조선의 역사가 1,000년간 사대로 이어져오다 일제의 식민지로 전락했다고 탄식하였다. 신채호의 시각대로라면 묘청의 좌절은 한국 역사의 좌절이다. 그런데 과연 그럴까?

묘청의 난이 일어난 12세기 초 고려는 위기 국면에 놓여 있었다. 1126년(인종 4년) 이자겸의 난은 고려 왕실에 상당한 불안감을 심어주었다. 지배층은 경제발전의 소득을 독차지하면서 향락생활을 즐기고 있었다. 반면, 일반 백성은 극심한 착취구조에 저항해 살던 곳에서 도망을 가버리는 형국이었다. 이러한 유망현상은 전국적으로 확대되어 나타나고 있었다. 또한 지배층 안에서도 대대손손 고위직을 지켜가며 권력과 부를 움켜쥐고 있는 문벌귀족과 과거제를 통해 새롭게 등장한 신진관료 사이에 대립이 격화되고 있었다.

이상과 현실의 사이에서

묘청은 바로 이때 등장했다. 이자겸의 난이 막 진압되던 1127년 인종에게 기용된 묘청은 왕의 신임을 받으며 중앙정계에서 일정한 영향력을 행사했다. 그는 정지상, 김안, 문공인, 백수한과 함께 정치세력을 이루어 김부식 중심의 문벌귀족 세력에 맞섰다. 당시 금은 고려에 신하의 예를 갖출 것을 요구했다. 이에 대해 김부식은 사대의 입장을 취한 반면, 묘청, 정지상 등은 금을 정벌하고, 서경으로 도읍을 옮길 것을 주장했다. 이른바 '서경천도설'인데, 이는 풍수지리적인 이유 말고도, 개경에 기반을 둔 문벌귀족 세력을 약화시켜 서경의 신진관료 세력을 강화하려는 정치적인 의도도 있었다. 이러한 주장은 어느 정도 받아들여져 서경에 대화궁이 세워지기도 했다. 이들은 인종에게 황제를 칭하고 연호를 제정하라는 '칭제건원'을 적극 건의했다.

그러나 서경천도는 선뜻 이행되지 못했다. 김부식의 반대가 만만치 않았기 때문이다. 새로 도읍지를 건설하면 백성이 과도한 노역에 시달리고 막대한 경비가 든다는 것을 이유로 들었다. 설득력 있는 반대였다. 또한 금이 요를 멸망시키고 송을 공격해 황제를 포로로 잡을 만큼 강대한 상황에서 정면대결은 위험하다고 주장했다. 이 역시 상당히 타당했다. 인종이 이들의 주장에 귀를 기울인 것은 당연했다.

묘청의 급조된 반란

주장이 먹혀들지 않자 묘청은 속임수를 썼다. 대동강 물속에 기름을 넣은 떡을 가라앉혀, 멀리서 보기에는 물 위에 뜬 기름 때문에 오색 빛깔이 서리게 하였다. 그런 뒤 왕에게 '신룡이 침을 토해 오색구름을 만들었으니 금을 제압할 수 있다"는 주장을 폈다. 그러나 속임수는 곧 발각되고, 묘청 일파의 영향력은 점차 줄어들었다. 결국 묘청은 반란을 선택했지만 이는 급조된 반란이었다. 묘청은 한 달 만에 내부의 모반자에 의해 살해되었다. 반란군 역시 김부식을 총사령관으로 하는 진압군의 포위작전에 1여 년간 버티다 몰살당했다.

묘청 진영의 주장은 의기가 있었지만, 신흥강국 금에게 주관적 의지만으로는 이길 순 없는 노릇이었다. 또한 급조된 반란에서도 알 수 있듯 개혁세력을 다지지도 못한 상태였다. 그리고 고통 받는 백성들의 입장을 고려하지 못하는 우를 범하기도 했다. 반면 김부식 등의 유교적 합리주의 세력은 현실을 냉정하게 읽었지만, 특권의식에 사로잡혀 고려 사회의 모순에 대한 개혁책을 마련하지는 못했다. 그 뒤 50년 만에 문벌귀족 세력은 무신정권에 의해 몰살당했다. 그리고 100년 뒤에 고려 사회는 몽고의 침략으로 무너지기 시작했다.

풍수지리설은 땅의 생기가 개인의 길흉화복이나 국가·왕실의 길흉화복을 결정한다는 사상으로, 묘청의 서경천도운동에 사상적 배경이 되었다.

고려청자
아름다움의 비밀

고려청자의 아름다움을 복원하기 위해 현대의 도예가와 과학자들이
온갖 노력을 했음에도 아직 성공하지 못했다.

도자기의 나라 중국의 청자보다 더 뛰어난 고려청자

중국의 서양식 표기 '차이나 China'는 진秦나라에서 비롯된 것이
다. 그런데 차이나는 도자기란 뜻도 가지고 있다. 유럽에 수출된 당과
송의 자기가 워낙 뛰어나 아예 나라 이름이 도자기를 가리키는 말이
된 것이다. 그런 도자기의 나라였던 송에서도 고려청자만은 중국의 청
자보다 더한 명품이라고 평가했다.

송의 태평노인은 『수중금水中錦』에서 "건주의 차, 촉의 비단, 정요定窯
백자, 절강의 차, 고려비색高麗翡色 등은 천하의 제일로, 다른 곳에서는
따라하려 해도 도저히 할 수 없는 것들이다"라고 기록하여, 천하제일
명품 열 가지 중에서 고려청자를 꼽았다. 태평노인 말고도 같은 시기,
고려에 왔던 서긍의 고려견문기『고려도경』에서도 고려청자의 우수성
이 높이 평가되고 있다.

서양에서도 마찬가지다. 영국의 동양도자기 전문가인 윌리엄 하니
는 "고려도자기는 독창적일 뿐만 아니라 세상에서 지금까지 만든 것
가운데 가장 우아하며 꾸밈새 없는 도자기이다. 그것은 도자기가 갖는

청자음각연당초문병 청자상감진사채포도동자문주자 청자상감운학문매병
· 국립중앙박물관 · 간송미술관

모든 미덕을 갖추고 있다. (……) 사실 이 고려도자기는 중국인조차 거의 도달하지 못했던 높은 경지에 이르고 있다"며 최상급의 찬사를 아끼지 않았다.

현대의 과학으로도 복원하기 힘든 아름다움

청자는 원료 혼합에서 반죽, 성형, 초벌구이, 유약 바르기, 재벌구이 등 24단계 70일간의 제작과정을 거쳐 만들어진다. 고려청자는 이런 제작과정을 다양하게 변화해, 가능한 모든 방법으로 만들어졌다. 아무 장식 없는 순청자에 돋을새김을 하는 양각청자, 반대로 꽃이나 풀을 새겨 넣는 음각청자, 유약을 바르기 전 붓에 철분 안료를 묻혀 무늬를 입히는 철화청자 등등 무늬를 새기는 데 가능한 방법을 다 동원했다. 형태에서도 벽면을 뚫어 모양을 만드는 투각透刻, 사람이나 동물의 형태를 본떠 만드는 상형象形 등의 여러 가지 방법을 썼다. 흙으로 할 수 있는 방법은 모두 동원한 셈이다.

이런 기법적인 실험이 최고의 결과를 보인 것은 12세기 후반의 상감기법이다. 청자상감은 그릇의 표면에 새김칼로 무늬를 파고, 파놓은 부분에 백토나 흑토를 메워 넣은 뒤 청자유약을 발라 구운 것이다.

이렇게 구운 청자상감은 푸른 바탕에 검붉은 색이 은은하게 비치는 신비의 색감을 보이게 된다.

그러나 제작 과정을 안다고 해서 고려청자를 복원할 수는 없다. 과학자들은 청자의 비밀을 캐기 위해 엄밀히 고증하고 최신기술을 동원해 흙과 유약의 성분을 여러 차례 분석해보았지만, 부분적인 성과만 있었을 뿐 비취색의 완전복원에는 실패를 거듭했다. 이종호 이동에너지기술연구소장은 "도예공이 청자 색깔이 제대로 나오지 않자 몸을 던졌다는 설화에서 알 수 있듯이 청자 가마에서 인신공양을 했을 가능성이 있다"고 말한다. 상감청자에는 이전의 고려청자에 없었던 인이 들어 있기 때문이다. 인신공양 여부는 확인할 수 없지만 목숨을 건 각고의 실험 끝에 청자의 신비한 색이 나왔던 것이다.

고려청자는 상감기법으로 많이 만들어졌다. 문양으로는 운학雲鶴·양류楊柳·보상화寶相華·국화菊花·당초唐草·석류石榴 등 여러 가지가 쓰였다.

금속활자,
'세계 최초'란 딱지가 부끄러운 보물

파리 국립도서관에 보관돼 있는 『직지심경』은
구텐베르크의 금속활자보다 73년이나 빠른 1377년에 찍은 책이다.

물증은 153년 앞서고, 기록은 216년 앞선 금속활자

우리나라가 가지고 있는 '세계 최초'란 기록 중 금속활자 부문은 처음에 서양에서 잘 인정하려 들지 않았었다. 그러나 1972년 프랑스 파리 국립도서관에서 『백운화상초록 불조직지심체요절白雲和尙抄錄 佛祖直指心體要節』이 발견됨에 따라 그해 5월 유네스코가 이를 세계 최초의 금속활자 인쇄본으로 공인했고, '최초의 금속활자 논쟁'은 종결을 보게 되었다. 이 긴 이름의 책은 줄여서 『직지심경』이라고 불린다. 1377년(우왕 3년) 청주의 흥덕사에서 주조한 금속활자로 찍은 책으로, 1450년 발명된 구텐베르크의 금속활자보다 73년이나 빠른 것으로 공인되어 있다. 『직지심경』은 1866년 병인양요 때 프랑스 함대가 약탈해간 강화도 규장각 도서 3,000권 중 하나일 것으로 추정된다.

그러나 우리나라 기록에서는 금속활자의 사용 연대가 훨씬 앞당겨진다. 이규보가 쓴 『동국이상국집東國李相國集』에는 금속활자를 사용한 기록이 남아 있다. 『상정고금예문詳定古今禮文』 28권을 금속활자로 인쇄해서 여러 기관에 나누어 보관하게 했다는 기록이다. 학자들은 이때를

1234년(고종 21년)으로 보고 있다. 이 기록은 금속활자를 만들었다는 기록이 아니라 '사용'했다는 기록이므로, 발명 연대는 훨씬 더 앞당겨질 것이다. 11세기 말로 주정하는 학자도 있다. 또한 『직지심경』보다 훨씬 앞선 물증이 발견되기도 했다. 1297년 간행된 것으로 밝혀진 『청량답순종심요법문 淸凉答順宗心要法門』이 그것이다. 이렇듯 갖가지 물증들이 쏟아지기에 우리나라가 구텐베르크보다 크게는 153년까지 앞서서 금속활자를 사용했다는 데 별다른 이견을 제시하는 사람은 없다.

구텐베르크가 발명한 것은 금속활자만이 아니다

금속활자를 세계 최초로 발명한 것은 우리 문화의 역사적 우수성을 보여주는 사례다. 그러나 '최초의 금속활자'라는 논쟁에서 벗어나 시각을 조금 확대해보면 이 '최초'란 딱지보다 좀 더 의미 있는 사실에 시선을 돌리게 된다.

우선 구텐베르크가 무엇을 발명했는가에 관심을 가져보자. 그는 활판용 금속활자만이 아니라 인쇄기도 발명했다. 또한 인쇄에 가장 적합한 잉크도 개발했으며, 중국에서 유입돼 사용되던 종이의 질에도 관심을 두어 인쇄에 적절한 용지까지 찾아냈다. 마이클 H. 하트에 따르면 구텐베르크는 활자, 인쇄기, 잉크, 종이 등 인쇄출판에 필수적인 네 가지 요소에 대한 연구 끝에 대량 인쇄할 수 있는 체제를 갖추었다고 한다. 그의 발명은 지식의 대량 보급을 가능케 해 서양의 역사를 전변시키는 계기가 되었다.

그에 반해 고려시대의 금속활자에서는 활자의 진정한 의미인 '지식의 대중적 보급'이라는 역할을 수행한 증거를 찾을 수가 없다. 미디어 혁명을 가져오기에는 아직 기술적, 사회적 토대가 미약했던 것이다. 어렵게 개발했을 금속활자는 단지 소수의 지식층이 보는 불경을 소량 인쇄하는 데만 쓰였다. 인쇄된 책조차 기관에 보관용으로만 방치될 따름이었다. 그 뒤에도 한동안 우리 땅에서 새로운 지식의 가장 강력한 전파 수단은 인쇄가 아닌 필사였다. 인쇄를 한다 해도 목판이었다. 물론 여기에는 활자 인쇄에 적합하지 않은 한자문화권이라는 특수성도 고려해야 할 것이다. 과학적 우수성을 자랑하는 한글 역시 활자 인쇄에는 그다지 적합하지 않다는 단점을 안고 있었다.

'최초'란 딱지는 『기네스북』에 올리기 위해 있는 것이 아니다. 그것의 진정한 가치는 발전의 단초가 될 때 빛나는 것이다. 최초의 금속활자는 발전의 단초가 되는 대신, 19세기말 서양식 인쇄기가 들어 왔을 때 그 자취를 감춰야 했다.

대장경은 경經(부처님 말씀), 율律(불교의 율법), 논論(부처님 제자들의 글) 등 삼장三藏의 경전을 총칭한다.

한국이 코리아로
불리게 된 이유

고려는 벽란도와 강동6주를 중심으로 송과 거란,
여진 등과 활발한 교역을 벌였다.

마누라도 거래할 만큼 일반화된 상거래

『고려사』에는 〈예성강곡〉이란 노래가 불리게 된 사연이 소개
돼 있다.

중국 상인 하씨가 예성강에 이르러 아름다운 여인을 보았는데, 공
교롭게도 남편이 있는 여인이었다. 하씨는 그녀의 남편을 꾀어 내기
바둑을 두었는데, 처음에는 일부러 져주어 두 곱의 돈을 따게 했다.
남편은 내기에 맛을 들여 거액을 거는 하씨에 맞서기 위해 아내를 걸
었고, 결국 바둑에 지고 말았다. 그러나 배를 타고 끌려가는 부인이
옷매무새를 단단히 해 하씨는 뜻(?)을 이루지 못했다. 또한 부인의 기
원으로 뱃머리가 돌기만 하고 가지를 않아 하씨는 부인을 포기했다.

이러한 내용을 담은 노래가 〈예성강곡〉이다. 이 이야기를 보면 부인
의 뜨거운 정절도 알 수 있지만, 당시 중국 상인이 고려에 많이 들어와
있고, 부인을 거래의 대상으로 내놓을 정도로 상거래가 일반화되어 있

음을 짐작할 수 있다.

고려는 대외교역을 활발히 했던 통일신라의 뒤를 이어 무역 활동이
성한 나라였다. 더욱이 고려의 창업자 왕건은 원래 무역에 종사하던
개성상인의 후예라, 개경을 건설하면서 수도 중심에 대규모 상가를 건
설하기도 했다. 정부는 상업과 대외교역에 힘을 실어주었다. 자·말·저
울 등 도량형의 규격을 통일하고, 숙종 때는 해동중보·삼한통보·해동
통보나 은병과 같은 금속화폐를 유통시키기도 했다.

아라비아 상인과도 무역 교류

개성 부근 예성강변의 벽란도가 바로 고려의 대외교역이 이루어진
국제무역항이었다. 조선시대와 해방 공간을 넘어, 남한에까지 그 뿌리
가 남아 있는 개성상인은 고려 때 명성을 날리던 무역상들이었다. 이

들은 전국적으로 유통되지 않고 그 지역에서만 유통되던 금속화폐를 쓰기도 했다. 개성상인들은 주로 송나라 상인들과 거래했다. 송의 조정은 부족한 재정을 무역으로 해결하려는 방침을 갖고 있던 터라, 송과 고려 사이에 빈번한 거래를 텄다.

송 상인들은 물건을 싣고 벽란도에 도착하면 먼저 왕에게 물건을 바쳤다. 그러면 왕이 일종의 답례품으로 물품을 주었다. 이를 '사헌무역'이라 한다. 왕실과 거래가 끝나면 송 상인들은 가져온 물품을 개경의 시장에 내놓았다. 그리고 송으로 가져가 팔 만한 물건들을 샀다. 이들이 가져온 물건은 비단, 차, 약재, 서적, 악기가 대종을 이루었다. 이외에도 향로, 향목, 칠기, 남방의 과일, 물소뿔, 상아, 비취, 마노, 수종, 호박과 같은 이국적인 물품도 있었다. 이런 물품들은 대개 귀족층이 소비했는데, 재상가에서는 공작이나 앵무새까지 사들여 키웠다는 기록이 있을 정도다.

이들이 고려에서 사들인 것은 삼베와 인삼, 모시 같은 고려의 특산물이었다. 특히 인삼은 뛰어난 약효를 인정받아 앞을 다퉈 사들인 물품으로 많은 이문을 남겼다. 이외에도 종이, 먹, 연적, 돗자리, 부채, 나전칠기 등의 수공예품도 사들였다.

요, 금, 원, 일본 등의 상인들도 벽란도에서 무역활동을 했다. 특기할 만한 상인으로는 대식국의 상인들이 있다. 1024년(현종 15년)에 왔던 대식국 상인이란 바로 아라비아 상인을 말하는데, 이들은 1040년(정종 6년)에도 와서 향료, 수은, 몰약을 바친 것으로 기록돼 있다. 그 뒤에는 왕래 기록이 없는데, 아마도 먼 항해에 비해 이문이 적어서였을 것이라 추측된다. 그러나 아라비아 상인들은 송 상인들을 통해 고려의 물품을 계속 사들였다. 당시 송 상인들은 중계무역으로 상당한 이윤을 챙겼다. 서역과의 이러한 지속적 교류를 통해 우리나라는 '코리아Corea'란 이름으로 서방에 알려지게 되었다.

벽란도를 통한 해상무역 말고도 고려는 강동6주를 둘러싼 압록강 일대에서 여진, 송, 거란과 활발한 교역을 벌였다. 이 지역에서는 송·거란·금 간의 활발한 중계무역으로도 이익을 취했다. 강동6주를 개척한 후에 고려는 여진을 대신해 중계무역권을 독점했다.

은병은 숙종 때 만들어진 고가의 화폐로, 은 1근으로 우리나라의 지형을 본떠서 병 모양으로 만들었다. 귀족들 사이에서 대규모 거래에 이용되었다.

사대주의냐, 냉엄한 춘추필법이냐?
『삼국사기』와 『삼국유사』

『삼국사기』의 보수성과 사대주의를 비판하는 시각에 대해
최근 반론이 제기되고 있다.

단재 신채호가 가장 혹평했던 인물, 김부식

일제강점기에 민족주의 사학을 이끌었던 독립운동가 단재 신채호는 김부식을 사대당의 대표적 인물로 상당히 부정적으로 평가했다. 신채호는 묘청의 서경천도운동을 '조선역사상 1,000년래 제1대 사건'이라고 적극적으로 평가한 바 있다. 그에 의하면 묘청은 독립당이요, 진취사상가였고, 김부식은 반대로 사대당이요, 보수당의 수괴였다. 이러한 평가는 현재까지도 많은 영향을 끼쳐, 김부식의 『삼국사기』를 사대주의적 역사관이 녹아든 사서로 보는 경향이 짙다. 『삼국사기』가 고조선사를 누락시킨 반면 일연의 『삼국유사』는 이를 기록했다 하여 민족적이고 진보적인 역사서로 평가하는 경향도 있다. 그러나 과연 그런가?

최근 연구자들은 이러한 평가에 대해 의문을 제기하고 있다. 우선 묘청의 난은 앞서 살펴본 대로 뚜렷한 노선을 취한 정치 운동이 아닌, '권력 투쟁'의 외중에서 일시적으로 거병했다 패배한 반란이었다. 반면 유교적 합리주의로 무장한 김부식의 진압은 당내의 국내외 정치 상

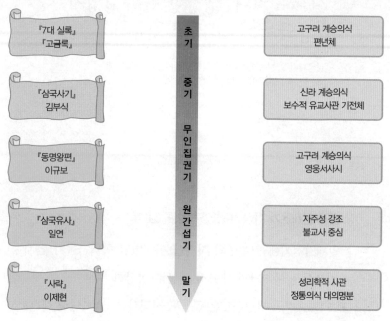

고려시대의 역사서

역사서	시기	특징
『7대 실록』『고금록』	초기	고구려 계승의식 편년체
『삼국사기』 김부식	중기	신라 계승의식 보수적 유교사관 기전체
『동명왕편』 이규보	무인집권기	고구려 계승의식 영웅서사시
『삼국유사』 일연	원간섭기	자주성 강조 불교사 중심
『사략』 이제현	말기	성리학적 사관 정통의식 대의명분

황에서 적절한 대응이었다. 서경 세력의 슬로건만 보고 사태를 평가할 수는 없는 것이다.

또한 『삼국사기』도 진보적이고 독립적인 내용과 체제를 갖추고 있다. 『삼국사기』는 사마천이 확립한 이후 정사의 기본 체제가 된 기전체 紀傳體 형식을 따르고 있다. 이에 따라 「본기」(역대 왕들의 치적) 28권, 「지」(문물, 제도 등의 기록) 9권, 「표」(연표) 3권, 「열전」(왕이 아닌 주요 인물에 대한 기록) 10권 등 총 50권으로 기록되었다. 『삼국사기』가 독립국가로서 삼국을 다뤘다는 근거는 바로 「본기」에 있다. 「본기」는 황제의 사적을 기술하는 부분이다. 곧 삼국을 황제국으로 본 기술이라는 것이다. 조선시대에 편찬된 『고려사』는 「본기」 편이 없이 제후의 사적을 기록하는 「세가」편으로 시작하고 있다. 이와 대비해 보면 『삼국사기』의 자주성이 상대적으로 돋보인다. 또한 을지문덕의 살수대첩을 높이 평가한 점이나, 신라의 내낭 선생에 대한 내노는 내용에 있어서도 주체적으로 기술한 예들이다.

그러나 『삼국사기』가 신라 중심으로 역사를 기록하면서, 신라의 기원을 고구려보다 앞서게 놓은 점이나, 신라의 시각에서 대 고구려, 대 백제 전쟁을 기술한 점은 역사왜곡이 아닐 수 없다. 더욱이 『삼국사기』의 「백제본기」 뒷부분에서 "당의 천자가 그 원한을 풀도록 명했으나, 겉으로는 따르는 척하면서도 속으로는 명을 어기어 대국(중국)에 죄를 얻으니 망하는 것은 당연하다"는 김부식의 논평은 분명 사대주의적 시각이 녹아들어가 있는 증거이다.

『삼국사기』를 보완한 『삼국유사』, 정사가 아닌 야사의 시각에서 씌어졌다

『삼국유사』에서 '사'는 역사 '사史'가 아니라 일 '사事'다. 곧 정사가 아니라 야사의 시각에서 쓴 책이다. 저자인 일연은 경북의 향리 집안에서 태어나 9세 때 출가하여 승과시험에 합격한 승려였다. 그는 무신정권 실력자 최우의 인척인 정안의 초청을 받아 대장경 조판에도 관여하면서 중앙정계와 인연을 맺었다. 일연은 무신정권 붕괴 뒤에도 원종과 충렬왕의 존숭을 받았을 만큼 국정에 대한 관심도 남달랐다. 또 전국 각처의 절을 순회하면서 민중의 현실과 바람을 보았던 인물이었다.

『삼국유사』에는 일연의 이런 경험이 반영되어 있다. 일연이 이 책을 쓴 시기는 13세기 후반으로, 고려가 몽고의 침략을 받아 속국으로 전

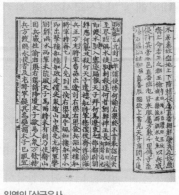

일연의 「삼국유사」

삼국유사三國遺事는 정사가 아니라 야사의 시각에서 씌어졌다. 일연은 민족의 자부심을 고취시키고, 전란에 지친 민중에게 구원의 희망을 주기 위해 이 책을 썼다.

락한 시점이었다. 일연은 민족의 자부심을 고취시키고, 전란에 지친 민중에게 구원의 희망을 주기 위해 이 책을 썼다. 『삼국사기』를 기초로 하되, 김부식이 유교적 합리주의 때문에 배제했던 신기한 일들도 가감 없이 기록했다. 현실의 고통에 시달리는 만큼 사후세계의 기적을 바라던 민중의 염원을 외면하지 않았던 것이다.

『삼국유사』는 『삼국사기』에 비해 자유로운 구성으로 「왕력」, 「기이」, 「흥법」, 「의해」, 「신주·감통·피은·효선」 편 등 총 5권으로 이뤄졌다. 1권 「왕력」 편과 2권 「기이」 편은 삼국의 역사를 다루었고, 3권 「흥법」 편 이하 5권까지는 불교에 관련된 내용을 모았다. 『삼국유사』는 『삼국사기』가 다루지 않은 고조선사와 가락국기를 기록해 사료적 가치를 높였다. 또한 향가와 전설 등을 원형 그대로 기록하여 소중한 민족문화유산을 남긴 것으로 평가받고 있다. 『삼국사기』와 『삼국유사』는 사료가 부족한 우리 역사에서 고대사의 발자취를 더듬게 해주는 귀중한 자산이다.

편년체編年體는 연월年月에 따라 기술하는 역사 편찬 체제로 그 원초 형태는 중국의 공자가 저술한 『춘추春秋』라고 한다.

무신정권, 군사쿠데타로 정권을 잡았지만

고려시대 천대받던 무신들이 정권을 잡았지만
민중의 생활기반은 더욱 무너져 내렸다.

새파랗게 젊은 놈이 대장군의 뺨을

역사적 사건은 종종 아주 사소한 일이 발단이 되어 일어난다. 고려왕조 500년의 중간쯤 되는 시점인 1170년에 발발했던 무신정변 역시 사소하다면 아주 사소한 일이 계기가 되었다.

1170년(의종 24년) 8월 의종은 신하들을 거느리고 보현원이란 곳에 놀러갔다. 이곳에서 술판을 벌이고는 무신들에게 오병수박희五兵手搏戱란 놀이를 하게 했다. 오병수박희란 택견과 같은 전통무예의 하나로, 주로 손을 써서 상대를 공격하는 무예다. 이때 이소응이란 노장군이 젊은 무관과 상대를 하게 되었는데, 나이를 이기지 못하고 달아나버렸다. 그러자 한참 연하에다 하위 품계에 있던 한뢰란 문신이 이소응의 뺨을 때렸다. 이전부터 차별대우로 불만이 끓어오르고 있던 무신들은 이 사건을 계기로 난을 촉발시키게 되었다.

왕을 호위했던 대장군 정중부를 비롯해, 견룡행수 이의방과 이고가 주축이 돼서 보현원에 와 있던 고위 문신들을 죽이면서 쿠데타는 시작됐다. 난을 주도한 정중부 자신도 김부식의 아들 김돈중에게 수염이

소자본불정심관세음보살대다라니경 · 국립중앙박물관

고려 중기 최씨 무신정권의 최고 권력자 최충헌(1149~1219)과
그의 두 아들 최우(?~1249) · 최향(?~1230)을 위해 만든 휴대용
불경佛經과 경갑(經匣). 경갑은 은 바탕에 금을 입힌 것으로, 끈으
로 매어 차고 다닐 수 있다. 불경은 병풍처럼 펼쳐서 볼 수 있는
형태로, 펼쳤을 때 길이가 275cm에 이른다.

불태워지는 치욕을 당했던 인물로, 문신에 대한 원한이 사무쳐 있었
다. 문신들에 대한 피의 숙청은 며칠간 계속되었고, 의종은 거제도로
쫓겨나 3년 뒤에는 잔인하게 살해되었다. 정중부 세력은 의종 대신 의
종의 아우 익양공 호를 명종으로 삼음으로써 무신정권을 수립했다.

이후 무신정권은 정중부에서 경대승, 이의민으로 불안하게 이어지
다가, 이의민과의 권력 투쟁에서 승리한 최충헌이 권력을 잡으면서 안
정화되었다. 60년간 최씨정권이 계속되면서 무신정권은 확고해졌다.

유능한 문관 엘리트는 군사정권의 손과 발

초반에 정권을 장악했던 무신들이 정치력 없이 무력으로만 통치하
려 했다면, 최충헌의 최씨정권은 나름의 시스템을 운영하며 세련된 통
치를 했다. 최충헌은 집권하면서 「봉사십조封事十條」라는 상소를 올려
당시의 폐단을 지적하며 개혁 과제를 제시하기도 했다. 그러나 말뿐이

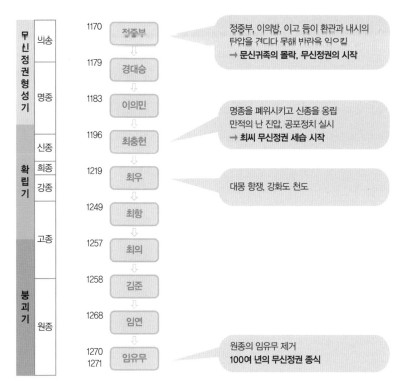

무신정권 계보

무신정권형성기	의종	1170	정중부	정중부, 이의방, 이고 등이 환관과 내시의 타압을 견디다 못해 반란을 일으킴 **→ 문신귀족의 몰락, 무신정권의 시작**
	명종	1179	경대승	
		1183	이의민	
	신종	1196	최충헌	명종을 폐위시키고 신종을 옹립 만적의 난 진압, 공포정치 실시 **→ 최씨 무신정권 세습 시작**
확립기	희종	1219	최우	대몽 항쟁, 강화도 천도
	강종			
	고종	1249	최항	
		1257	최의	
붕괴기		1258	김준	
	원종	1268	임연	
		1270 1271	임유무	원종의 임유무 제거 **100여 년의 무신정권 종식**

었다. 왕을 옹립하는 것도 폐위하는 것도 마음대로였던 최충헌 자신도
이를 실천하지 않고, 자신의 통치 기반을 강화하는 데만 열을 올렸다.
무력 기반으로 도방都房을 설치해 민중항쟁을 진압했고, 집정기관으로
교정도감敎定都監을 설치해 이를 중심으로 통치했다. 당시 최씨정권은
통치를 원활히 하기 위해 문관을 적극적으로 등용했다. 최충헌의 대를
이은 최우는 문관의 최고 자질로 '능문능리能文能吏'를 들었다. 곧 학문
에도 능하고 행정사무에도 뛰어난 문관을 최고의 관료로 친 것이다.

이렇게 확고해진 무신정권시대였지만 일반 백성의 삶은 더욱 무너

져 내렸다. 토지겸병 때문에 수확을 해도 대부분 수탈당하는 상황에서 백성들은 고향을 등지고 유랑민이 되거나 도적이 되었다. 이 때문에 농민과 천민들의 민중항쟁은 일상화되었다. 민중의 삶의 기반이 무너지면서 정상적인 징병이 이뤄지지 못해 국방력은 약화일로를 걸었다. 무신정권은 관군이 아닌 사병을 키워 자신들의 권력과 재산을 지키는 데 더 관심이 있었다. 그 결과 몽고군이 침략했을 때 관군의 대응력은 취약할 수밖에 없었다. 무신정권은 민중이 아닌 오직 '그들만의 정권' 이었다.

무신에게는 원래 정3품 이상의 벼슬을 주지 않는 관습이 있었다. 그러나 무신 중 척준경이 '이자겸의 난'을 종식시킨 공로로 처음 정2품에 오르면서, 이후 무신들은 그동안 오르지 못한 나무였던 재상직에 오르기 시작했다.

우리나라 최초의 천민해방운동 '만적의 난'

만적은 자신의 주인이었던 최충헌의 쿠데타를 보면서
노비도 해방될 수 있다는 의식을 가졌다.

우리라고 왕후장상이 못 되랴!

고려 중기에 일어난 무신정변은 당시의 신분계급에 큰 변동을
일으켜 하극상의 풍조가 만연케 했다. 그리하여 중앙과 지방, 상층계
급과 하층계급 사이에 충돌이 일어나 결국은 농민과 노예에 의한 반란
까지 유발시켰는데, 그중에서도 가장 대규모이고 목적이 뚜렷했던 것
이 만적의 난이다.

1198년(신종 1년) 정월 최충헌의 가노家奴 만적은 개경의 북산에서 노
비들의 가슴에 불을 당기는 열변을 터뜨렸다.

"정중부의 난 이후 고관대작이 천민과 노비에서 많이 나왔다. 장수
와 재상이라고 무슨 씨가 따로 있겠는가! 때만 오면 누구나 할 수 있
는 것이다. 우리 노비들만이 뼈와 근육을 혹사당하고 채찍을 맞으며
곤욕을 당하라는 법이 있겠는가! 최충헌을 죽인 다음 각자 자기 주
인을 죽이자. 그리고 노비문서를 불태워 나라에 천민을 없게 하면 우
리도 공경장상公卿將相이 될 수 있다!"

만적은 최충헌 집안의 노비로 주로 나무하는 일을 맡고 있었다. 땔나무를 하러 산으로 가는 일이 많다 보니, 자연히 같은 일을 하는 개경 귀족 집안의 노비들과 자주 만나게 되었다. 같이 힘든 일을 하는 처지인 만큼 이런저런 불만들을 서로 토로했을 것이다. 그러던 중 만적은 봉기를 생각했다. 마침 자신의 주인 최충헌도 쿠데타를 일으켜 하루아침에 정권을 잡지 않았는가. '나라고 못할 것이 있으랴!' 만적은 이렇게 생각했던 것이다. 만적은 자주 만나던 미조이, 연복, 성복, 소삼, 효삼 등과 함께 거사를 꾀하고, 주변의 공사노비를 모아 봉기의 날을 잡았다. 그리고 '정丁' 자가 새겨진 누런 종이 수천 장을 준비해 거사에 참여한 노비들에게 표식으로 주고자 했다.

거사 장소는 흥국사였다. 흥국사에 모여 일제히 북을 치고 소리 지르며 대궐로 몰려가면 환관과 관노들이 반드시 호응할 것이라고 장담했다. 그런 연후에 최충헌을 비롯해, 각자의 주인을 죽이고 노비문서를 불지를 작정이었다.

거사 당일. 어찌된 일인지 흥국사에는 적은 수의 노비만이 있을 뿐이었다. 어쩔 수 없이 4일 후 다시 보제사에 모여 거사하기로 하고 흩어졌다. 그러나 이것이 화근이었다. 율학박사 한충유의 노비 순정이란 자가 주인에게 모의 사실을 알렸기 때문이다. 한충유는 최충헌에게 이를 알렸다. 최충헌은 만적을 포함해 주동자급의 노비 백여 명을 잡아 강물에 빠뜨려 죽였다.

노비들의 만인평등, 인간해방을 향한 우리나라 최초의 천민해방운동은 이렇게 허망하게 끝났다.

천민인 이의민, 최충헌도 하는데, 나도 못하랴

만적이 가히 혁명적이라 할 수 있는 천민해방의식을 가질 수 있었던 것은, 역설적이게도 그들의 주인인 무신들의 쿠데타 때문이다. 쿠데타에 가담한 천인들이 해방되어 고위직에 오르는 것을 만적 같은 천민들도 보았던 것이다. 심지어 같은 천민이자 깡패(무뢰배)로 불리던 이의민은 최고 권력자의 자리에까지 올랐다. 최충헌 역시 자신의 상관인 이의민을 죽이고 명종을 몰아내는 쿠데타를 감행해 권력을 획득했다. 최충헌의 무신정변에는 노비들도 목숨을 건 전투에 동원되었다. 만적 역시 이의민, 최충수 등과의 전투에 동원됐는지도 모른다. 이런 과정에서 만적은 혁명적인 생각을 얻게 되었을 것이다.

만적의 난은 당시 동요하는 고려사회에서 민중항쟁의 한 흐름을 분명히 보여준 사건이었다. 만적의 난을 전후해 수십 차례의 민중봉기가 있었다. 모두 실패로 끝난 봉기들이었지만, 그것은 고려의 문벌귀족사회를 해체하고 새로운 기반의 사회로 가는 추진력이 되었다.

망이亡伊, 망소이亡所伊의 난은 수공업촌인 공주의 명학소鳴鶴所에서 봉기한 후 1년 반 만에 진압되었으나, 명학소는 충순현으로 승격되었다.

대몽항쟁기의 거대 프로젝트, 팔만대장경

제작기간 16년에 연인원 150만 명이 동원된 팔만대장경 조판 사업은
대몽항쟁을 승리로 이끌기 위해 기획되었다.

13세기 고려 국력의 결정체, 팔만대장경

팔만대장경과 경판을 보관한 해인사의 판고板庫는 1995년 유네
스코 세계문화유산으로 지정된 세계적인 보물이다. 8만4천의 번뇌를
풀어내는 8만4천의 법문을 수록한 팔만대장경은 목판만 8만여 장에
글자 수 5천만 자로, 읽는 데만 30년이 걸린다. 이런 방대한 양의 목판
이 750년이 지나도 인쇄가 가능할 정도로 보존 상태가 좋다.

1236년 조판을 시작, 대몽항쟁이 한창인 1251년 완성 때까지 대장
경 제작은 장장 16년에 걸친 대규모 국가 프로젝트였다. KBS 〈역사스
페셜〉 팀의 계산에 따르면 대장경 제작에는 약 150만 명의 연인원이
동원돼야 했다. 8만여 장의 경판을 만드는 데도 굵기 40센티미터 이상,
길이 1~2미터짜리 통나무 1만8천 개가 필요했다.

벌채한 나무를 판각하는 각판장刻板場까지 운반하는 데 연 10만 명,
목판에 붙일 필사본 5천만 자를 쓰는 데 연 5만 명, 필사할 한지 50만
장을 만드는 데 연 1만 명, 글자 하나하나 파는 판각에는 가장 많은 시
간이 들어가 그 인력이 대략 125만 명, 경판을 오래 보존할 수 있게 하

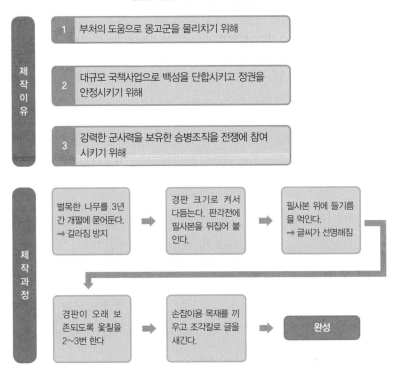

팔만대장경 제작 이유와 그 과정

제작이유

1. 부처의 도움으로 몽고군을 물리치기 위해

2. 대규모 국책사업으로 백성을 단합시키고 정권을 안정시키기 위해

3. 강력한 군사력을 보유한 승병조직을 전쟁에 참여시키기 위해

제작과정

벌목한 나무를 3년 간 개펄에 묻어둔다.
→ 갈라짐 방지

경판 크기로 켜서 다듬는다. 판각전에 필사본을 뒤집어 붙인다.

필사본 위에 들기름을 먹인다.
→ 글씨가 선명해짐

경판이 오래 보존되도록 옻칠을 2~3번 한다

손잡이용 목재를 끼우고 조각칼로 글을 새긴다.

완성

※ 13세기 당시 유럽 각국은 필사수준에 머물고 있었다.

는 옻을 채취하는 데만도 천만 명, 그리고 이들을 뒷바라지할 인원도 만만치 않게 필요했다. 평상시에도 이런 대규모 국책사업을 수행하는 것이 힘들 텐데, 전쟁 기간 중의 역사였으니 고려인들이 들인 공력은 엄청났을 것이다. 『고려사』에서도 대장경 조판 사업을 하느라 지방 사람들이 싫어하고 괴롭게 여겼다고 기록하고 있다.

여러개의 포석이 깔렸던 대장경 조판 사업

전쟁의 와중에서도 고려가 이처럼 대규모 사업을 벌인 이유는 어디에 있었을까? 고려는 이미 한 차례 대장경을 판각한 일이 있었다. 바로 1010년 거란과의 제2차 전쟁 때였다. 당시 임금과 신하가 판각을 맹세하자 개경까지 들어왔던 거란군이 스스로 물러났다고 한다. 이때 만든 대장경을 부인사에 보관했는데, 1232년(고종 19년) 2차 몽고 침입 때 불타버렸다. 그래서 새롭게 대장경을 만들면 다시 부처의 도움으로 몽고군의 침입을 물리칠 수 있다고 믿은 것이다.

그러나 종교적인 이유 말고 정치적인 이유도 있었다. 대장경 조판 사업이 본격적으로 시작된 1237년 무렵에 대규모의 투항민이 발생한 것에서 그 이유를 찾을 수 있다. 즉, 강화도 천도와 그간의 반민중적 정책으로 이반된 백성들의 민심을 다시 모으고자 했던 것이다. 당시 조판 사업을 주도했던 이는 집권자 최우와 그의 처남 정안으로, 대규모 불사佛事를 통해 자연스럽게 백성의 힘을 모으고, 이를 통해 구심력이 떨어진 최씨정권의 통치 기반도 강화하고자 했다.

팔만대장경
목판만 8만여 장에 글자수 5천만 자로 읽는 데만 30년이 걸리는 대장경 제작은 장장 16년간에 걸친 대규모 국가 프로젝트였다.

또 다른 이유는 당시 불교계가 독자적인 무력 기반을 가지고 있었던 것에서 찾을 수 있다. 대장경 조판 사업은 전투력이 우수한 승병 조직을 대몽항쟁에 끌어들일 수 있는 명분을 제공할 수 있었다.

계급과 지역의 차이를 넘어 하나의 힘으로

최씨정권의 정치적 의도가 어떠했든, 대장경 조판 사업은 불심이 강했던 고려인들의 참여를 끌어냈다. 경판에 쓸 나무의 벌목에서 판각까지, 일반민부터 승려, 관리, 지식인까지 전 계층이 참여했다. 또한 제작에 필요한 막대한 물자는 최우나 정안 등 권력핵심부만이 아니라 일반 백성들도 시주하는 마음으로 자금을 댔다.

16년간의 고통스런 작업 끝에 완성된 팔만대장경은 목판활자기술의 총화일 뿐 아니라, 내용면에서도 오탈자가 거의 없이 완벽해 세계가 인정하는 완성도 높은 대장경 판본이다. 일본은 조선시대에도 대장경의 인쇄본뿐 아니라 경판을 수십 차례에 걸쳐 요구했고, 수십 본의 대장경 인쇄본을 가져가기도 했다. 이렇게 전해진 대장경 판본은 전 세계로 전파되면서 불교의 연구와 확산에 기여했다.

고려의 팔만대장경은 23년간의 작업을 통해 완성된 축소판 영인본의 형태로 전 세계 유명 도서관에 보관되어 있다.

반외세 항쟁이냐 수구세력의
마지막 저항이냐?

무신정권의 무력 기반이었던 삼별초는 민중과 함께 대몽항쟁을 하며
진보적인 성격으로 변모되었다.

도적을 막는 부대, 삼별초

우리는 대몽항쟁의 상징으로 삼별초를 기억하고 있다. 강화도에서 진도로, 진도에서 제주로 옮겨가며 3년간 세계 최강의 몽고군에 맞서 항쟁을 전개한 삼별초의 투쟁은 민족적 자긍심을 일으켰다. 그러나 삼별초의 실상과 항쟁의 원인을 자세히 들여다보면 그게 그리 간단한 문제가 아님을 알게 된다. 우선 삼별초가 어떤 부대인지 살펴보자.

삼별초는 좌별초, 우별초, 신의군, 이 세 부대를 합쳐 부르는 이름이다. 처음에는 야별초라 불렸는데, 애초의 목적은 도적을 막는 것이었다. 『고려사』에는 "최우가 나라 안에 도적이 많으므로 용사들을 모아 매일 밤 순찰하면서 폭도들을 막게 하고, 이를 야별초라 했다"고 기록하고 있다. 즉, 도적과 폭도를 막기 위한 부대였다는 것이다. 그런데, 도적과 폭도라 하면 무엇을 말하는가? 최고 권력자 최우가 방비를 지시할 정도의 도적과 폭도라니 심상치 않은 세력처럼 보인다. 하지만 그 세력이란 바로 당시 지배층의 수탈이 극에 달해 유랑하던 백성들이 조직화돼 항쟁을 전개하던, 지배층에선 초적 산적 화적이라 부른 봉기

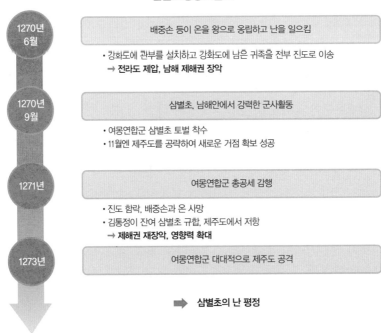

삼별초 항쟁 흐름도

1270년 6월	배중손 등이 온을 왕으로 옹립하고 난을 일으킴
	• 강화도에 관부를 설치하고 강화도에 남은 귀족을 전부 진도로 이송 → **전라도 제압, 남해 제해권 장악**
1270년 9월	삼별초, 남해안에서 강력한 군사활동
	• 여몽연합군 삼별초 토벌 착수 • 11월엔 제주도를 공략하여 새로운 거점 확보 성공
1271년	여몽연합군 총공세 감행
	• 진도 함락, 배중손과 온 사망 • 김통정이 잔여 삼별초 규합, 제주도에서 저항 → **제해권 재장악, 영향력 확대**
1273년	여몽연합군 대대적으로 제주도 공격

➡ **삼별초의 난 평정**

세력이었다. 그러니까 야별초는 지배층의 명을 받아 민중항쟁을 진압하던 정권 유지 세력이었던 것이다. 따라서 이들은 일반적인 군사 기구의 병사보다 좋은 대접을 받았다. 『고려사』에는 "권신이 정권을 잡고 손톱이나 어금니로 삼아 녹봉도 두둑이 주고, 사사로이 은혜를 베풀고 죄인의 재물을 압수해주기도 했다. 그러므로 권신들이 마음대로 부렸으며 그들은 앞을 다투어 힘을 다하였다"고 기록하고 있다. 문제는 강력한 무력집단인 삼별초가 정작 강화도 방어 외에는 제대로 투입된 적이 없었다는 점이다. 태생이 정권 유지 세력이었던 만큼 삼별초의 활동은 철저히 최씨 정권의 수호에만 활용되었고, 강화도 밖 몽고와의 본격적인 전투는 그다지 활발히 이루어지지 못했다.

그래도 몽고에 항복한 고려 조정보다는 낫다

삼별초군이 강화도를 벗어나 항쟁에 나선 시기는 1270년부터였다. 시작은 강화도였다. 1270년은 문신 세력과 원종이 하나가 돼 원에 항복하고 강화도를 떠난 시점이었다. 무신정권은 항복을 거부하고 강화도에서 삼별초군을 이끌고 농성하다 끝내 내부의 정변을 만나 붕괴되었다. 무신정권의 대몽항쟁 의지가 그만큼 굳어서가 아니라, 원과의 강화가 무신정권의 몰락으로 귀결된다는 것을 알고 있었기 때문이다. 몰락과 보복이 두려웠던 것이다.

이런 무신정권이 붕괴되자, 그들의 무력 기반이었던 삼별초는 강화도에서 폭동을 일으켰다. 배중손이 주축이 된 반란군은 왕족인 승화후承化侯 온溫을 왕으로 추대해 새로운 정부를 세웠다. 반몽고와 반정부를 내세운 이들은 강화도를 근거지로 삼기에는 힘들다고 판단하여, 배 천여 척을 동원해 진도로 옮겨가 거점을 쌓았다. 그리고 진도와 제주도

삼별초 항몽순의비 · 제주 북제주군 고성리
대몽항쟁의 상징으로 삼별초는 기억된다. 강화도에서 진도로, 진도에서 제주로 옮겨가며 세계 최강의 몽고군에 맞서 항쟁을 전개한 삼별초의 투쟁은 민족자긍심을 일으켰다.

용장산성
삼별초가 고려와 몽골연합군에 대한 항쟁의 근거지로 삼았다.

를 중심으로 전주, 나주 등의 전라도 지역과 거제도, 마산, 김해, 동래 등의 경상도 일원을 장악했다. 나아가 인천 근방까지 진출해 개경의 고려 정부로 들어가는 조운로漕運路를 가로막았다. 조운로란 세금으로 거둔 곡식을 운반하는 길이었으니 고려 정부가 애를 먹지 않을 수 없었다. 이들은 일본과 동남아를 연결하는 해상지역에 세력을 확보해 한때 큰 위세를 떨치기도 했다. 최근 발견된 기록에는 삼별초가 일본에 외교문서를 보내 연합작전을 시도한 흔적까지 나온다.

그러나 여몽연합군의 대규모 부대는 진도를 공략해 삼별초군을 대파하고 장군 배중손과 승화후 온을 죽였다. 남은 군사들이 제주도로 내려가 본토를 공격하고 조운로를 차단하는 등 항쟁을 계속했지만, 1273년 여몽연합군에 의해 궤멸했다.

삼별초 항쟁은 위대한 것이었다. 하지만 지배층 내부의 정쟁에서 패한 뒤 보복이 두려워 봉기했던 삼별초가 위대했던 것은 아니다. 삼별초가 끝까지 저항할 수 있었던 것은 그들과 싸움을 같이 해나가고 후방에서 지원한 민중의 힘 때문이었다. 바로 그런 민중의 저항의지 때문에 '삼별초 항쟁'이란 이름의 반외세 민중항쟁이 위대했던 것이다.

삼별초 항쟁으로 인해 원의 일본정벌이 약 2년간 늦춰지게 되었다. 만약 삼별초 항쟁이 없었다면 일본 또한 원에 점령당했을지도 모른다.

어디서 감히 첩 제도
운운하나

고려의 여성들은 가정생활이나 경제 운영에 있어서
남성과 거의 대등한 위치에 있었다.

부인이 무서워 의견도 내놓지 못한 재상들

고려시대 여성의 지위는 비교적 높은 편이었다. 권리가 보장
됐던 만큼 그 기세도 보통이 아니었던 것 같다. 잘 알려진 '재상 박유
의 수난 사건'만 봐도 고려 여성의 기질을 짐작해볼 수 있다. 『고려사』
「열전」에 따르면 박유는 충렬왕에게 다음과 같은 상소를 올려 고려 여
성들에게 지탄의 대상이 되었다.

"우리나라는 남자는 적고 여자가 많은데도 신분의 고하를 막론하
고 처를 하나 두는 데 그치고 있습니다. 아들이 없어도 감히 첩을 두
려 생각하지 않습니다. 반면 외국 사람은 우리나라에 와서 인원수 제
한 없이 장가를 듭니다. 이러다가는 사람들이 모두 북쪽 외국으로 갈
까 두렵습니다. 청컨대 신하들로 하여금 품계에 따라 처와 첩을 두게
하고, 백성들은 한 명의 처와 한 명의 첩을 두도록 법을 만든다면 원
성은 줄어들고 인구는 번성하게 될 것입니다."

김홍도 · 〈신행〉 · 국립중앙박물관

'보리쌀이 서 말만 있어도 처가살이는 하지 않는다'는 조선시대의 속담은 고려 때는 맞는 말이 아니었
다. 처가살이가 일반적이었던 고려시대엔 여자도 호주가 될 수 있었다.

박유가 이런 상소를 올린 데는 일견 타당한 면도 있었다. 원과의 오랜 전쟁으로 남자의 수가 여자에 비해 훨씬 적어 시집 못 간 채로 늙는 여자들이 많았던 것이다. 게다가 당시는 농업사회라 인구가 적으면 생산력도 떨어지고 그만큼 국력도 줄어드는 것이 당연한 결과였다. 그러므로 박유의 건의는 여성도 구제하고 국력도 강화하는 방안이 될 수 있었던 것이다.

그러나 그의 건의는 묵살되고 말았다. 부녀자들의 반대가 거셌기 때문이다. 박유가 임금을 모시고 연등회 행사를 갔을 때였다. 한 노파가 박유를 가리켜 "첩을 두자고 건의한 거렁뱅이 같은 늙은이!"라고 소리치자, 주변의 부인들이 모두 박유에게 손가락질을 하며 야유를 보냈다. 결국 박유의 건의는 유야무야되고 말았다.

강력한 여권, 여자도 집안을 대표하는 호주가 될 수 있었다

고려시대 여성들의 권리 행사는 일부일처제를 반대하는 정도에서 그친 것이 아니었다. 재산도 아들딸 구별 없이 상속받았다.

고려의 기록에는 딸이 재산을 다 물려받고, 어린 아들은 옷 한 벌, 종이 한 장밖에 상속받지 못해 이의 부당함을 호소하는 기록이 있을 정도다. 혼인을 했다 하여도 여자의 경제적 독립은 여전했다.

여자 쪽에서 가져온 농토, 노비 등의 재산권은 여전히 여자에게 속해 있었다. '보리쌀이 서 말만 있어도 처가살이는 하지 않는다'는 조선시대의 속담은 고려 때는 맞는 말이 아니었다. 당시는 처가살이가 일반적이었기 때문이다. 당연히 여자도 집안을 대표하는 호주가 될 수 있었다. 이런 권리가 보장된 만큼 부모에 대한 의무도 남자와 균등하게 졌다. 즉, 부모에 대한 봉양도 아들만큼 했고, 조상에 대한 제사 또한 마찬가지라서 '윤행輪行'이라 하여 아들과 딸이 돌아가며 제사를 맡아 지냈다.

조선시대에는 절대 금지되었던 여자들의 재가도 이 시대에는 자유로웠다. 고려시대에는 상당한 이혼율을 기록해 송의 사신이 『고려견문기』에 "고려인들은 쉽게 결혼하고 쉽게 헤어져 그 예법을 알지 못한다"고 기록할 정도였다. 이혼은 남자들의 일방적인 요구에 의해서가 아니라 타당한 이유가 있어야 성립됐다. 또한 족보에도 여성들이 당당히 한 자리를 차지했다.

공민왕의 반원정책으로 원에 대한 공녀 제공은 끝났지만, 명에서도 공녀를 요구해 1521년까지 조선은 공녀를 바쳤다.

친일파가 있었듯 부원파도 있었다

부원 세력은 한때 고려의 국정을 농단하며 권세를 누렸지만, 공민왕의 반원 개혁으로 소탕됐다.

나라의 위기가 개인에겐 출세의 기회

1259년(고종 46년) 고려는 원과 강화조약을 맺으면서 30년에 걸친 몽고와의 전쟁을 마감했다. 고려의 패배였다. 하지만 몽고제국이 정복했던 아시아와 유럽의 나라들과는 달리 '항복'이 아닌 '강화'였기 때문에, 고려가 몽고제국의 영토에 편입된 것은 아니었다. 고려라는 국호도 그대로 유지됐고, 몽고에게 직접 통치되지도 않았다. 고려의 왕이 사후승인인 책봉만 받으면 조정은 유지될 수 있었다. 나름의 자율성이 확보된 상태에서 원의 영향력 아래 들어갔던 것이다. 이때부터 정동행성을 폐지하면서 대원 자주화에 성공했던 1356년(공민왕 5년)까지를 '원 간섭기'라고 규정하고 있다.

그러나 간접 통치라도 타국의 지배하에 있는 백성은 괴로운 법이다. 고려 지배층의 수탈에 시달리던 민중들은 원의 수탈까지 더해 이중고에 시달렸다. 고려 정부는 금과 은, 인삼, 약재 등 특산물을 원에 바쳐야 했고, 일본 정벌에 드는 막대한 비용을 전액 부담해야 했다. 물자만이 아니었다. 일제 때 '종군위안부'란 이름으로 우리의 여성들이 성적인 학대를 받아야 했던 것처럼, 고려의 여성들은 '공녀'라는 이름으로 매년 수백 명씩 몽고로 끌려가 궁녀로, 하녀로, 첩으로 학대받았다. 또한 멀쩡한 남자들도 거세당한 채 환관으로 끌려가야 했다.

그러나 민족수난기에도 재빠른 처신으로 자신의 잇속을 차리는 무리가 있기 마련이다. 일제강점기 친일파가 그러했듯이 이 시기에도 친원파, 혹은 부원파로서 나라를 팔아먹고 일신의 영달을 꾀한 무리들이 있었다.

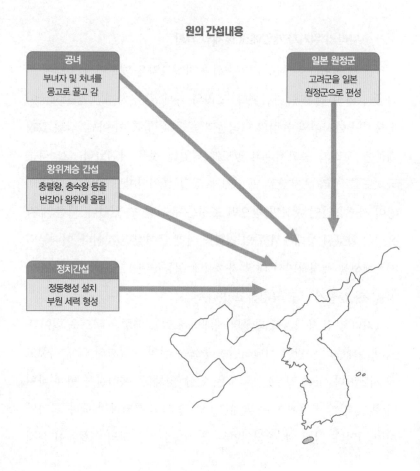

원의 간섭내용

공녀
부녀자 및 처녀를 몽고로 끌고 감

일본 원정군
고려군을 일본 원정군으로 편성

왕위계승 간섭
충렬왕, 충숙왕 등을 번갈아 왕위에 올림

정치간섭
정동행성 설치 부원 세력 형성

원의 황후가 된 고려 공녀

이들 부원파에는 대략 세 부류가 있었다.

첫째, 원의 침략 때 길잡이 노릇을 해준 홍복원 같은 무리였다. 홍복원 일가는 원이 망할 때까지 대대로 친원 행각을 벌였다. 홍복원은 몽고군의 길 안내를 해주며 침략을 도와 원에서 관직을 얻었다. 아들 홍다구와 손자 홍중희는 고려에서 축출된 후 원에서 끊임없이 반고려 책동을 일삼았다. 이들은 원 조정에 정동행성을 통한 간접 지배 대신 직접 통치를 해야 한다는 주장을 네 차례에 걸쳐 했다.

둘째, 전왕 세력의 측근으로 새로 왕이 즉위하면서 실각한 무리였다. 이들은 심양 지방의 고려인을 다스리는 심왕瀋王과 결탁해, 원에 고려를 직접 통치하라며 다시금 책동했다.

셋째, 공녀나 환관으로 끌려간 뒤 그곳에서 '출세'한 무리였다. 일부 공녀는 원의 왕족이나 고위관리와 혼인해 무시못할 권력을 얻기도 했다. 환관 중에도 출세하는 자가 적지 않았다.

가장 대표적인 예는 원의 마지막 황제 순제의 황후가 됐던 기황후였다. 공녀로 원에 건너갔던 기씨는 고려인 환관의 주선으로 황궁의 궁녀가 되었다. 그녀는 고려인 환관과 세력을 이룬 뒤 순제 후궁들과의 피비린내 나는 권력암투를 거쳐 마침내 제2황후에 올랐다.

기황후가 낳은 아들은 황태자로까지 책봉됐다. 국내에 있는 기씨 일족들이 권세를 부린 것은 물론이었다. 이들은 다른 사람의 토지와 노비를 빼앗는가 하면 왕의 권위도 무시하며 전횡을 일삼았다. 자신들의 권력이 위태롭다 싶으면 원에 직접 통치를 요구하는 매국행위를 거리낌 없이 자행했다.

부정한 권세는 오래가지 못한다?

1363년(공민왕 12년) 부원 세력인 최유는 기황후의 세력을 업고 공민왕을 폐위시키고 충선왕의 서자인 덕흥군을 왕으로 옹립시키려고 했다. 원은 공민왕의 반원 정책을 저지하려고 부원 세력의 음모를 정책적으로 지원했다.

그러나 부정한 권세는 오래가지 못했다. 기황후의 큰오빠 기철과 그 일당은 반원 정책을 단행한 공민왕에게 죽임을 당했다. 기황후를 비롯한 기씨 일족이 원나라 군사 1만 명을 이끌고 고려를 침범했지만 이미 원의 국력은 쇠퇴해 있었다. 이들은 최영과 이성계가 이끄는 고려군에 격멸당해 불과 17명만이 살아 돌아갔다. 이 일이 있고 난 뒤 국내의 부원파 잔당은 깨끗이 소탕되었다. 민족의 위기를 일신의 영달을 위한 기회로 이용했던 이들 부원파는 멸망해가는 원의 운명과 함께 몰락해야 했다.

충렬왕은 왕위에 오르려 귀국할 때 변발에 호복 차림이었다. 왕비인 원세조의 딸 홀도로 계리미실은 모든 신하들에게 변발을 강권하였고 반발하는 자는 회초리로 때리기까지 했다고 한다.

공민왕의 개혁, 신돈은 요승이었나?

공민왕과 신돈의 개혁은 기득권 세력의 역풍을 이겨내지 못하고 좌절됐다.

개혁군주 공민왕

1351년 10월, 22세의 공민왕이 왕위에 올랐다. 원 간섭기의 막바지였고, 부패할 대로 부패한 권문세족의 전횡이 극에 달한 시기였다. 이듬해 2월 원에서 돌아온 공민왕은 벼르고 벼르던 개혁에 착수했다. 귀국 두 달 만에 전격적으로 착수한 일은 무신정권의 최이가 설치해 인사를 좌우하던 정방의 폐지였다. 그 다음 날엔 개혁교서를 발표하여 토지와 노비에 관한 제반 문제를 해결할 것을 명했다. 멀쩡한 양인을 노비로 삼아 맘대로 부리고 남의 토지를 빼앗아 농장을 확대해가는 권문세족에 대한 전쟁 선포였다.

그해 8월에는 1170년 무신정변 이래 180여 년간 상징적인 자리에 머물러야 했던 왕권의 복원을 선언했다. 그간 정권은 무신정권의 실력자와 부원파에게 있었던 것이다. 공민왕은 첨의사, 감찰사, 전법사, 개성부, 선군도감 등 권력 기간에 명해, 5일에 한 번씩 업무를 보고하고 왕의 감독을 받도록 했다. 그리고 신료들과의 정치 토론장인 서연書筵을 재개했다. 이러한 조치들을 통해 왕권은 급속히 강화됐다.

공민왕의 주요 개혁 내용

왕권 회복

- 부원세력 숙청
- 왕의 친정체제 구축
- 무신정권 이후 실추된 왕의 권위 확립
- 정치 토론장인 '서연'재개
- 관리기강 확립, 풍기 단속

배원정책

- 변발과 호복 등의 몽고풍속 금지
- 원의 연호 폐지
- 관제 복구
- 내정간섭기구인 정동행성 철폐

국토 회복

- 쌍성총관부 등 원에 빼앗긴 서북·동북면 일대의 영토 회복
- 홍건적 격파

토지·노비 개혁

- 개혁교서 발표
- 토지와 노비에 대한 제반문제 해결
- 신돈의 주도로 전민변정도감 설치

당시 개혁은 두 방향으로 진행되어야 했다. 하나는 왕권 강화를 통한 내부 개혁으로, 권문세족의 전횡을 막고 민생을 안정시키는 것이었다. 다른 하나는 근 100년간 지속된 원의 간섭으로부터의 자주성 회복이었다. 왕권 강화의 방책을 실시한 공민왕은 1352년 변발과 호복 등의 몽고풍속을 금지시켰고, 1356년엔 원의 내정간섭 기구 정동행성을 폐지했다. 또한 부원파 기철을 숙청했으며, 원이 지배해오던 쌍성총관부를 폐지하고 빼앗겼던 서북면과 동북면 일대의 영토를 회복했다.

이러한 공민왕의 전격적인 개혁은 반개혁세력의 반발과 홍건적의 발흥이란 새로운 변수 속에 위협을 받았다. 조일신의 정변이 있었고, 찬성사 김용의 반란으로 많은 신료들이 목숨을 잃고 공민왕조차 시해될 뻔했다. 원은 공민왕의 개혁에 위협을 느껴 공민왕을 폐위시키고 덕흥군을 왕으로 세운 뒤, 최유를 앞세워 압록강 건너 의주를 함락시켰다. 그러나 최유는 최영, 이성계 등의 활약으로 제압당했다. 또한 홍

건적의 침입으로 개경까지 함락당하는 어려움을 겪었으나 역시 최영을 비롯한 무장들의 활약으로 이들을 물리칠 수 있었다.

하지만 이러한 싸움을 통해 문신 우대 정책과 반권문세족 정책은 흔들리게 되었다. 이들 무장들 역시 권문세족의 한 부류였던 것이다. 그리고 반란의 와중에 공민왕의 측근이랄 수 있는 세력들은 죽거나 힘이 현저히 약화됐다. 이 시점에서 공민왕은 지치지 않을 수 없었다. 그렇다고 공민왕이 개혁을 포기한 것은 아니었다. 공민왕은 신돈에게 자신을 대신해 개혁을 주도해나가도록 했다.

개혁전도사 신돈

신돈은 공민왕의 개혁을 맡기에 딱 좋은 적임자였다. 권문세족이 아님은 물론이요, 초야신진도 아니었다. 초야신진은 명성을 얻었다 하면 초기의 개혁의지는 온데간데없이 권문세족과 혼인을 통해 줄을 대려고 하니 개혁에는 부적격이었다. 한미한 집안 출신으로 무명의 승려인 신돈은 자신의 사욕을 채울 당을 만들 이유도 없었고, 민초들의 어려움을 잘 알고 있는 인물이었다.

공민왕으로부터 전권을 위임받은 신돈은 맨 먼저 토지와 노비 개혁에 착수했다. 당시 가장 큰 사회경제적 문제는 권문세족들의 민중에 대한 토지와 인력의 수탈이었다. 힘 있는 권문세족들은 힘없는 백성들의 토지를 빼앗거나 국가의 토지를 몰래 빼돌려 거대 농장을 형성했다. 그리고 광활한 토지를 경작하기 위해 멀쩡한 양인을 노비로 삼아버렸다. 이러다 보니 농민들은 토지를 잃고 유랑민이 되어 전국을 떠돌면서 초적이나 산적의 무리를 이루기도 하였다. 이는 사회불안의 요인이 되었다. 또한 권문세족은 세금을 내지 않아 국가의 세수가 줄어들었다. 토지 문제는 그간 몇 차례에 걸쳐 해결해보려는 시도가 있었으나, 개혁 대상인 권문세족이 추진했으니 제대로 될 리 만무했다.

신돈은 과감했다. 개혁 기구인 전민변정도감을 설치하고 직접 책임자가 되어 다음과 같은 명을 내렸다.

> "빼앗은 토지와 노비를 수도는 15일, 지방은 40일 이내에 돌려주어라. 이에 따르는 자는 불문에 부치겠지만 기한을 넘기는 자는 엄중하게 처벌하겠다."

이런 엄중한 명령에 귀족들은 빼앗은 토지와 백성을 돌려주지 않을 수 없었다. 백성들은 이 소식을 듣고 "성인이 나왔다!"며 감격해 했다고 한다.

신돈은 개혁의 제도화도 시도했다. 지방으로 물러난 관리들이 백성을 수탈하지 못하도록 하는 규제책을 마련했다. 그리고 권문세가의 자제들이 남보다 빨리 승진하는 특권을 없애기 위해 자격에 따른 승진제도를 마련했다. 그는 성균관을 다시 세우고 과거제도도 개혁했다.

기득권에게 역풍을 맞은 신돈, 역모죄로 처형되다

그러나 신돈의 개혁에 역풍이 불어 닥쳤다. 기득권 세력은 처음에는 잠자코 보고 있었지만, 자신들의 기반이 흔들리는 것을 감지하자 강력한 반격에 나섰다. 신돈에 의해 등용되었던 신진사대부들 또한 왕도정치를 내세우며 왕의 직접 통치를 건의했다. 그들은 우왕과 창왕이 신돈의 아들이라며 신돈을 불륜을 저지른 요승으로 둔갑시키기도 했다. 권문세족은 신돈이 뇌물을 받아 치부하고 간통을 일삼는다는 악선전을 펴기 시작했다. 그리고 결정타로 "왕의 신임을 잃을까 두려워 반란을 획책했다"는 역모죄를 씌웠다.

공민왕 역시 신돈의 권력에 두려움을 느끼기도 했고, 권문세족의 반발을 이겨낼 친위 정치 세력도 없는 형편이었다. 공민왕은 결국 신돈이란 개혁카드를 버렸다. 신돈과 그의 개혁 동지들은 처형되었다. 조작된 역모죄로 죽은 개혁전도사 신돈은 조선왕조 500여 년간 뇌물로 치부하고 여색을 밝힌 요승으로 남아 있어야 했다.

공민왕의 첫 부인은 원나라 위왕의 딸 노국대장공주였다. 아이를 낳다가 난산으로 사망했는데, 그녀의 죽음은 공민왕에게 엄청난 괴로움을 주었다. 공민왕은 정사를 뒷전으로 미룰 만큼 슬픔에 잠겨 지냈고, 3년 동안 육식을 하지 않았다고 한다.

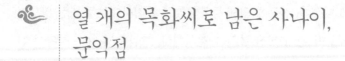

열 개의 목화씨로 남은 사나이, 문익점

목화의 보급은 의생활의 혁명과 함께 수공업의 발달과
결혼풍습의 변화까지 가져왔다.

고구마나 감자에는 전래자가 없어도

문익점은 행운의 사나이다. 농작물 하나 전파한 공 때문에 그 이름이 500년 역사를 넘어 현대의 우리에게까지 전해지고 있으니 말이다. 사실 그가 전래한 목화는 우리나라의 의생활을 확 바꾸어놓을 정도로 혁명적인 것이었다.

하지만 조선 후기에 전래된 고구마, 감자, 옥수수, 담배 등은 전래자가 누구인지도 모른다. 특히 과학기술이나 농업기술에 대한 대접이 시원찮았을 때 문익점은 목화 전파 하나로 생전에도 벼슬을 얻었고, 죽어서는 『조선왕조실록』에 기록됨과 함께 영의정으로까지 추증되는 영광을 얻었다. 그의 두 손자 또한 과거를 거치지 않고도 관직에 올랐는데, 형 문승로는 경상도 의성현령에, 동생 문영은 경상도 선산군수로 부임했다. 그야말로 목화씨 하나로 덕을 가장 크게 본 여말선초의 농학자다.

문익점이 중국의 강남에 유배 갔다가 목화씨를 몰래 붓두껍에 담아 왔다는 것은, 오늘날 연구자들 사이에서는 하나의 '야담'으로 취급될

목화면 보급도

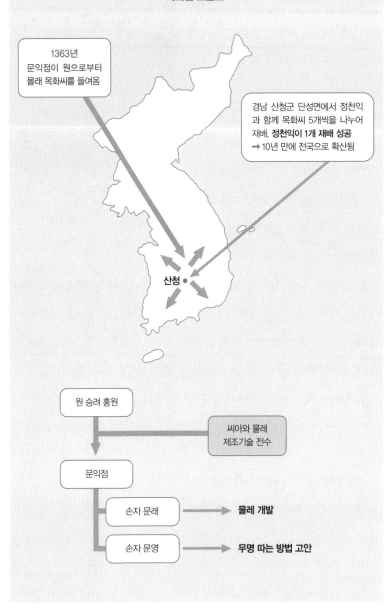

1363년
문익점이 원으로부터
몰래 목화씨를 들여옴

경남 산청군 단성면에서 정천익
과 함께 목화씨 5개씩을 나누어
재배. **정천익이 1개 재배 성공**
➡ 10년 만에 전국으로 확산됨

산청 •

원 승려 홍원

씨아와 물레
제조기술 전수

문익점

손자 문래 ──→ **물레 개발**

손자 문영 ──→ **무명 따는 방법 고안**

뿐이다. 사실 『고려사』나 『조선왕조실록』등 그의 행적을 기록한 정사에는, 훔쳤다는 기록은 물론이거니와 강남에 갔다는 기록조차 없다. 분명한 사실은 그가 원에 사신으로 갔고, 귀국할 때 목화씨 10여 개를 소중하게 담아왔다는 것이다.

〈자리짜기〉, 단원 풍속도첩 · 국립중앙박물관
아들이 글 읽는 소리에 맞추어 어머니는 물레를 돌리고 아버지는 자리를 짜고 있다.

문익점은 귀국 뒤 공민왕과 부원파 세력의 투쟁에 휘말렸는데, 운이 없게도 부원파로 몰려 파직당하고 고향으로 내려가야 했다. 이때 문익점은 장인인 정천익과 함께 목화 재배를 실험할 수 있었다. 첫해 재배에서는 10여 개의 씨앗 중 단 하나만 살아남았다. 살아남은 씨앗이 이듬해 열매를 맺어 100여 개의 씨앗이 되었고, 수년간의 재배 끝에 목화의 국내 재배가 가능하게 되었다. 이후 경상도 진주 강성현을 중심으로 경상도와 전라도 일원에 급속히 보급되었다.

내친 김에 씨아와 물레까지 만들다

재배는 성공했어도 목면으로 옷을 만들고 이불을 지으려면, 목면의 씨를 빼고 솜을 타고 천으로 만드는 기술이 있어야 했다. 정천익과 문익점은 마침 원 출신의 승려 홍원을 만나 씨아와 물레의 제조기술을 전수받을 수 있었다. 이렇게 개발한 물레로 목면을 짜니 백성들은 겨울나기가 용이해졌다. 백성들은 값비싼 비단옷을 사 입을 수 없어 한 겨울에도 거친 삼베나 모시옷밖에는 입지 못했는데, 목면이 보급되면서 보온 효과가 좋은 솜옷과 솜이불로 추위를 이길 수 있게 된 것이다. 목면의 보급은 의생활의 혁명만 가져온 게 아니었다. 가난한 사람들이 비단이불을 마련하지 못하여 혼기를 놓치거나 혼인하지 못하는 경우가 있으므로, 혼인 시에는 면포만 사용하도록 하자는 제안이 나올 만큼 널리 유통되었다. 즉, 평민의 결혼풍습까지 바꾸는 생활혁명을 일으킨 것이다. 또한 목면으로 면포를 만드는 직조수공업도 발달했다. 이렇게 생산된 면포는 쌀과 마찬가지로 유력한 교환수단이 되어 상업의 발달을 촉진시켰다.

조식_{曺植}이 지은 『목면화기』에는 문익점이 목화를 들여와 재배하게 된 경위가 적혀 있다.

끝을 모르는
권문세족의 탐욕

특권층인 권문세족은 백성의 땅을 빼앗아 산천을 경계로 삼을 정도의
거대 농장을 조성하는 등 부패가 극에 달했다.

토지 한 마지기에 주인이 대여섯

"요즘 들어 간악한 도당들이 남의 토지를 겸병함이 매우 심하다.
그 규모가 한 주州보다 크기도 하고, 군郡 전체를 포함해 산천으로 경
계를 삼는다. 남의 땅을 조상으로부터 물려받은 땅이라고 우기면서
주인을 내쫓고 땅을 빼앗아 한 마지기의 주인이 대여섯 명을 넘기도
하며, 전호들은 세금으로 소출의 8~9할을 내야 한다."

『고려사』가 기록하는 고려 말의 사회상이다. 글에 나오는 '간악한
도당'은 권문세족을 일컫는다. '군 전체를 포함해 산천으로 경계를 삼
을 정도의 농장'이라는 표현에서 당시 권문세족들이 얼마나 많은 토지
를 가지고 있었는지를 말해준다. 그렇다고 이들이 토지의 주인이었던
것은 아니다. 고려의 토지제도인 전시과로 볼 때, 그들은 세금을 받는
토지의 전주田主일 뿐, 토지의 본래 소유주는 전객佃客이다. 게다가 전주
의 권리도 나라에서 봉록으로 내준 토지의 10분의 1세를 받을 권리만

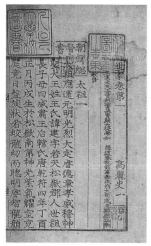

『고려사』· 규장각

『고려사』에 따르면, 고려시대 권문세족들의 강탈로 농민들의
삶은 이루 말할 수 없다고 기록돼 있다.

갖는 것이다. 심지어 토지의 주인이 대여섯 명이란 것은 힘을 가진 권
문세족이 갖은 억지로 토지의 소유권을 주장해 농민들에게서 세금을
강탈했다는 이야기다.

　세금을 내는 것도 서러운데, 농민들은 권문세족이 있는 개경으로 세
금을 내러갈 때 그 운반비도 전액 부담해야 했다. 여기에다 온갖 부역,
또 왕실에서 쓰는 물품을 대는 공납까지 더해져 평민들 삶의 고단함은
이루 말할 수 없었다. 애써 농사를 지어봐야 세금 내고 나면 남는 게
아무것도 없었다. 농민 입장에서는 차라리 농토를 떠나는 게 훨씬 속
이 편할 지경이었다. 결국 유랑민이 되어 걸식을 하거나 산으로 올라
가 산적이 되었다. 이는 나라 입장에서도 좋은 일이 아니었다. 우선, 세
금을 낼 평민들이 적어져 재정이 고갈되었다. 병역을 짊어질 젊은이도
줄어들어 국방력 손실도 이만저만이 아니었다.

100년간의 개혁 시도는 실패로 끝나고

고려 토지제도의 근간인 전시과제도가 권문세족의 토지 겸병과 세습으로 인해 엉망이 된 것은 이미 12세기 중반부터였다. 고려의 왕들은 이 문제를 해결하기 위해 나름대로 조치를 취하였다. 그러나 1170년 무신정변 이후 급격한 정세 변동으로 인해 내정개혁을 이룰 틈이 없었다. 충선왕과 충목왕이 개혁을 시도했지만, 원을 등에 업은 권문세족의 거센 반발로 몇 달도 못 가 좌절되고 말았다.

개혁의 마지막 기회는 공민왕 때였다. 공민왕은 즉위하자마자 직접 정치 일선에 나서 왕권을 강화하는 방책을 마련했다. 곧이어 반원 자주화 정책을 밀어붙여 기철 등 부원파 세력을 처형시킴으로써 개혁의

고려말 권문세족의 전횡

정권장악	• 외척, 환관 등의 신분으로 왕의 측근에서 정치를 좌지우지 • 귀족세력끼리 정권다툼을 일삼음 → **국가정치 문란**
측근세력 형성	• 불법적인 방법으로 주변인을 관리로 임명 • 사병화된 가노 등 개인 문객을 조직 → **신분질서 와해**
개인재산	• 전국 각지에 대규모 농장 소유 • 농민들 대상의 고리대로 개인재산 축적 → **국가재정 궁핍**
백성수탈	• 백성의 노동력 수탈 — 개인자택, 개인사찰 건립에 백성 동원 → **백성민심 이반**

조건을 마련했다. 그러나 홍건적의 개성 점령으로 인한 왕실의 권위 추락과 이를 격퇴한 무신 권문세족의 세력 강화, 개혁추진 세력의 몰락 등으로 개혁은 한발 후퇴했다.

공민왕은 자신이 직접 나서는 대신 신돈을 전격 기용하고, 그에게 힘을 실어주어 개혁 2기를 열었다. 신돈은 속전속결로 권문세족이 강점한 토지를 농민에게 되찾아주고, 억울하게 노비가 된 양인들을 풀어주었다. 개혁은 성과가 있는 듯싶었으나 기득권 세력의 반발을 막을 세력이 없었다. 결국 권문세족의 반발로 신돈은 5년 만에 형장의 이슬로 사라졌다. 그것으로 고려 안에서의 개혁은 영영 기회를 잃었다.

개혁은 이제 이성계, 조준, 정도전 등 신진사대부들의 손으로 넘어왔다. 그들이 권문세족을 넘어서는 길은 체제를 뛰어넘는 혁명뿐이었다. 신진사대부의 역성혁명에 권문세족은 농장은 물론이고 목숨까지 내놓아야 했다. 전시과체제의 모순은 결국 새로운 왕조의 개창에 의해서야 해소되었다.

고려의 32대 우왕은 신돈의 자식이라 하여 왕으로 인정받지 못하였다. 그런 까닭에 능도 마련되지 않았으며 실록도 편찬되지 않았다. 조선의 개국세력들은 우왕의 치세에 관한 기록을 『고려사』 「열전」의 반역자편에 실었다. 왕으로서 그보다 더한 불행은 없을 것이다.

거북선의 원형, 고려군선

11세기에는 여진족 해적이 울릉도·대마도 연안에까지 출몰했다. 이들은 민가를 방화하고 물품을 약탈하는데다 주민까지 생포해가는 노략질을 자행했다. 수십 척의 군선을 동원한 여진족 해적은 한때 강원도 간성이나 경기도 광주까지 진출할 정도로 세를 뻗쳤다고 한다. 고려뿐 아니라 일본 연안까지 출몰해 일본인들을 납치하기도 했다.

이때 여진족 해적을 소탕한 것은 고려의 해군이었다. 주목할 만한 점은 소탕전에 나선 고려 해군의 전술이다. 고려 해군은 이순신 장군이 임진왜란 때 활용하여 위력을 발휘한 거북선과 비슷한 군선을 사용해 여진의 해적선을 격파했던 것이다.

여진 해적에게 납치되었다가 고려 해군이 그 해적선을 격파함으로써 구출된 일본인의 기록에 의하면, 고려의 군선에는 철로 만든 뿔(철각鐵角)이 장치돼 있었다고 한다. 또한 고려군선은 "선채船體가 높고 커 병기와 연장을 많이 쌓았으며, 상대방 배를 엎어버리고 사람을 죽이므로 적도賊徒들이 견디어내지 못했다. 선면船面에는 철로써 뿔을 만들어 적의 배를 들이받아 파괴하게끔 되어 있다."(노계현 저, 『고려외교사』)고 한다.

튼튼한 선체의 바깥에 쇠꼬챙이를 박아 넣은 거북선의 주요 전술 중 하나가  적의 군함을 들이받아 침몰시키는 것이었다. 고려군선 역시 선체를 병장기로 무장시키고 쇠뿔을 배 밖에 박아 넣은 뒤 적선을 들이받는 전법으로 여진 해적을 소탕했음을 알 수 있다. 이 기록으로 미루어보면 고려군선을 조선시대 거북선의 원형으로 추정할 수도 있다.

송나라 대시인 소동파가
고려와의 무역을 반대했던 이유

고려 문종 때는 송과 외교 및 무역이 활발했다. 문종의 재위기인 1047년에서 1081년까지 34년간 송의 공식적인 무역선만 해도 39회나 고려로 들어왔다. 고려는 송으로부터 서적·의류·약재·악기 등 백여 종의 물품을 다량 수입했다. 송 역시 고려로부터 종이·붓·칠기·장도·비단 등을 수입했다. 무역선이 한 번 들어올 때 상인수가 이백여 명에 달했을 정도로 대규모 무역상단이 오갔다고 한다. 심지어 사신과 상인을 위한 영빈관이 양국에 설치되어 있을 정도로 교역은 상시적이었다.

그런데 이런 활발한 교류에 대한 반대 여론이 송의 조정에서 일어났다. 송의 대표적인 시인으로, 우리에게도 잘 알려진 소식(호는 동파로, 당시 병부상서)이 대표적인 통교 반대론자였다. 그가 고려와의 무역을 반대한 가장 큰 이유는 "우리는 이익이 조금도 없는데, 고려는 큰 이익을 챙기고 있다"는 것이었다. 이 외에도 소동파는 다음의 이유를 들어 고려와의 무역을 적극적으로 반대했다.

첫째, 사신과 상인 접대를 하느라 민폐가 생기고 물자의 낭비가 많다. 둘째, 보내고 받는 물건이 너무 값비싸다. 셋째, 송에서 보낸 물건이 고려인의 손을 거쳐 적국인 거란으로 유입된다. 넷째, 고려 사신과 상인이 가는 곳마다 송의 산천지도를 작성해가므로 국가기밀이 누설된다. 다섯째, 고려는 거란과 동맹국이다.

그러나 이러한 반대론은 힘을 얻지 못했다. 거란과 대치하고 있는 송으로서는 동북방의 강국 고려를 무시할 수 없었기 때문이다. 송·거란과의 등거리 외교를 통해 고려는 국방뿐만 아니라 무역에서도 유리한 고지를 점령할 수 있었다.

4장

조선시대

근세의 태평시대를 거쳐 민중반란까지

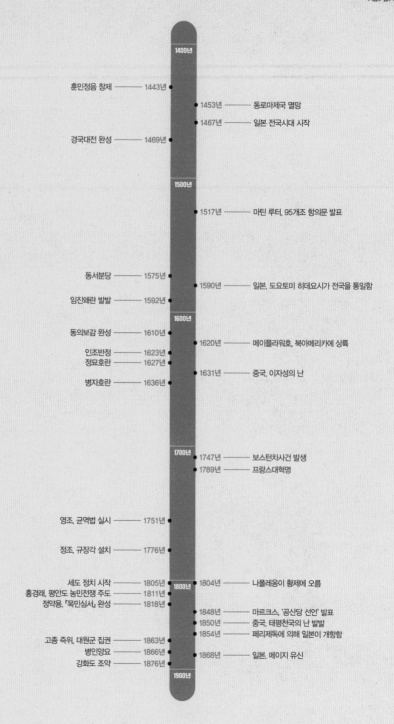

한국사

세계사

1400년

훈민정음 창제 ——— 1443년

1453년 ——— 동로마제국 멸망

1467년 ——— 일본 전국시대 시작

경국대전 완성 ——— 1469년

1500년

1517년 ——— 마틴 루터, 95개조 항의문 발표

동서분당 ——— 1575년

1590년 ——— 일본, 도요토미 히데요시가 전국을 통일함

임진왜란 발발 ——— 1592년

1600년

동의보감 완성 ——— 1610년

1620년 ——— 메이플라워호, 북아메리카에 상륙

인조반정 ——— 1623년

정묘호란 ——— 1627년

1631년 ——— 중국, 이자성의 난

병자호란 ——— 1636년

1700년

1747년 ——— 보스턴차사건 발생

1789년 ——— 프랑스대혁명

영조, 균역법 실시 ——— 1751년

정조, 규장각 설치 ——— 1776년

세도 정치 시작 ——— 1805년

1800년 1804년 ——— 나폴레옹이 황제에 오름

홍경래, 평안도 농민전쟁 주도 ——— 1811년

정약용, 「목민심서」 완성 ——— 1818년

1848년 ——— 마르크스, '공산당 선언' 발표

1850년 ——— 중국, 태평천국의 난 발발

1854년 ——— 페리제독에 의해 일본이 개항함

고종 즉위, 대원군 집권 ——— 1863년

병인양요 ——— 1866년

1868년 ——— 일본, 메이지 유신

강화도 조약 ——— 1876년

1900년

500년 조선왕조를 연
요동 정벌군의 회군

이성계는 위화도에서 회군하는 쿠데타를 통해
조선 창업의 결정적 전기를 마련했다.

친명과 친원 사이에서

1388년(우왕 14년) 2월, 명 태조 주원장은 고려에 일견 엉뚱해 보이는 통고를 해왔다. 원 간섭기에 쌍성총관부가 설치됐던 철령(강원도 안변) 이북의 땅을 명나라 땅으로 하겠다는 일방적 통고였다. 이 지역은 1356년 공민왕이 반원정책을 펴면서 되찾은 곳이었다. 이에 대해 선택 가능한 방법은 두 가지였다.

하나는 명과 정면으로 맞서 싸우는 것으로, 친원반명의 입장에 있던 우왕과 최영 등이 선택한 방법이었다. 다른 하나는 명과 외교적 교섭을 통해 해결하는 방법이었다. 이는 명이 철령 이북지역을 실제로 차지하려는 것이 아니라, 고려에 대해 반원친명 노선을 요구하는 외교적 공세라고 판단한 이성계 등 신진관료세력의 입장이었다.

그러나 열쇠는 우왕과 최영이 가지고 있었다. 이들은 먼저 요동을 정벌하고자 했다. 요동을 수중에 넣긴 했지만 완전히 장악할 여력이 없는 명의 처지를 십분 활용하려는 것이었다. 요동 정벌은 몽고 지방으로 쫓겨난 원에 기사회생의 기회를 주어 명을 협공하고, 또한 친명

개혁파인 신진사대부와 이성계 등 변방무인세력을 눌러 친원 세력의 주도권을 확보하기 위한 것이었다.

이러한 출병 결정에 대해 이성계는 그 유명한 '4불가론'을 내세우며 반대했다. 4불가론이란 다음의 네 가지 이유 때문에 출병이 옳지 않음을 지적한 것이다. 첫째, 작은 나라가 큰 나라를 거스르는 것은 옳지 않다. 둘째, 농사철인 여름에 군대를 동원하는 것은 민심을 거스른다. 셋째, 온 나라 군대를 동원하면 왜구가 쳐들어올 우려가 있다. 넷째, 여름이라 활의 아교가 녹고 장마가 지면 병사들이 전염병에 걸릴 위험성이 높다.

운명을 건 회군

그러나 이성계의 반대 논리는 묵살되었다. 최영을 팔도도통사, 조민을 좌군도통사, 이성계를 우군도통사로 하는 정벌군이 조직되었다. 기병 2만 명에 보명 3만 명, 총 5만의 대군으로 고려의 전군사력을 그러모은 병력이었다.

그해 4월 18일 정벌군은 평양을 떠났다. 5월 7일에는 압록강을 건너 위화도에 도착했다. 이곳에서도 이성계는 우왕에게 회군을 요청했다. 강물이 불어 압록강을 건너기도 힘들었는데, 요동까지 가려면 큰 강을 몇 차례나 더 건너야 하고 군량미도 다 떨어져 회군해야 한다는 것이었다. 그러나 우왕은 허락하지 않았다. 이성계는 5월 21일 마지막으로 최영에게 철군을 요청했지만 받아들여지지 않았다. 5월 22일 이성계는 좌군도통사 조민수를 설득해 회군을 시작했다. 훗날 조선왕조를 열

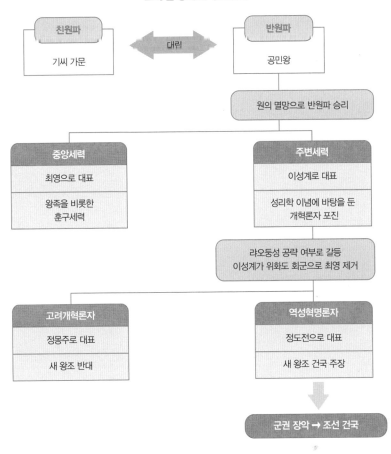

고려 말 정치 세력 편성도

게 되는 첫걸음이었다.

6월 1일 개경에 도착한 정벌군은 최영군 1천 명과의 내전에서 승리한 뒤, 우왕과 최영을 숙청하고 우왕의 아들을 왕위에 올렸다. 바로 창왕이었다. 이제 권력은 회군 세력에게 넘어갔다. 그로부터 4년, 이성계가 공양왕으로부터 왕위를 선양받아 무혈역성혁명에 성공하기까지, 이색, 정몽주 등의 온건개혁파와 이성계, 정도전, 조준 등의 급진개혁파 사이에는 목숨을 건 권력 투쟁이 벌어졌다.

토지·노비제도의 개혁을 어느 정도의 강도로 하느냐의 문제와 함께, 역성혁명이냐 아니면 고려왕조 내에서의 개혁이냐를 놓고 벌인 양보할 수 없는 싸움이었다. 결국 이 싸움은 근본적 개혁을 내세운 역성혁명파의 승리로 끝났다. 조선 왕조는 이렇게 열리고 있었다.

'역성혁명'에서 '역성'은 세습되는 통치자의 성이 바뀌는 것을 말하고, '혁명'은 왕조의 교체가 천명을 혁신하는 것임을 뜻한다.

역성혁명의 기획자, 정도전

정도전은 부패한 고려왕조 대신 조선왕조를 세우고자 하는 역성혁명을 가장 먼저 기획했다.

정치적 노선과 정면으로 배치되는 일이라…

1375년 성균관 교관으로 재직 중이던 34세의 정도전은 선택의 딜레마에 빠졌다. 공민왕이 살해당하고 어린 우왕이 즉위하면서 정권을 잡은 이인임·경복흥 일파는 다시금 친원정책을 펴고 있었다. 이색, 정몽주, 정도전 등 개혁적인 신진사대부들이 이에 반대한 것은 당연한 일이었다. 이때 보수파의 노회한 수장 경복흥은 묘수를 던졌다. 바로 정도전을 원나라 사신을 접대하는 영접사에 임명한 것이다.

정도전이 영접사 일을 덥석 받아버리면 출세는 할 수 있으나, 자신의 정치적 노선과 정면으로 배치되는 일인지라 개혁을 내세울 명분을 잃게 된다. 그렇다고 거부하면 명령불복종으로 파직되는 처지에 놓이게 된다. 즉, 정치의 장에서 밀려나는 것이다. '사람이 난처한 사태를 당하여 바른 길을 잃지 않는 것은 다행히도 한 번의 죽음이 있기 때문'이라는 비장한 글을 남긴 바 있는 정도전은, 여기서 정면승부를 선택했다. 그는 경복흥을 찾아가 이렇게 말했다.

"제가 영접사로 가면 원나라 사신의 목을 베어버리든지, 그들을 명나라로 묶어서 보내겠습니다."

당연히 정도전은 파직되고 전남 나주로 유배됐다. 1377년 유배를 마친 정도전은 낙향해 때를 기다렸다. 9년간에 걸친 유배·유랑생활을 청산했을 때, 그는 당시 동북면 도지휘사로 있던 이성계를 찾아갔다. 정도전이 이성계를 만나 터뜨린 일성은 "이런 군사를 가지고 무슨 일을 못하겠습니까!"였다. 이성계가 거느린 막강한 군대를 가리키며 한 말이었다. 이것이 조선왕조 500년을 여는 만남이었다.

한 사람의 손이 이렇게 클 줄이야

위화도 회군, 온건 개혁세력과의 정치 투쟁, 그리고 건국. 숨 가쁜 역사의 국면을 헤쳐 창업에 성공한 정도전은 그가 꿈꾸는 이상 국가 건설에 모든 정열을 바쳤다. 가장 먼저 착수한 것은 경제개혁이었다. '토지를 농민에게'라는 슬로건을 내걸었다. 그는 부정축재를 한 권력자의 땅을 농민에게 되돌려주는 것을 골자로 새로운 토지제도의 기초를 닦았다. 또한 대대손손 권세가의 자제들을 널리 등용했던 인사제도를 고쳐, 능력 위주로 신진관료를 뽑는 과거제를 새롭게 정비했다. 교육 진흥을 위한 새로운 교육제도를 갖추었으며, 군왕이 자의적으로 통치하는 것을 막기 위해 법전인 『조선경국전』을 편찬했다. 그리고 고려 말의 심각한 부패상을 목격했던 만큼 부패 방지에 초점을 맞춰 언론과 감찰 기능을 강화하는 정치 조직의 틀을 구상했다. 『경제문감』은 이러

정도전의 업적

유교적 왕도정치를 이상으로 함 → 이성계의 조선 건국에 결정적 역할	
『조선경국전』 편찬	통치규범을 종합적으로 제시
『경제문감』 저술	조선왕조의 정치조직 초안, 정도전의 정치사상 집약
『불씨잡변』 저술	숭유억불정책의 이론적 기초 확립
한양성 설계	• 4대문 · 4소문 · 경복궁의 이름을 모두 지음 • 5부 59개의 방으로 이뤄진 한양 행정조직 건설
요동정벌준비	• 명의 과다한 공물요구로 랴오둥 정벌 계획 • 군량미 확보, 진법훈련, 사병훈련

한 구상의 일단을 담은 저작이다.

정도전은 조선왕조의 설계자였다. 국호인 '조선'은 개국시조인 고조선에서 따왔다. 우리 민족의 주체성을 강조한 국명이었다. 수도 한양 역시 직접 설계했다. 동대문, 남대문 등 4대문과 서소문 등 3소문의 이름, 5부 49개의 방과 경복궁의 전각 이름도 그가 지었다.

그는 군사 조직에도 관심을 기울였다. 잃어버린 요동 땅을 회복하고, 왜구의 잦은 침탈을 막기 위해 강력한 군사력을 조성했다. 고려 말의 권력 투쟁 때문에 난립해 있던 사병을 혁파해 조선군으로 일원화하는 작업을 강력히 추진했다. 정도전은 이 작업을 위해 혁파한 사병을 한군데로 모아 새롭게 대오를 정비하는 진법陣法도 개발했다.

그러나 끝이 없던 그의 에너지 분출은 이방원의 암살로 멎어버렸다.

입헌군주제라고 할 수 있는 재상 중심의 정치노선을 견지했던 정도전은, 강력한 군주제를 지향했던 이방원에게 걸림돌이었던 것이다.

4대문은 1396년 도성을 축조할 때 정남에 세운 숭례문(남대문), 정북에 세운 숙정문, 정동에 세운 흥인문(동대문), 정서에 세운 돈의문을 말한다.

고려 말 권문세족의
토지문서를 불태우다

고려 말 권문세가의 불법적인 토지를 몰수하는
과감한 토지개혁이 추진되었다.

토지문서는 불타고 과전법 시행되다

공민왕대에 신돈이 이루고자 했던 정치 개혁의 바통은 신진사
대부에게 넘어갔다. 공민왕이나 신돈과 달리 신진사대부에게는 권문
세족을 완전히 압도할 힘과 명분이 있었다. 1389년(공양왕 1년)에 조준
의 개혁세력은 양전量田을 실시했다. 즉 토지의 양을 정확히 측정해 농
경지의 상황을 파악했고, 이를 근거로 개혁의 사전작업을 마쳤다. 토
지개혁을 상징하는 토지문서의 소각도 있었다. 권문세족이 이중삼중
으로 가지고 있던 토지문서를 개경에 모두 모아놓고 불태워버렸다. 문
서의 양이 얼마나 많았는지 사흘 동안 쉬지 않고 탔다고 한다.

이런 과감한 조치 뒤인 1391년(공양왕 3년)에는 조선 전기 토지 체제
의 핵심이랄 수 있는 과전법을 전격 실시했다. 이성계가 왕위에 오르
기 바로 1년 전이었다. 과전법은 토지의 소유자인 농민에게 세금 받을
권리인 수조권을 국가가 국가 기구나 관리들에게 나눠주는 것을 기본
원리로 했다.

이에 따라 18등급으로 나눠진 문무 관리들은 직급에 따라 최고 150

결에서 최하 10결까지 과전을 받게 됐다. 과전법의 시행으로 권문세족은 토지를 몰수당해 권력 기반이 무너지게 되었다.

　과전법은 고려 전시과의 원리와 비슷했다. 그러나 과전법 개혁은 권문세족이 문란한 권력행사를 통해 토지를 겸병하고 사유화하는 것을 근본적으로 막아, 농민의 생존 기반을 다시 되돌려주는 개혁이었다. 수확물의 7할이나 8할을 빼앗기던 농민들은 이제 1할만 세금으로 내면 됐다. 또한 농민의 토지 소유도 늘어나, 조선 초에는 자작농이 7할에 이를 정도로 한정된 경제 기반을 갖추게 됐다.

국가의 토지 지배에서 지주의 사적 소유로

　그러나 모든 제도는 시간이 지남에 따라 변하기 마련이다. 과전법역시 인구가 증가하고 국가 기구가 비대해짐에 따라 변화를 요구받았다. 과전법은 수조권을 받은 관리가 죽으면 그 수조권을 국가에 반환하는 것이 원칙이었다. 그러나 수신전, 휼양전의 이름으로 세습되는경우도 있었다. 이에 따라 새롭게 임용된 관리들에게 지급할 토지가부족하게 되었다. 이런 문제를 해결하기 위해 1466년(세조 12년)에 직전제가 시행되었다. 이는 토지를 현직 관리에게만 나눠주는 제도였다. 그러나 수조권을 얻은 관리가 세금을 과다하게 책정해 물의를 일으키는 폐단이 빈번히 나타났다.

　이에 따라 1478년(성종 9년)에는 관이 농민에게 직접 세금을 거두어수조권자에게 지급하는 관수관급제를 시행했다. 이는 농민에 대한 사적인 수탈을 막고 비교적 공정하게 세액을 책정한 제도로서 국가는 토

조선 초 토지제도 변천 과정

과전법

고려 말기 확립 - 국가재정 확충 목적

- 고려시대 권문세족의 토지를 양반관료에 재분배
- 조선 왕조 건국에 이바지한 신진사대부의 경제적 기반 확보
  공전 - 국가가 수조권을 가짐
    대부분 농민의 민전을 국가의 징세대상으로 파악
  사전 - 공신이나 관리에게 수조권을 나누어줌
    실질적으로 토지가 세습되며 사전의 증가로 국가재정 궁핍

→ 15세기말 붕괴

과전법

세조 12년 시행

- 현직관리에 제한, 과전 지급액수도 감소
- 퇴직관리와 사망관리의 가족에게 지급했던 수신전, 휼양전 몰수
  — 퇴직 후에 토지를 반납하게 되자 현직대의 수탈이 강화됨
- 외척 및 귀족들의 대농장 소유

→ 16세기말 실질적으로 붕괴

관수관급제

성종 9년 시행

- 직전제 폐지 이후 모든 토지의 소유관계가 봉건지주중심으로 형성됨
- 각지에 농장이 생기고 농민들은 소작농으로 전락함

→ 각지에 민란 발생

지와 농민에 대한 직접 지배권을 강화해나갈 수 있었다.

그러나 1556년(명종 11년) 을묘왜변과 여진의 침입을 계기로 직전제가 지급되지 않고, 양민의 토지가 축소되어 직전제의 운영이 어려워졌다. 때문에 관리들에게는 직전제 대신 녹봉을 지급하게 되었다. 또한 개간과 매매 등으로 지주제가 발전함에 따라 토지의 사유가 확대되었다.

> 녹봉은 전근대사회에서 국가가 관리에게 봉급으로 준 쌀·보리·명주·베·돈 따위를 이르는 말이다.

정말 신문고만
치면 됐나?

조선의 백성은 억울함을 풀기 위해 신문고보다는
격쟁과 상언이란 제도를 활용했다.

여론 중시의 나라 조선

조선은 언론의 힘이 막강한 나라였다. 선비들이 가장 가고 싶
어 한 기관은 사간원, 사헌부, 홍문관 등 언론 기능을 맡은 3사였다. 정
승, 판서도 3사의 관원은 함부로 할 수 없었다. 이들은 임금과 국정 시
책을 논했으며 관료들의 시시비비를 가렸다. 또한 임금의 정치 방침
에 반하는 내용이라도 과감히 말할 수 있었다. 3사 관원의 탄핵을 받
은 관료는 일단 직무를 정지당하고 감찰을 받아야 했다. 이런 막강한
기관인 3사에서 일하려면 학문적 깊이가 있고 시국에 대한 정보와 판
단이 빨라야했다. 그리고 인품도 뒷받침돼야 하므로 평판 좋고 강직한
인물이 주로 이 자리를 맡았다.

그렇다면 일반 백성들의 언론 통로는 무엇이었을까? 조선시대에는
'신문고申聞鼓제도'를 비롯해, 상언과 격쟁 등의 제도가 마련되어 있었
다. 특히 신문고는 조선시대에 처음 생긴 제도로 백성들이 직접 북을
두들겨 자신의 억울함을 호소하는 방법이었다.

조선은 고려시대 최대의 모순이었던 권문세족의 토지 독점을 혁파

하고 '민본民本'을 건국이념으로 내세운 나라였다. 신문고는 이러한 민본정책의 실상을 알 수 있는 시금석이기도 했다.

가까이하기엔 너무 먼 신문고

신문고는 1401년(태종 1년) 8월 1일 송의 등문고登聞鼓를 모델로 해서 만들어졌다. 태종은 "호소할 데 없는 백성 가운데 원통하고 억울한 한을 품은 자는 나와서 신문고를 치라"고 하였다. 그러나 사소한 일 때문에 신문고를 치는 일이 빈번해지기도 하고 무고의 수단으로 변질되기도 해서, 1457년(세조 3년)에는 "신문고를 함부로 치는 자는 먼저 율문에 따라 조사하라"는 명이 떨어졌다. 이에 따라 신문고는 유명무실해졌다. 성종 때 부활하기도 했으나 그리 활성화되지 못해, 인조 때는 이를 지적하는 상소가 올라오기도 했다.

신문고는 우리가 흔히 알고 있듯 그리 쉽사리 이용할 수 있는 제도가 아니었다. 글을 모르는 백성도 억울함을 직접 호소할 수 있게 한 훌륭한 장치였지만, 그 절차가 무척 복잡했다. 억울한 일을 당한 백성은 먼저 해당 관청에 호소했다가, 거기서 해결이 안 되면 사헌부를 거쳐야 신문고를 칠 수 있었다. 신문고를 칠 때도 담당 관리에게 억울한 내용을 진술하고, 사는 곳을 확인받아야만 했다. 게다가 치더라도 담당 관리가 위에 보고하지 않으면 아무 소용이 없었다. 이러니 지방에 사는 백성이 한양까지 올라와 신문고를 치는 것은 상상하기도 힘든 노릇이었다.

그리고 고발 내용에도 여러 가지 제한규정이 있었다. 반역 사건이나

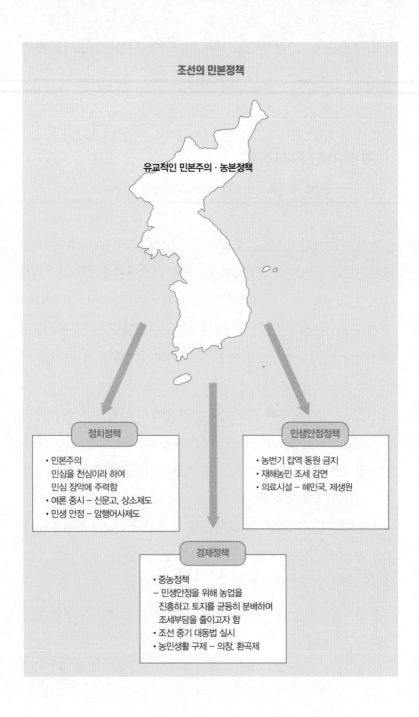

조선의 민본정책

유교적인 민본주의 · 농본정책

정치정책

• 민본주의
  민심을 천심이라 하여
  민심 장악에 주력함
• 여론 중시 – 신문고, 상소제도
• 민생 안정 – 암행어사제도

경제정책

• 중농정책
  – 민생안정을 위해 농업을
    진흥하고 토지를 균등히 분배하며
    조세부담을 줄이고자 함
• 조선 중기 대동법 실시
• 농민생활 구제 – 의창, 환곡제

민생안정정책

• 농번기 잡역 동원 금지
• 재해농민 조세 감면
• 의료시설 – 혜민국, 제생원

불법 살인 사건을 제외하고는, 하급관리나 노비가 자신의 상관, 주인, 양반, 수령을 고발하는 경우는 오히려 처벌을 받아야 했다. 이처럼 신문고는 주로 양반 중심으로 운용됐으며, 결국 정치 안정을 위한 방책을 제시하는 수단으로 변질됐다.

백성들이 억울함을 풀기 위한 방법으로는 오히려 왕의 행차 때 직접 글을 올리는 상언上言, 징을 울려 민원을 호소하는 격쟁擊錚이 더욱 효과적이었다. 대對백성 정치를 중시했던 정조가 경기도 일원에 있는 왕가의 능을 70여 회나 행차하면서 접수 해결한 상언이나 격쟁은 2,671건에 달했다.

신문고는 1560년(명종 15년) 폐지되고 격쟁제가 널리 실시되었다.

세종대왕, 그토록 조화로운 인간에게 불행의 그림자가

세종은 건강복도, 아들복도, 며느리복도 없던 불운한 임금이었다.

민주적 리더십의 군주

1998년 『주간동아』는 10명의 역사학자와 함께 한국사 1,000년을 만든 100인을 선정한 바 있다. 여기서 1등은 세종대왕이었다. 이 밖의 다른 조사에서도 세종은 최고의 인물로 선정되고 있다. 우리나라 화폐 중 널리 쓰이는 1만원권에도 세종의 영정이 들어가 있다. 이렇듯 세종은 한국사상 최고의 인물로 숭앙되고 있다.

세종은 자신이 통치하는 동안 정치적 이유를 띤 옥사를 한 번도 일으키지 않고 원만하게 국정을 이끌어나갔다. 그는 정치, 국방, 외교, 문화 등의 전 분야에 뚜렷한 업적을 남겼고, 광개토대왕, 광종, 정조 등 카리스마가 강했던 군주들과 달리 신하들의 의견을 끝까지 듣고 가장 합리적인 해결책을 도출해내는 민주적 리더십으로 국정을 운영했다. 과연 이런 원만하고 조화로운 스타일의 인물에게서 불행의 그림자를 찾아낼 수 있을까? 그러나 세종은 개인적으로는 상당히 불행한 생을 살았던 인물이다.

즉위 과정부터가 파행의 시작이었다. 그는 형인 양녕대군이 폐위되

세종대왕의 업적

이상적인 유교정치의 구현	• 왕에게 집중된 국사를 의정부로 이관 • 언관과 언론의 기능 강화 • 황희, 맹사성, 최윤덕 등 명재상 등용
국토 개척과 국력 신장	• 김종서의 6진 개척 • 최윤덕의 4군 설치 • 이종무의 대마도 정벌 • 군사훈련, 화기개발에도 힘씀
집현전 설치	• 인재 양성과 새로운 문화 창달에 기여 • 훈민정음 연구사업 – 한글 창제 • 편찬사업 – 「농사직설」 등 다양한 분야에서 성과
과학 · 예술의 발달	• 천문학 관측기기와 측우기, 자격루 등 개발 • 박연의 아악 정리 • 금속화폐인 조선통보 주조

고 세자가 되어 왕위에 올랐다. 아버지 태종은 두 차례 왕자의 난에서 형제들을 죽이고 왕위에 오른 비정한 사나이였다. 태종은 외척이 세도를 부려 왕권을 약화시킬까 우려해, 세종의 어머니 원경왕후의 형제들인 민씨 4형제를 모두 역모죄로 몰아 죽였다. 그리고 세종의 장인이자 영의정으로 있던 심온 또한 역모죄로 죽이고 가문을 문 닫게 했다. 이 모든 일을 세종은 감수성이 한창 예민한 때일 10대 후반에 겪어야 했다.

왕위에 오르자마자 국상을 맞다니 …

세종은 즉위하자마자 세 차례의 국상을 맞았다. 즉위한 해에 큰아버지 정종이 죽었고, 정종의 삼년상이 끝나기가 무섭게 어머니, 아버지가 잇달아 숨졌다. 무려 7년간을 상중에 있었던 것이다. 이 7년 동안 세종은 술과 기름진 고기를 멀리했고, 100일 넘게 곡을 했으며, 36차례가 넘는 제사에 참여했다. 분명 영양 부족과 과로, 스트레스에 시달렸을 것이다. 이런 와중에도 세종은 하루 18시간 이상 업무를 보고, 학자들과 토론을 하고, 공부를 했다. 이러니 건강이 좋을 리 만무했다. 20대부터 두통과 이질을 앓았고, 30대에는 풍병과 종기로 고생을 했다. 40대에는 백내장·당뇨병·전립선염·각기병·고혈압 등 갖은 질병에 시달렸다. 그러나 이런 건강상태에서도 업무를 쉬지 않아, 결국 47세의 한창 나이에 은퇴하고 세자에게 섭정을 맡겨야했다.

세종은 자식복도 며느리복도 없었다. 맏딸인 정소공주는 13세에, 다섯째 아들 광평대군은 20세에, 일곱째 아들 평원대군은 19세의 나이에 요절했다. 자식 사랑이 끔찍했던 세종이었으니, 살을 도려내는 고통을 느꼈을 것이다.

레즈비언이었던 맏며느리

맏며느리도 셋이나 봐야 했다. 첫 번째 세자빈 휘빈 김씨는 결혼한 지 얼마 되지 않았을 때, 세자가 자신을 찾지 않자 '압승술'이란 민간 비방을 썼다. '압승술'은 남편이 좋아하는 여자의 신발을 태워 가루를 내, 그것을 술에 타 남편에게 먹이는 것이었다. 결국 이러한 행각이 발각돼 휘빈은 폐빈되었다. 두 번째 세자빈 순빈 봉씨는 낮술을 즐겨 마신데다, 소쌍이란 여종과 동성애에 빠져 동침을 일삼았다. 시아버지로서 차마 밝히기도 부끄러운 이런 음행을 알고 난 뒤 세종은 마음고생 끝에 폐빈해야 했다.

군주로서 위대했지만 인간으로선 한없이 불행했던 세종. 하지만 세종은 이런 인간적 불행을 딛고 조선의 국가 체제를 완성했다.

훈민정음 창제를 비롯해 학문적인 업적이 뛰어난 집현전이었지만, 단종 복위를 꾀한 사육신 등의 반대파 인사가 많이 나오자 세조는 집현전을 폐지했다.

15세기 세계 최고 수준의
자동시계

세종은 신분과 관습에 구애받지 않고
과학기술자를 적극적으로 지원했다.

관청노비 장영실을 북경으로 유학 보내다

15세기 우리나라의 과학기술은 세계 최고 수준이었다. 금속활자를 세계 최초로 만들 정도로 앞선 기술이 축적돼 있기도 했지만, 과학 기술 진흥에 지원을 아끼지 않은 호학好學군주 세종의 의지 때문이었다.

세종은 과학자를 우대하여 중인직인 천문관 네 사람을 천체 관측을 위해 경기도 일원의 고을 수령으로 발령하는 등 파격적인 인사도 거침없이 했다. 또한 상중에 있던 선비 김담에게 평복을 내려 호상의 의무를 면하게 하는 대신 천문 연구에 전력투구하도록 했다. 신료들이 예와 관례에 어긋난다며 반대해도 주저 없이 밀고 나갔다. 언제나 신료들의 의견을 존중해주는 세종이었지만, 과학기술 진흥에 대한 의지는 확고했다. 이런 세종의 지원을 얻어 자신이 가진 재능을 120퍼센트 발휘한 이 시대의 과학기술자는 장영실이었다.

장영실은 어머니가 관기로, 그 자신도 동래현東來縣의 관노로 있었다. 아버지는 잘 알려져 있지 않은데, 『조선왕조실록』에 원나라 소항주 사람이란 기록이 있는 것으로 보아 조선을 오가던 상인이었을 것이다. 동래의 관노였던 장영실이 한양으로 갈 수 있었던 것은 1400년 엮남 시방의 가뭄 때, 그가 강물을 끌어들여 가뭄을 이겨낼 수 있게(아마도 수동펌프를 고안해내지 않았을까?) 공을 세웠기 때문이다. 이것이 동래현감의 눈에 들어 장인으로 발탁되었던 것이다.

비상한 재주로 이름을 떨치던 장영실은 세종이 과학기술에 재주 있는 자를 모았던 1421년(세종 3년) 입궐했다. 장영실과 토론을 해본 세종은 그를 특별히 주목해, 유학비용으로 금과 보물을 두둑이 주어 명나라 북경으로 유학 보냈다. 전공은 천문학, 과정은 1년. 장영실은 북경에서 세계 수준의 천문학 서적을 파고들었고, 혼천의란 천문관측기기의 설계도를 본떠 왔다. 1년 뒤 귀국한 장영실은 천문기상 연구와 기기 발명의 임무를 맡게 되었다.

복합자동화 시스템으로 가동되는 자격루

장영실은 세종의 기대를 저버리지 않았다. 3년의 노력 끝에 천문기기와 자격루의 골격을 완성해냈으며, 그 공으로 노비의 신분을 벗고 첨지 벼슬을 받았다. 엄격한 신분제 사회인 조선에서는 파격적인 대우였다. 그 뒤에도 연구를 거듭해 간의, 혼천의 등의 천문관측기기를 만들어냈다. 1434년에는 김빈과 함께 자동 물시계인 자격루까지 발명했다. 당시로서는 획기적인 발명품이었다. 이전의 물시계는 수동이라서 시계 옆에 사람이 항상 붙어서 시각을 알려야했다. 하지만 자격루는 시時·경更·점點, 이렇게 세 개의 시간 단위마다 인형이 나타나 종·

양부일구
조선시대에 사용했던 해시계다. 1434년 장영실이 발명했으며 햇볕에 의해 생긴 그림자의 위치로 시각을 측정한다.

자격루
자동으로 종·북·징을 쳐서 시간을 알려주는 장치로, 사진에 나오는 것은 중종 때인 1536년에 만들어졌다.

북·징을 자동으로 쳐서 알리는 구조였다. 세종은 자격루가 완성되자 궁중에서 큰 잔치를 벌여 노고를 축하하고, '호군護軍'의 관직을 내려주었다. 과학기술에 대한 식견이 뛰어났던 세종은 자격루의 발명에 대해 '원나라 순제 때에 저절로 치는 물시계가 있었다고 하나, 그것의 정교함이 영실의 정밀함에 미치지 못할 것"이라며 격찬했다.

  과학사 연구자들도 자격루는 정밀기술로 이룩된 복합자동화 시스템으로, 시간 측정사의 기념비적 시계라고 평가하고 있다. 세계적인 과학사학자인 도날드 힐 박사는 "13세기를 대표하는(시계) 기술자가 알자자리Al-Jazari라면, 장영실은 15세기를 대표하는 기술자"라고 평가하기도 했다.

장영실은 이밖에도 정교한 해시계 앙부일구仰釜日晷와 휴대용 해시계 현주일구懸珠日晷를 발명하는 등 시계 제작을 선도했다. 1441년에는 당시 세자인 문종의 아이디어에 따라 세계 최초의 표준화된 강우량 측정기인 측우기를 만들었고, 한강의 수위를 측정하는 수표도 제작했다.

장영실의 발명품들은 농업국가 조선의 생산력을 높이는 핵심 산업 기기였다.

간의는 오늘날의 각도기角度器와 비슷한 구조로 혼천의를 간소화한 것이다.

한글을 만든
진짜 이유 세 가지

한글 창제가 단순히 애민정신의 발로였던 것만은 아니다.

한글 프로젝트는 정치적 목적이 강했다!

우리나라 국민의 문해율은 세계 최고 수준이다. 국민의 높은 교육열도 이유로 들 수 있지만, 한글이 워낙 배우기 쉽다는 것이 가장 큰 이유일 것이다. 이는 1446년 훈민정음을 공식 반포할 때 정인지가 『훈민정음해례』의 「후서」에서도 장담한 바 있다. 정인지는 한글이 지혜로운 사람이라면 하루, 어리석은 사람이라도 열흘이면 깨칠 수 있는 쉬운 문자라고 단언했다. 그의 장담이 허언이 아닌 것은 웬만한 어린이들이 초등학교 입학 전에 한글을 다 깨치는 것만 봐도 알 수 있다.

세계의 문자 가운데 그 제정 과정과 목적이 알려진 문자는 많아도 창제 원리와 운용 방법을 해설한 해제서가 있는 문자는 한글이 유일하다. 그만큼 한글은 독창적이고 과학적인 문자다. 세종은 한글 창제를 위해 '정음청'이란 특별기관을 세우고, 여기에 우수한 인력 수십 명을 투입했다. 한글 창제에 참여한 정인지, 최항, 신숙주, 강희안, 성삼문, 이개 등은 당대 최고의 학자들이었다. 한글 창제는 특별 기구를 두고 최고의 엘리트를 투입해 수년간 연구를 거듭했던 국가적인 프로젝트였다. 최만리가 한글 창제 반대 상소에서 세자가 이 작업에 너무 전념하여 공부를 등한시한다고 걱정할 정도였다.

세종이 이런 대형 프로젝트를 기획하고 실행했던 이유는 무엇이었을까? 훈민정음 서문에 표현된 대로 백성을 가엾게 여겨서였을까? 세종은 성군이었으니 그럴 만도 하다. 그러나 실제로는 단지 애민정신의 발로만이 아닌 다른 이유도 존재했다.

훈민정음의 창제에는 문화적 목적보다 정치적 목적이 더욱 강했다. 훈민정음訓民正音의 뜻 자체가 '백성을 깨우치는 바른 소리'에 있는 만큼, 세종은 백성들에게 어떤 메시지를 전하려 하였다. 그 메시지는 한글로 쓴 최초의 저작물『용비어천가』를 보면 알 수 있다. 이씨 왕조의 영웅적 내력을 기록한 이 책은 조선 건국의 정당성을 백성들에게 말해주고 있다. 민심을 얻기 위해서다.『용비어천가』뒤에 한글 저작물로 불경『석보상절』과『월인천강지곡』을 붙인 것도, 백성들에게 친숙한 불교 경전을 서비스해 역시 민심을 얻고자 함이었다. 이런 지식 서비스는 농서, 윤리서, 병서 등을 한글로 번역하거나 편찬하는 형태로 이어졌다.

뭐, 재판에는 한글이 최고라고?

훈민정음 창제의 또 다른 이유는 정인지의「후서」에 나온 대로 "한글로 옥사獄事를 다스리면 그 정상情狀을 잘 파악"할 수 있기 때문이었다. ''옥사'란 형사 사건을 말한다. 재판 과정에서 백성들은 글을 몰라 억울하게 누명을 쓰는 일이 많았다. 고려 무신정권 이래 높아진 민중

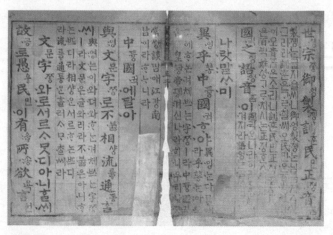

훈민정음

한글은 조선시대 내내 홀대를 받았다. 그러나 민중은 한글을 자신들의 정치적·문화적
욕구를 대변하는 데 요긴하게 썼다.

의식은 보다 수준 높은 통치 체제의 수립을 요구했다. 이러한 민중의
요구를 수용하기 위해 한글 같은 쉬운 문자를 창제해 지배층과 피지배
층 간의 소통 시스템을 원활히 해야 했던 것이다.

또한 사대의 필요성 때문이기도 했다. 성리학을 지배 이념으로 채택
한 조선은 명에 대해 사대의 예를 갖추는 것을 중시했다. 그러기 위해
선 중국어를 정확히 배워 구사해야 했다. 마치 미군정시대나 일제강점
기에 영어와 일어를 배우는 것과 마찬가지였다. 그런데 중국어 음운을
정확히 표기할 방법이 없었다. 한자는 표의문자이기 때문이다. 한자음
을 정확히 배우기 위한 보조 수단으로도 한글이 필요했던 것이다.

한글은 조선시대 내내 홀대를 받았다. '훈민정음'이란 정식명칭 대
신, 여자나 중이 쓰는 글자라 해서 '암클', '중글'이라고 불렀다. 천한
문자라며 '언문'으로 부르기도 했다. 숙종은 한글로 올라온 상소문을

읽지 못해 한문으로 번역시킨 뒤에야 읽는 경우까지 있었다.

그러나 민중은 한글을 자신들의 정치적, 문화적 욕구를 대변하는 데 요긴하게 썼다. 연산군의 학정을 고발하는 벽서가 한글로 써져, 한동안 한글 사용을 금지하는 일도 있었다. 하지만 그 뒤에도 민중의 정치적 욕구를 표현하는 투서와 벽보는 계속됐다. 조선 후기에 와서는 한글로 쓴 문학 작품이 널리 보급되었다. 그리고 마침내 1900년대의 대대적인 한글운동 끝에 한글은 우리 민족의 문자로 자리를 잡게 되었다.

'한글'이라는 이름은 주시경 선생이 붙인 이름이다. '한나라의 글', '큰 글', '세상에서 첫째가는 글'이란 의미가 중첩된 것이다.

세조의 쿠데타
'왕권 강화냐, 명분 없는 권력욕이냐?'

세조의 왕권 찬탈은 훈구공신을 남발해 특권층을 형성시켰고
정치적 혼란을 야기했다.

쇠몽둥이를 휘둘러 잡은 권력

조선 최고의 군주 세종이 국가의 기틀을 튼튼히 다지고 세상을
뜬 지 3년이 채 안 돼, 지배층에 대파란이 일어났다. 건국 70년도 되지
않은 시점에서 쿠데타가 발생한 것이다. 1453년(단종 1년) 수양대군이
일으킨 계유정난이 그것이다. 세종에 이어 즉위한 문종은 2년 만에 죽
고 13세의 어린 단종이 뒤를 이었다. 문종은 죽기 전에, 왕실인사 가운
데 섭정을 맡을 이가 없음을 염려해 김종서, 황보인 등의 대신들에게
단종을 잘 보위해줄 것을 유언으로 남겼다. 그러나 정치적 야심이 대
단했던 문종의 큰동생 수양대군은 김종서와 같은 대신이 정치를 주도
하는 것을 보고만 있을 수가 없었다.

모사가 한명회의 부추김을 받은 수양은 김종서를 철퇴로 쳐 쓰러뜨
린 뒤 궁궐에 난입해, 입궐하는 신하들을 차례로 죽였다. 한명회의 '살
생부殺生簿'에 적힌 황보인, 조극관, 이양 등의 대신들이 철퇴에 맞아죽
었다. 이것으로 상황종료였다. 역사에 '계유정난癸酉靖難(계유년에 난을 바
로잡다)'으로 기록된 사건이었다. 권력은 쇠몽둥이를 휘두른 수양 일파

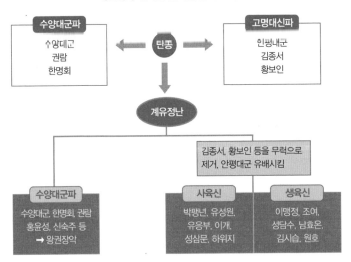

세조의 쿠데타를 둘러싼 정치 세력권

에게 넘어갔다. 수양은 영의정, 이조 병조판서, 내외병마도통사 등을 겸임하며 실질적인 왕 노릇을 하다 1455년 단종에게서 왕위를 넘겨받 았다. 이듬해인 1456년 사육신이 단종 복위를 꾀했지만, 내부세력 중 김질이 장인 정창손에게 거사 계획을 누설함으로써 손 한 번 써보지 못한 채 쉽사리 진압되었다.

세조가 쿠데타를 정당화하기 위해 내세운 명분은 김종서를 비롯한 조정 대신들의 모반을 진압하고 왕권을 강화시킨다는 것이었다. 그렇 지만 김종서, 황보인 등의 모반은 객관적 근거가 전혀 없었다. 그래도 왕권 강화라는 명분은 세조의 업적을 살펴보면 나름대로 타당하게 보 이기도 한다.

십보후퇴를 초래한 일보전진

세조는 군사제도의 개혁에 착수해 오위체제를 확립했다. 이를 바탕으로 군사력이 크게 강화되었다. 국가 회계도 체계화해 재정 문제를 획기적으로 개선했다. 또한 양잠을 장려하고, 둔전을 증설하는 등 경제 안정에도 힘을 기울였다.『팔도지리지』,『동국통감』을 출간해 문화 발전도 이룩했다. 그리고『경국대전』의 편찬에 착수해 조선의 문물제도를 정비했다.

이런 치적을 보며 그의 쿠데타가 어떤 의미에서는 부득이했다는 변명을 하는 사람도 있다. 그러나 당시의 정치적 상황을 볼 때 세조가 끼친 해악은 더욱 컸다.

우선 그의 집권은 도덕적으로 용납될 수 없는 것이었다. 적장자 계승이란 원칙을 파기한 것은 물론이고, 왕위를 합법적으로 계승한 단종을 힘으로 몰아낸 것은 정통성 면에서 계속 시빗거리가 된다. 이런 정권은 인적 자원이 협소할 수밖에 없다. 당대의 유능한 인재들은 정치에 동참하지 않았다. 당시 '사육신' '생육신'으로 불린 인사들이 전국적인 명망을 얻었던 것은 이러한 점을 반증한다. 결과적으로 정치·사회적인 발전은 지체될 수밖에 없었다.

정권욕이 부른 쿠데타는 후대에 할 말이 없다

유능한 인재들이 동참하지 않으니 소수 공신 세력이 정권을 끌고 갔다. 한명회, 정인지, 신숙주 등 공신 세력은 정승이면서도 승정원의 업무까지 겸임해 국정 체제가 문란해졌다. 또한 계유정난부터 이시애의 난 평정까지 네 차례에 걸쳐 249명을 공신으로 책봉했는데, 이들까지 사회경제적 특권을 부여한 것은, 조선 중기 정치에 상당한 부담을 주었나. 정치적 사회적 특권층을 형성한 이들 '훈구파'는 각종 사화를 일으키는 등 조선 중기 정치를 파행으로 이끌었다. 결과적으로 왕권을 능가하는 세력을 형성해 왕권 약화를 가져오기도 했다.

세조의 정권욕이 부른 쿠데타는 그의 업적에도 불구하고 '십보후퇴를 초래한 일보전진'이라는 역사의 평가를 받아야 했다.

세조는 왕권 강화를 위해 북도 출신 수령의 임명을 제한하고 지방 유지들의 자치기구인 유향소의 감독을 강화했다. 이 때문에 생긴 유향소의 불만과 지역감정에 편승해 함경도에서 반란을 일으킨 자가 이시애다.

속치마 폭까지 규정한
조선 최고의 법전, 경국대전

『경국대전』은 헌법보다도 더 포괄적이고,
사회의 풍속까지 규정한 종합법전이었다.

조선왕조 통치의 근간이 됐던 법전

조선은 법치를 통치의 근간으로 규정한 국가였다. 기본 법전 없이 왕법만으로 통치한 고려의 정치에 문제를 제기하던 신진사대부가 건국 주도세력이었던 만큼, 조선은 초기부터 법에 근거한 통치를 하기 위해 노력했다. 조선왕조의 설계자 정도전은 집권 3년 만인 1394년(태조 3년)에 『대명률』, 『주례』 등에 의거해 최초의 법전 『조선경국전』을 편찬했다. 그 뒤 1397년에는 1388년 이후 시행된 조례 등을 정리해 조선 왕조 최초의 통일법전인 『경제육전』을 펴냈다. 태종 때(1413년)와 세종 때 (1433년)는 각각 『경제육전속집상절』과 『신찬경제속육전』을 펴내기도 했다.

그러나 통일적인 원리에 근거해 법률을 제정하지 않고 매 시기 필요할 때마다 만들다 보니, 법조문이 번잡하고 앞뒤가 모순되는 문제가 노출됐다. 따라서 통일 법전의 편찬이 중요한 과제로 대두되었다. 세종 때 집현전의 학자들은 중국의 옛 제도 등을 연구하면서 이를 위한 기초를 다지기 시작했다.

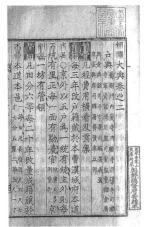

「경국대전」표지와 호전 부분 · 장서각
이 책은 6조 직능에 맞추어 이·호·예·병·형·공전의 6전으로 구성되었다.

　구체적인 작업은 세조 때 착수됐다. 세조는 1457년「호전戶典」부터
시작해『경국대전』편찬 작업에 들어갔다. 국가 통치 체제의 근간이 6
조에 있는 만큼『경국대전』은 이·호·예·병·형·공 6조로 나눠 편찬됐
다. 세조는 1466년 드디어『경국대전』을 완성하고, 2년 뒤부터 시행하
기로 했다. 그러나 세조의 죽음으로 반포되지 못했다. 세조를 계승한
예종이 다시 한 번 수정을 하고 시행하려 했으나, 또다시 예종의 급작
스러운 죽음으로 시행하지 못했다. 결국 최종 완성은 다음 왕인 성종
때에 와서 이뤄졌다. 성종은『경국대전』을 만세불변한 법전으로 만드
는 것을 목표로 대대적인 수정작업에 돌입해, 즉위 16년 만인 1485년
1월에 반포했다. 건국한 지 90년, 편찬에 착수한 지 30년 만의 일이었
다.『경국대전』은 1894년 갑오경장으로 폐지될 때까지 조선왕조의 통
치 근간을 아우르는 최고의 법전으로서 권위를 누렸다.

노비의 휴가 일수까지 규정한 종합법전

319개의 법조문으로 이뤄진 『경국대전』은 육전체제를 골간으로 했다. 행정의 기본골격인 이·호·예·병·형·공 6조에 맞춰 이들 행정조직의 업무편제부터 백성의 생활규범까지 육전 안에 규정해놓았다.

「이전吏典」은 중앙과 지방 관리의 직제부터 임용과 해임에 관련된 인사제도까지 포괄했다. 「호전戶典」은 조세제도와 토지제도, 노비매매 등에 관한 경제 관련 법률을 담았다. 「예전禮典」은 과거 교육제도와 외교 등의 국정부터 관혼상제까지의 규정이었다. 「병전兵典」은 무관의 직제와 군사에 관련된 제도를 규정했는데, 여기에는 역참에 관한 내용도 포함됐다. 「형전刑典」은 형법 및 재산 상속법을 다루었는데, 노비제도를 다룬 것이 특이했다. 마지막으로 「공전工典」은 도로, 도량형, 수공업자에 관한 제반 규정을 담았다.

『경국대전』은 조선의 헌법인 것처럼 알려져 있지만, 헌법보다 훨씬 포괄적이다. 국정의 기본 원리, 형법과 민법의 구체적 법률 내용, 사회 풍속에 관련된 내용까지도 담고 있다. 가령 「형전」은 공노비의 출산휴가 일수를 출산 전 30일, 출산 후 50일이라고까지 규정하고 있다. 「예전」은 관혼상제에 관련된 세세한 내용까지 담고 있는데, 이를 어기면 형벌을 받기도 했다. 심지어는 사치를 금하기 위해 속치마가 12폭을 넘지 못하도록 하는 왕명이 내려져, 이것이 법률로 성문화되기도 했다.

「속육전」은 「경제육전」이 편찬된 후 이를 개정한 「경제육전속집상절」, 「신육전」, 「신찬경제속육전」 등을 통칭하는 말이다.

조선의 네로황제 연산군의 최후
중종반정

연산군은 왕권 행사에 여러 가지 제약을 받았던
다른 조선의 왕과 달리 마음껏 왕 노릇을 즐겼다.

정통성이 가장 컸던 임금

조선시대 왕 중 후대에 '조'나 '종'으로 추증되지 못하고 '군'으로 남은 임금은 노산군 단종과 연산군, 그리고 광해군이다. '군'은 임금이었음을 인정받지 못하고 왕자로 남았다는 사후의 평가를 나타내는 것이다. 이중 노산군은 야심이 많았던 숙부 세조에게 찬탈당한 비운의 왕으로, 사후에 단종으로 복권되었다. 광해군은 '폭군'이란 말에 어울리지 않게 상당히 신중한 임금이었다. 명이 쇠퇴하고 청이 발흥하는 격변기에 평화를 지켜낸 현군으로 평가할 만한 측면이 강했다. 그러나 그는 정치적 반대파인 서인 세력의 쿠데타에 의해 축출되었다. 이에 비해 연산군은 이들 두 임금과 완전히 달랐다. 그는 진짜 폭정을 일삼아 왕위에서 내쫓긴 왕이었다. 말하자면 왕으로서 정치를 잘못해 정통성을 상실한 군주였던 것이다.

역설적이게도 연산군은 즉위 과정에서 선대의 어느 임금보다 큰 정통성을 확보하고 있었다. 적장자 계승이란 원칙에 걸맞게 연산군은 아버지 성종의 장자로 태어나 9세 때인 1484년 세자로 책봉됐다. 그로부터 11년간 당대 최고의 학자들에게서 제왕학을 익혔다. 조선 세자의 일과는 공부로 시작해 공부로 끝나는 것이었다. 그런 준비 끝에 1494 년 젊음이 넘치는 19세의 나이로 왕위에 올랐다. 당시 19세이면 지금의 20대 후반이라고 볼만한 나이였다. 그는 말 그대로 '준비된 군주'였다. 당시 백성들과 신하들 역시 연산군이 즉위할 때 '영명한 왕'이라고 칭송하며 그의 덕치를 한껏 기대했다.

조선의 백성과 땅은 모두 내것이다

그러나 이런 기대는 얼마 안 가 무너졌다. 즉위 초기에는 정사에 의

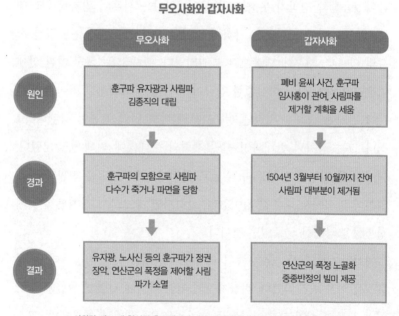

무오사화와 갑자사화

	무오사화	갑자사화
원인	훈구파 유자광과 사림파 김종직의 대립	폐비 윤씨 사건, 훈구파 임사홍이 관여, 사림파를 제거할 계획을 세움
경과	훈구파의 모함으로 사림파 다수가 죽거나 파면을 당함	1504년 3월부터 10월까지 잔여 사림파 대부분이 제거됨
결과	유자광, 노사신 등의 훈구파가 정권 장악, 연산군의 폭정을 제어할 사림파가 소멸	연산군의 폭정 노골화 중종반정의 빌미 제공

※ 사화란 세조 때 형성된 훈구세력에 의해 사림세력이 화를 입은 사건을 말한다.

욕을 보이는 듯했지만 얼마 가지 않아 사치스럽고 방탕한 생활에 빠져들었다. 연산군의 패악에 대해 사헌부, 사간원, 홍문관 등 언관들이 직언을 하자 연산군은 무오사화(1498년)을 일으켜 사림들을 대거 숙청했다. 성종 때 대거 등용됐던 사림 세력을 제거하자 연산군은 거리낄 게 없었다. 임사홍, 신수근 등 외척을 중심으로 측근 세력을 구축하고 절대왕권을 휘두르며 학정을 일삼았다. 성균관을 기생과 노는 유흥장으로 만드는가 하면, 전국에 채홍사니 채청사니 하는 관리를 보내 미인들을 불러 모았다. 이렇게 모은 미인이 이천 명에 이르렀는데, 이들을 수용하기 위해 창덕궁을 증축하는 대형 공사를 벌여야 할 정도였다. 또한 사냥 나들이를 위해 도성 밖 백 리 안에 있는 민가를 전부 철거하고 금표비를 세워 백성들이 들어오지 못하게 했다. 이로 인해 경기도 고양, 광주, 하남, 의정부 일대의 백성들은 삶의 터전을 잃고 떠돌아야 했다. 상상을 넘어선 폭정이었다. 이렇듯 엄청난 규모의 유흥비 마련을 위해 연산군은 백성들에게 별의별 명목의 세와 공물을 받았다. 이런 학정에 대해 한글 투서가 발생하자 『언문구결』이란 책을 불태우고 한글 사용을 금지시키기까지 했다.

연산군은 재위 막바지에 이런 식의 수탈로도 유흥비 마련에 어려움을 겪자, 자신의 친모인 폐비 윤씨의 죽음에 관련된 훈신들을 찾아내 대대적인 숙청을 단행했다. 갑자사화(1504년)였다. 이는 어머니의 원한을 푸는 동시에, 훈신들의 막대한 재산을 몰수해 유흥비로 쓸 왕실 재정을 채우는 일석이조의 조치였다.

그러나 외척과 내시 등 소수의 간신배들만 지지 세력으로 두고, 훈신과 사림 두 축의 주요한 정치 세력을 적으로 돌린 연산군이 오래갈 수는 없었다. 갑자사화로 타격을 입은 성희안, 박원종 등의 훈구 대신들이 거사를 일으켜 연산군을 폐위시키고 이복동생 진성대군을 왕으로 추대했다. 폐위된 연산군은 강화도에 유배된 뒤 두 달 만에 병으로 죽었다.

연산군의 폭정은 태조에서 성종에 이르는 동안 선대왕들이 이뤄놓았던 조선의 정치적·경제적 기반을 잠식하는 것이었다. 또한 성종 때 신진 사림의 등장으로 위축돼가던 수구 기득권 세력인 훈구파가 다시금 역사의 전면에 나서는 계기를 마련해 정치적 반동을 초래하였다.

1498년(연산군 4년)~1545년(명종 즉위년)에 일어난 네 차례의 사화를 '4대사화'라고 하는데, 무오사화, 갑자사화, 기묘사화, 을사사화가 그것이다. 4대사화 중 가장 많은 사람이 죽은 사건은 갑자사화와 을사사화다.

조광조, 이느 꿋꿋힌 개혁주의자의 죽음

조광조는 급진적 개혁으로 죽음을 맞았지만,
후대의 사람은 그를 이념적 지주로 삼았다.

고려시대 권문세족보다 더한 훈구파의 전횡

연산군을 몰아내고 중종을 왕으로 추대한 중종반정(1506년)은 태조 이래 세력을 더해가고 있던 공신 세력의 힘을 더욱 강화시켜주었다. 특히 중종반정은 신하들이 직접 왕을 몰아내고 새 임금을 추대했던 만큼, 반정 공신들의 힘이 막강했다. 이들은 요직을 차지했을 뿐만 아니라 막대한 경제적 기반을 확보했다. 또한 공신의 수도 이전과 달리 엄청나게 많아졌다. 개국 공신이 45명이었는데, 중종반정 때의 공신은 117명에 이르렀다. 이들 중 다수는 실제로는 공이 없었지만, 실권을 잡은 박원종, 성희안 등 주모자가 친인척이란 이유로 공신 명단에 끼워놓은 것이었다.

일단 공신이 되면 본인은 벼슬이 최고 3등급, 가족은 2등급이 상승했다. 또한 최고 30명의 노비를 하사받고, 토지도 100결에서 250결까지 얻게 되었다. 공신전은 세금을 내지 않아도 되었으니 이들이 받는 특혜는 막대했다.

공신의 급증은 중종반전이 물론 큰 계기가 되긴 했지만, 조선 초 태종, 세조, 예종, 성종 등 즉위 과정에서 신하들의 도움을 받았던 임금들이 40~50명씩 공신을 남발한 탓도 있었다. 때문에 경기도 일원의 땅 대부분이 공신들의 땅이 될 정도였다.

이렇게 기하급수적으로 늘어난 훈구 세력은 조선의 기반을 좀먹는 특권층을 구축해 기득권을 과시했다. 이들 훈구 세력은 고려 말의 권문세족이 그러했듯이 일반민의 토지를 빼앗고 겸병하면서 대규모 농장을 조성했다. 게다가 상업 활동에도 개입하고, 공물을 대신 내주는 방납을 통해 막대한 부를 축적했다. 그 결과 국고는 점차 비어갔고, 비는 액수는 백성들에게 거둬들여 백성들의 삶은 피폐해져갔다. 고려 말 농촌이 그러했듯, 농민들이 이들 특권 세력의 수탈을 피해 전국을 유랑하는 유망현상까지 생길 지경이었다.

조광조의 개혁

개혁이 절실한 상황이었다. 공신에 의해 왕권을 제약 당하던 중종 역시 이들을 견제할 새로운 정치 세력이 필요했다. 이때 등장했던 이들이 성종 때 김종직을 필두로 조정에 나선 바 있던 사림 세력이었다. 이들은 개국 공신 세력을 뿌리로 하는 훈구파와 달리, 불사이군의 성리학 원칙을 견지하면서 정치에 뛰어들지 않고 향촌에 묻혀 성리학을 탐구하던, 일찍이 고려 말 이래의 중소 지주 출신이었다. 사림 세력은 도덕성과 수신을 강조하는 성리학이 사회모순을 해결할 수 있는 학문이라는 신념을 가지고 있었다. 이들 세력을 대표해 개혁의 전면에 나선 인물이 바로 조광조趙光祖(1482~1519)였다.

중종과 새롭게 조정에 진출한 사림 세력의 뒷받침을 받은 조광조는 성리학적 이상 국가를 구현하기 위해 강도 높은 개혁을 추진했다. 그는 우선 임금과 경전을 논하고 그때그때의 정치적 문제에 대해 토론하는 경연 활동과, 사간원, 홍문관 등의 언론 활동을 강화했다. 또한 신료들에게 힘을 실어주기 위해 낭관권을 강화시켰다. 낭관은 이조와 병조에서 문무관의 임명을 맡았던 정랑직으로서, 재직 시에는 인사권, 퇴임 뒤에는 후임자를 임명할 수 있는 추천권을 가진 막강한 자리였다. 조광조는 이런 낭관의 힘을 키워 신진 사림 세력의 발판을 다져나갔다. 또한 성리학적 지배 체제를 강화하기 위해, 도교 의식을 거행하던 소격서를 혁파하고 불교 의식인 기신재忌晨齋를 폐지시켰다. 그리고 『주자가례』에 입각해 삼년상을 지낼 것을 관철시켰다. 향촌 사회에도 향약을 보급해 지방에까지 성리학이 퍼지게 하는 정신 혁명의 기초를 다졌다. 이런 개혁 작업은 당시의 관료들에게 상당한 영향을 미쳤다. 『중종실록』은 이에 대해 다음과 같이 기록했다.

> "조광조 등이 탄핵과 논박을 크게 행하여 조정의 고관들이 주현州縣을 범할 수가 없었고, 주현의 관리도 스스로 조심하니 백성들 사이에 근심이 없어지고 조정에도 뇌물을 쓰는 자가 없어졌다."

개혁 작업이 어느 정도 성과를 거두고 자파의 세력도 확대되자, 드디어 조광조는 훈구 공신의 기반을 뿌리째 뽑는 개혁을 단행했다. 바로 '위훈삭제僞勳削除'였다. 이는 중종반정 때 거짓 공훈을 내세워 공신이 된 이들을 골라 공신 명단에서 삭제하는 조치였다. 이 조치로 117

명 중 초기에 거짓이 적발된 12명 말고도 76명이 공신 명단에서 삭제됐고, 당연히 직책과 재산도 몰수되었다.

그러나 개혁이 과감했던 만큼 기득권 세력의 반발 역시 대단했다. 중종 역시 개혁 조치를 한 치의 양보 없이 강도 높게 요구하는 조광조 등의 사림 세력에 부담을 느꼈다. 훈구파는 나뭇잎에 '주초위왕走肖爲王 (조씨가 왕이 될 것이다)'이란 글자를 꿀로 써놓고 개미가 파먹게 했다. 그러고는 글자가 새겨진 나뭇잎을 역모의 증거로 중종에게 바치는 정치 공작을 벌였다. 중종은 기다렸다는 듯이 이 사건을 계기로 사림 세력에 대한 대대적인 숙청작업을 벌였다. 기묘사화(1519년)였다. 이 사건으로 조광조는 사사되고, 김정, 김식, 김구, 정광필 등 핵심 사림 세력은 유배되거나 파직되었다. 조정의 사림 세력은 급격히 위축됐다.

그러나 조광조 세력의 개혁은 선조 이후 다시금 정계에 진출한 사림 세력의 이념적 지주로 자리 잡으면서 조선 후기의 정치에 막대한 영향을 남겼다. 결국 그의 정치노선은 성공했던 셈이다.

조광조는 목숨을 걸고 자신의 이상을 현실정치에 실행하려 했다. 때문에 그는 후대 사람들로부터 붕당과 정파를 초월하여 추앙받았다.

누가, 왜, 무엇 때문에
싸웠는가?

다양한 당파의 생성은 사림의 학문적, 정치적 이념의 분화를
반영한 것이었다.

훈구 세력과 사림 세력의 대결 국면이 끝난 뒤

연산군 때의 무오사화와 갑자사화, 조광조 등의 사림 세력이
대규모로 숙청당했던 기묘사화, 그리고 명종 때의 을사사화 등 4대 사
화를 통해 많은 사람들이 죽임을 당했다. 그러나 최후의 승자는 사림
세력이었다. 선조 이후 공신 세력은 자연적 죽음과 정치적 세력의 쇠
퇴로, 정권을 사림 세력에게 넘겨주게 되었다. 이제 사림 내부에서 정
치적, 학문적 이념이 분화되면서 붕당이 형성되기 시작했다. 이른바
당파가 형성되고, 조선 후기의 정치적 행로를 규정지은 각 당파 간의
정치적 투쟁이 벌어지기 시작한 것이다.

맨 처음에는 동인과 서인으로 분화되었다. 1575년(선조 8년) 문신 관
리를 임명하는 이조전랑직을 둘러싸고 벌어진 심의겸과 김효원의 암
투에 대해 선후배 사림 간의 입장이 달라짐으로써 세력이 분화됐다.
명종대 이후 관직에 있던 선배 사림은 심의겸을 지지했는데, 심의겸이
서울의 서쪽 정릉방에 살았다 하여 서인으로 불리게 되었다.

반면 소장파 김효원을 지지했던 신진 사림은 김효원의 집이 동쪽 건

정쟁 흐름도

당파 형성은 16세기 말 선조 때 동인과 서인의 분당으로 시작되었다. 이후 동인이 남인과 북인으로 나뉘고, 광해군이 물러나면서 당시 정권을 잡았던 북인은 완전히 몰락한다. 인조반정 이후 서인과 남인이 치열하게 대립했으나, 숙종을 지나면서 남인이 몰락하고, 영조 때에 와서는 노론이 정권을 독차지하게 되었다.

천동에 있어 동인으로 불렸다. 서인은 이이를 비롯한 성혼학파가 주류를 이루었고 동인은 서경덕, 조식, 이황학파가 주된 구성원이었다.

남인과 북인으로 분화하게 된 계기는 정여립의 난이었다. 정여립(1546년~1589년)은 정계를 은퇴한 뒤 고향인 진안 죽도에 서실을 지었다. 그는 대동계大同系를 조직하고 매달 활을 쏘는 사회射會를 열었는데, 정여립의 난은 이 대동계를 모반으로 몰아 그 일파를 괴멸시킨 사건이었다.

사건의 조사 책임을 맡은 서인 측의 정철은 천여 명의 동인을 모반죄로 몰아 처벌하였다. 물론 처벌받은 대다수의 동인은 이 사건과는 무관한 인사들이었다. 이를 계기로 동인은 큰 타격을 입게 되었다. 그러나 그 뒤 정철이 세자책봉 문제로 인해 삭탈관직 당하면서 서인이 실각하고 동인이 득세하게 되었다. 이때 동인 중에서 정철을 사형시키자는 과격파가 북인으로, 귀양 보내야 한다는 온건파가 남인으로 분화되었다.

북인의 대표적 인물은 정인홍이었다. 그는 임진왜란 중 의병장으로 명성을 떨치면서 정통성을 확보했을 뿐 아니라, 광해군 옹립에도 일관된 처신으로 공을 세웠다.

이후 북인은 다시 대북과 소북으로 갈렸을 뿐 아니라, 골북, 육북, 청소북 등으로 급격한 분화를 겪었다. 서인 또한 노론과 소론 등으로 분화를 거듭하다가 조선 후기에 들어 외척의 세도정치가 계속되면서 노론 일파가 권력을 독점하였다. 이로써 당쟁은 정리 국면을 맞게 되었다.

당쟁의 원인과 전개

이러한 당쟁의 양상을 일제강점기 일본인 학자들은 식민사관을 조작하는 데 이용하였다. 호소이 하지메는 "조선 사람의 혈액에 특이한 검푸른 피가 섞여 있어, 머리카락색이나 눈동자 빛과 같이 바뀔 수 없는 천성" 때문에 당쟁이 일어났다는 말도 안 되는 이론을 내놓았다. 미지나 쇼에이는 조선이 강대국의 틈바구니에 있었기 때문에 독립성이 결여돼 서로 의존해야 하는 당파를 만들었다는 억지 이론을 내놓았다. 일본인 학자들에게 배운 일제강점기의 한국인 학자들도 은연중 식민사관에 물들어, 당쟁을 이런 식으로 해석해 교과서에 실은 적도 있었다.

그러나 당파는 주자학에 대한 철학적 이해의 차이에서 생성된 것이기도 했다. 율곡학파는 서인으로 모였고, 퇴계학파나 조식학파는 동인으로 모였다. 이기일원론理氣一元論과 이기이원론理氣二元論이라는 존재론적 문제에 대한 해석의 차이가 사림의 분화를 가져온 것이다. 또한 당파의 다기한 분화는 정치 국면마다 정책적 입장의 차이를 둘러싸고 일어난 것이 대부분이었다. 대동법의 시행을 둘러싼 산당과 한당의 대립이 그중 하나였다.

물론 조선 후기로 접어들면서 자파의 이해를 극대화하기 위해 파벌다툼을 벌이고, 성리학적 대의명분에 지나치게 집착해 현실적인 대응력을 떨어뜨린 것은 분명한 사실이다. 그러나 당쟁이 한창이던 시절조차 사림 내부에서 그 해법을 찾기 위한 다양한 모색을 전개했다는 점도 상기해야 할 것이다.

남인, 북인, 노론, 소론을 가리켜 사색붕당이라 불렀다. 영조는 붕당을 가리지 않고 인재를 등용한다는 탕평책을 추진했지만 자신의 집권 세력인 노론의 독주를 막기는 어려웠다.

임진왜란은
무역 전쟁이었다!

일본은 막대한 이익을 얻을 수 있는 조선, 중국과의 교역이 봉쇄되자
이를 전쟁으로 해결하고자 했다.

도자기 전쟁이라 불렸던 임진왜란

"일본에서는 도요토미 히데요시에 의해서 장기간에 걸친 전국시
대의 혼란이 수습되고 있었다. 도요토미는 국내 정권의 안정을 위하
여 불평 세력의 관심을 밖으로 쏠리게 하고, 아울러 자신의 정복욕을
만족시키기 위하여 조선과 명에 대한 침략을 준비하였다."

교과서에서 설명하는 임진왜란의 도발 원인이다. 그러나 이러한 설
명은 30만 명이 넘는 병력이 동원돼 12만 명 가까이 죽은 전쟁의 원인
으로는 너무 단순하다. 도요토미 히데요시가 단지 정복욕 때문에 전쟁
을 일으켰을까?

그는 현실주의자로 유명한 인물이었다. 전쟁의 원인은 다름 아닌 경
제에 있었다. 일본 측에서 임진왜란을 '도자기 전쟁'이나 '노예 전쟁'
이라고 부르는 것은 이 전쟁의 성격이 무엇이었나를 보여준다.

16세기에 일본은 조선, 중국과의 무역을 통해 많은 경제적 이득을

얻었다. 무기류 말고는 별다른 생산물이 없던 일본에서 조선의 면직물·곡물, 중국의 비단·도자기류는 지배층의 일상생활에서 없어서는 안 될 물품이었다. 이러한 물품의 거래를 통해 얻는 이문은 막대했다. 특히 짚으로 돛을 만들어 썼던 일본이 16세기를 전후하여 조선의 면포를 돛의 재료로 쓰게 되면서 항해술의 비약적인 발전을 이루었다. 그런데 조선과 중국이 이런 물품의 수출을 규제하고 나섰다. 내수용으로 쓰기에도 부족했을 뿐더러 연안에서 해적 활동을 벌이는 왜구의 피해가 극심했기 때문이다. 1510년 삼포왜란 후 조선은 무역량을 절반으로 줄였고, 중국은 해안을 봉쇄하는 해금정책까지 펴기에 이르렀다.

전쟁을 제대로 준비하지 못한 조선

이러한 조선과 중국의 방침에 일본은 위기를 느꼈다. 도요토미는 양국에 정규 무역을 요청했다. 그러나 양국 정부는 왜구에 대한 불신으로 이를 받아들이지 않았다.

도요토미는 1588년(선조 20년) 조선에 사신을 보내 통신사 파견을 요청하였다. 무역 재개를 위해서였다. 이때 조선정부가 거절하자, 도요토미는 사신으로 갔던 신하의 가족까지 살해하며 분노를 표했다. 일본으로서는 그만큼 생존이 걸린 일이었다. 이를 계기로 도요토미는 전쟁을 결심한다.

마침내 1591년 3월, 일본은 명을 정벌하러 가는 길을 빌려달라는 '정명가도征明假道'를 요구해온다. 전쟁선포였다. 이듬해 4월 왜군은 부산을 공격하면서 전쟁을 시작했다. 개전까지 1년이 넘는 시간이 있었지만, 조선 정부는 전쟁에 대해 본격적인 준비를 하지 않았다. 속수무책이었다. 전쟁으로 조선은 17만 명에 가까운 병사가 목숨을 잃었고 경작지는 3분의 1로 줄었으며, 헤아릴 수 없을 만큼 많은 백성들이 죽거나 일본으로 끌려갔다. 또한 명에 지원을 요청한 탓에 전후 명과의 관계에서 일방적 수세에 몰리는 난처한 입장에 처하게 된다. 때문에 명청교체기의 주체적 대응에 일정한 한계를 가지게 되었다.

반면, 일본은 전쟁 중에 수많은 도공과 인쇄공, 학자들을 끌고 갔다. 그리고 이들이 가진 기술을 활용해 에도 막부의 문화중흥시대를 열었다. 일본은 전쟁을 통해 문화산업 발전의 계기를 만들었던 셈이다.

조선통신사들은 귀국 후 일본에서 겪은 일들을 여러 형태로 남겼다. 『해행총재』는 조선 중기 문신 조엄(1719~1777)이 통신사로 일본에 갔을 때의 사적을 기록한 견문록이다.

불패의 게릴라 부대,
의병

조선은 전국 각지에서 일어난 의병들의 빼어난 활약으로
임진왜란의 승기를 잡을 수 있었다.

일본의 발목을 잡은 의병의 활약

두 달 만에 평양성까지 점령한 왜군에게 제동을 건 것은 이순신의 수군, 그리고 의병이었다. 관군이 제대로 싸워보지도 못한 채 패퇴를 거듭했던 반면, 의병은 곳곳에서 왜군의 주둔기지를 습격하거나 이동 중인 왜군을 기습공격해 타격을 가했다. 확인된 병력만 2만3천 명을 헤아리는 의병들의 활약은 왜군을 패퇴시킬 수 있는 가장 강력한 힘이었다. 경상도의 곽재우·정인홍, 전라도의 고경명, 충청도의 조헌·승병장 영규 등이 이끄는 의병들은 전국 각지에서 왜군에 대항해 격렬한 전투를 벌여 뛰어난 전과를 올렸다.

의주로 도망가는 선조 일행에 돌을 던지고, 대군들의 집에 불까지 지르는 등 조정에 반감을 가졌던 민중들이 이렇게 의병으로 뭉칠 수 있었던 이유는 무엇일까? 그것은 의병을 창의했던 선비들이 현직 관료와는 달리 지역민의 존경과 지지를 받았던 개혁 세력이었기 때문이다. 또한 점령해 들어온 왜군의 만행에 격분하고 자기 지역을 지키려는 민중의 의지가 그만큼 강렬했기 때문이기도 했다.

의병들은 훈련받지 못한 비정규 병력인데다, 조총으로 무장한 적군에 비해 겨우 창이나 칼을 갖춘 수준이었다. 그런데도 이들이 각지의 선두에서 승리할 수 있었던 것은 자기 고장의 익숙한 지형지물을 이용한 매복전, 위장전 등 게릴라전의 전형적인 전법을 효과적으로 구사했기 때문이다.

특히 곽재우 부대는 2천 명의 병력으로 왜군의 주력부대를 격멸시키는 등 막강한 전투력을 자랑했다. 붉은 옷을 입었다 하여 '홍의장군'으로 불린 곽재우의 부대는 왜군에게는 공포의 대상이었다. 의병은 전쟁 후반으로 넘어가면서 재정비된 관군과 힘을 합쳐 왜군과의 대규모 전투를 성공적으로 치러냈다. 임진왜란의 3대 대첩 중 진주대첩과 행주대첩은 의병들의 전폭적인 지원을 받아 이뤄낸 대승이었다. 이러한 대규모 전투의 승리로 임진왜란의 승기를 잡을 수 있었다.

전후에 배신당한 의병장들

그러나 이렇게 전쟁에 큰 공을 세웠던 의병장들은 전후의 논공행상 과정에서 철저히 소외당했다. 심지어 숙청을 당하기까지 했다. 공신으로 책봉된 104명 중 실제 전쟁을 수행했던 무인은 18명에 지나지 않았다. 나머지는 선조를 따라 피난을 갔던 문신들이었다. 게다가 유성룡 등 문신들은 1등 공신으로 책봉됐던 반면, 무신은 단 한 명도 1등 공신에 책봉되지 못했다. 오히려 전국의병장에 명해졌던 김덕령 장군 같은 의병장을 반란죄로 몰아 사형까지 시켰다.

왜군을 두려움에 떨게 했던 곽재우가 전쟁이 끝난 뒤 의병을 해산하고 산으로 들어가 숨을 정도였다. 이런 상황이었기 때문에 이순신 장군이 사실은 선조에게 죽임을 당할까 두려워 자살했다는 설이 나돌기까지 했다. 실제 선조는 이순신이 임금을 업신여겼다 하여 죽이려고 한 적도 있었다.

선조는 전쟁 중 피난가기에 급급했던 전력 때문에 권위가 실추되자, 이렇게 전쟁의 영웅들을 견제했던 것이다.

임진왜란 중에 이장손은 비격진천뢰를, 변이중은 화차를 각기 발명하였다. 또 왜의 조총, 명군이 사용한 서양식 대포인 불랑기포도 모조하여 사용하였다.

이순신이 넬슨보다
위대한 이유

이순신은 정부의 지원이 전무했던 최악의 상황에서
단 한 번도 패한 적이 없는 불패의 장군이었다.

신채호의 자부심

단재 신채호는 을지문덕 등 한국의 위인을 소개한 그의 명저
『조선위인전』에서 「이순신전」을 가장 큰 비중을 두고 집필했다. 그는
「이순신전」의 제목을 '수군 제1위 이순신전'으로 달았다. 단재가 말하
는 1위는 조선 제일의 수군이 아니라 역대 세계 해군 장군 중 1위임을
뜻한다. 20세기 초였던 당시 세계 제일의 해군 제독으로 꼽힌 인물은
영국의 넬슨이었다. 넬슨은 무적의 나폴레옹군을 격파한 영국의 영웅
이자 세계적으로 유명한 해군 제독이었다.

신채호는 당시 어떤 유학자가 '고금 해군 세계의 두 위인'이라며 이
순신과 넬슨을 같은 반열에 올리는 것도 불만이었다. 그가 보기에는
이순신이 훨씬 뛰어난 명장이었기 때문이었다. 초기에 무명이었던 점,
전쟁 끝 무렵에 전사한 점, 상대편 군대(일본, 프랑스)가 거대 전력이었던
점 등 비슷한 면이 있지만, 결코 비길 바가 아니라고 잘라 말했다.

신채호는 무엇 때문에 넬슨보다 이순신을 위대하다고 보았을까? 그
것은 넬슨이 국가의 대대적인 지원을 받았던 반면, 이순신은 전혀 그

삼도수군통제사의 기함旗艦(지휘선)

이순신은 선조 때 삼도수군통제사를 지내며 임진왜란 때 바다를 제패했다. 삼도수군통제
사는 경상·전라·충청 3도의 수군을 지휘, 통솔한 삼남지방 수군의 총 사령관이다.

렇지 못한 상황에 있었기 때문이다. 넬슨은 국력이 신장하던 영국 정
부의 전폭적 지원으로 군수물자를 충분히 준비해둔 상태였다. 10만의
병사, 그리고 국민적인 지지도 있었다.

그러나 이순신이 전라좌수사로 발령받았을 때 그에게는 적은 수의
낡고 고장 난 무기밖에 없었다. 군선도 겨우 몇 십 척에, 군사의 수도
적었다. 게다가 당파 간의 모략으로 구속되는 어처구니없는 사태까지

맞았다. 경제적 지원도 이뤄지지 않아 직접 둔전을 경작해 군량미를 만들어야 했다. 이런 열악한 조건에서 불패의 신화를 이뤄낸 장군이니, 넬슨과 동렬에 놓을 수 없다는 것이 신채호의 자부심 어린 선언이었다. 충분히 근거 있는 주장이다.

경제에도 강했던 이순신

이순신이 해전에서 완승을 거둔 것은 일본군을 패퇴시키는 결정적 요소가 되었다. 개전 두 달 만에 평양성까지 함락시킨 일본군은 계속해서 진격하지 못하고 밀리기 시작했다. 의병들의 게릴라전으로 일본군의 후방 거점이 붕괴됐고, 서해에서 이순신 함대에 완패당해 지원 병력과 식량을 싣고 올 배들이 조선 땅에 발을 못 붙이게 되었기 때문이다. 그렇다고 군량미를 현지조달 하는 것도 어려운 상황이었다. 의병들이 곡창지대인 호남으로의 육로 진입을 봉쇄했고, 이순신은 해상 진입을 완전 제지했기 때문이다. 임진왜란의 승패를 가를 전략적 포인트를 의병과 이순신이 확실히 장악함으로써 조선은 일본군을 패퇴시킬 수 있었다.

이순신의 위대함은 그가 1510년 삼포왜란 이래 빈번했던 왜구의 침탈과 일본의 통일과정을 보면서 전쟁을 미리 대비했다는 데 있다.

이순신이 전라좌도 수군절도사(1591년)로 부임해 가장 먼저 한 일은 부대 정비였다. 그는 군선과 병기를 고치고 새로 장만하기도 했다. 병사들을 미리미리 훈련시키는 한편, 해로를 관찰하고 군사 작전의 윤곽을 그려놓아 해전의 전술적 방침도 마련해두었다.

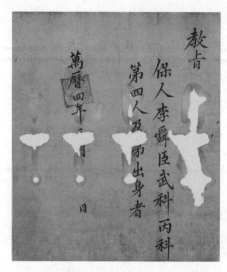

무과급제교지武科及第敎旨
이순신이 서른두 살 때 받은 무과시험 합
격증이다. 증서에 보이는 '만력萬曆 4년'은
1576년(선조 9년)이다.

또한 정부의 지원이 없어 군량미 조달이 어렵다는 것을 알게 되자,
어장과 염전을 개설하고 둔전을 설치해 군수물자를 직접 조달할 방편
을 마련했다. 이런 경제적 토대 위에서 이순신과 수군은 안정된 전투
지원체계를 수립하고 흩어진 백성을 모을 수 있었다.

세종 때 왜인들의 왕래를 허가한 포구 셋은 부산포(동래), 제포(진해), 염포(울산)다. 3포에는
왜인이 왕래할 수는 있어도 상주할 수는 없었다.

세계로 수출된 지식상품, 『동의보감』

한의학의 본고장인 중국에서도 『동의보감』은 천하의 보배라는 극찬을 받았다.

중국에서 가장 많이 읽힌 조선의 책

중국과의 관계에 있어 조선은 문화 수입국이었다. 조선이 신봉했던 성리학의 종주국이자, 한자문화권의 중심인 중국과의 관계 때문에 수입은 불가피한 것이었다. 그러나 조선의 몇몇 문화적 산물은 중국으로 수출되기도 했다. 허난설헌의 시집, 허균이 편집한 『국조시전』을 비롯해, 적지 않은 문집과 서책이 중국에 소개되었다. 이중 중국인에게 가장 널리 읽힌 것은 허준이 편찬한 『동의보감』이었다. 중국의 의학자는 『동의보감』을 직접 간행하면서 "지금까지 나온 의학책들의 부족한 점을 보완한 천하의 보배"라고까지 극찬했다. 『동의보감』은 중국뿐 아니라 일본에서도 의학의 기본 교재로 사용되었다. 조선에서는 『동의보감』의 요약본이 시중에 유통되어 일반인에게도 의료 지식이 널리 보급되었다. 4백 년이 지난 지금도 『동의보감』은 한의학의 기본 교재로 쓰이는 불멸의 명저다.

『동의보감』의 편찬은 정유재란(1597년, 임진왜란의 제2차 침략전쟁)을 전후해 17년간 이뤄진 대규모 국책사업이었다. 1610년(광해군 2년) 집필을 끝낼 때까지 14년의 세월이 걸렸고, 25권 25책을 인쇄하는 데 다시 3년의 시간이 걸렸다. 전후의 군핍한 사정 탓에, 원고를 판각할 목판과 인력이 부족해 지방에서 나눠 인쇄를 해야 했다. 그러나 이런 어려운 상황에서도 선조는 편찬을 지속적으로 후원했고, 광해군 역시 선대의 유업을 계승해 허준에 대한 전폭적 지원을 아끼지 않았다.

전쟁 중에도 『동의보감』편찬이 국책사업이 되었던 이유

2대에 걸쳐 임금이 이 책의 간행에 그토록 관심을 보였던 이유는 무엇일까? 그것은 당시의 의학체계가 혼란한 상태에 놓여 있었기 때문이다. 조선 중기에 명나라 의학이 수입되어 의학 발전의 계기가 되긴 했지만, 일관되지 못한데다 부정확하기까지 해 조선의학계는 혼란에

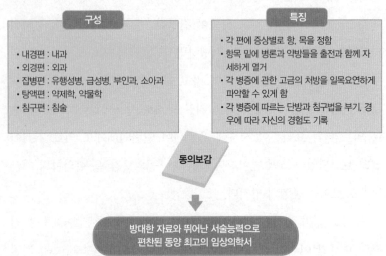

〈동의보감〉의 구성과 특징

구성	특징
• 내경편 : 내과 • 외경편 : 외과 • 잡병편 : 유행성병, 급성병, 부인과, 소아과 • 탕액편 : 약제학, 약물학 • 침구편 : 침술	• 각 편에 증상별로 항, 목을 정함 • 항목 밑에 병론과 약방들을 출전과 함께 자세하게 열거 • 각 병증에 관한 고금의 처방을 일목요연하게 파악할 수 있게 함 • 각 병증에 따르는 단방과 침구법을 부기, 경우에 따라 자신의 경험도 기록

동의보감

방대한 자료와 뛰어난 서술능력으로 편찬된 동양 최고의 임상의학서

동의보감·국립중앙박물관

세종 때 간행된 「의방유취」를 비롯하여 당시까지 나온 우리나라와 중국의
의학서 거의 대부분을 망라하여 집대성했다. 병이 난 뒤에 치료하는 것보
다 평소 맑고 고요한 수양 생활을 유지하는 것이 더 중요함을 말하고 있
으며, 희귀한 약재가 아닌 쉽게 구할 수 있는 약재 처방을 우선적으로 서
술했다. 인용한 처방의 출처를 밝혀놓았다는 점도 주목할 점이다.

빠져 있었던 것이다. 게다가 조선 초기의 전통적인 의학은 중의학 수
준에 미치지 못하고 있었다. 이에 따라 잘못된 처방으로 환자를 죽게
하는 의료사고가 빈번했다. 또한 전쟁 시 전염병이 돌고, 이상기후현
상이 자주 나타나 질병이 만연되고 있었다. 이러한 상황을 타개하기
위해 의학체계를 세우고 구체적인 처방을 종합하는 책의 발간을 구상
했던 것이다.

1596년 선조는 허준을 최고 편찬책임자로 하고, 양예수·정작·정예
남 등 당대 최고의 의관들에게 명하여 작업에 돌입하게 했다. 하지만
착수 1년 만에 발발한 정유재란으로 의원들이 뿔뿔이 흩어지고 자료도
유실되어버렸다. 그러나 선조는 정유재란이 끝난 뒤 다시 작업을 속개
시켰다. 전후의 어려운 상황에서도 허준은 거의 혼자 힘으로 이 방대
한 저작물을 편찬해나가는 집념을 보여주었다. 어의였던 허준은 선조

가 죽은 뒤 관례에 따라 귀양을 갔지만, 유배지에서도 작업을 계속해 광해군 2년에 편찬을 완수할 수 있었다.

허준은 백성들의 처지를 헤아려 쉽게 구할 수 있는 약재를 중심으로 처방책을 소개하였다. 또한 복잡한 이론이나 학설에 매이지 않고 임상 경험에 기초해 서술함으로써 이 책의 실증적 가치를 높였다.

허준은 의료인으로서 실증 정신, 백성의 입장을 가장 먼저 생각하는 진정한 의사 정신, 그리고 조선의 자주적인 의학체계를 구축하겠다는 학문적인 집념으로 『동의보감』이란 역사적인 명저를 출간했던 것이다.

조선시대에 의관이 되기 위해서는 잡과에 속하는 의과에 입격해야 했다. 시험에서 1등으로 입격하면 종8품의 품계를 받았다.

광해군, 조선시대 최고의
외교정책가

명청교체기에 광해군은 명과 청에 대한 절묘한
등거리 외교로 전쟁의 발발을 막았다.

임진왜란의 영웅 광해군

인조반정으로 쫓겨난 광해군은 쿠데타 세력의 역사 왜곡 때문에 폭군으로 낙인찍혔다. 그러나 사실 조선조 임금 가운데 손꼽을 수 있는 현군이었다. 게다가 광해군은 폭군이기보다는 상당히 소심한 성격의 군주였다. 재위기간 동안 외교 문제가 아닌 국내 문제에 있어서는 이이첨 등 강경대북파 신료들의 주장에 끌려 다니는 경우가 많았다. 신중을 넘어서 소심하다고까지 할 광해군의 성격은 16년간 세자로 있으면서 아버지 선조에게 끊임없이 미움과 견제를 받아온 데서 비롯된 것이었다.

광해군은 왜 선조의 미움을 받았는가? 우선 백성들의 광해군에 대한 인기가 선조를 능가할 정도였다는 것이 하나의 원인이 되었다. 또 다른 이유는 명이 선조를 견제할 속셈으로 광해군에게 왕위를 선양하라는 노골적인 간섭을 일삼았던 데 있었다. 아들보다 못한 왕이라는 명의 빈정거림 섞인 간섭으로 선조의 심기가 불편해진 것은 말할 나위도 없다.

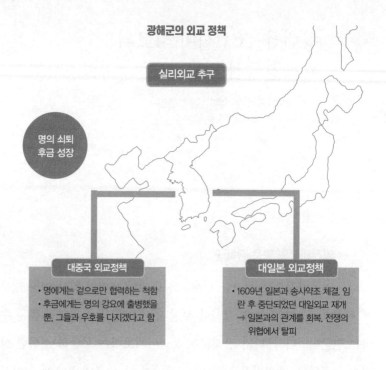

광해군의 외교 정책

실리외교 추구

명의 쇠퇴
후금 성장

대중국 외교정책
• 명에게는 겉으로만 협력하는 척함
• 후금에게는 명의 강요에 출병했을
  뿐, 그들과 우호를 다지겠다고 함

대일본 외교정책
• 1609년 일본과 송사약조 체결, 임
  란 후 중단되었던 대일외교 재개
  → 일본과의 관계를 회복, 전쟁의
     위협에서 탈피

　광해군이 백성들에게 인기를 얻었던 것은, 임진왜란 과정에서 선조를 대신해 임시정부랄 수 있는 분조를 이끌고 함경도와 전라도 일대의 전장을 누비며 의병을 모집하고 군수물자를 조달하는 큰 활약을 보였기 때문이다. 의주로 피난을 간 데 이어, 명으로 망명까지 고려했던 선조와는 완연히 대비되는 활약이었다. 선조의 위상 추락과 광해군의 인기 상승은 당연한 것이었다. 광해군이 둘째면서도 세자로 책봉될 수 있었던 것은 그의 형 임해군이 난폭해 군주로서의 자질이 형편없다는 세간의 평 때문이었다. 임진왜란이 발발했을 당시 백성들의 원성이 자자했던 대군들의 집이 불탔던 반면 광해군의 저택만은 온전했던 것은, 그에 대한 민심을 알 수 있게 해준다.

전쟁만은 피해야 한다

명은 선조를 압박해 전쟁 참여의 대가를 더 많이 얻어내려고 선양을 주장했다. 명의 황제까지도 선조를 책망했다. 선조에게는 광해군에 대한 불안감과 미움이 싹트지 않을 수 없었다. 선조가 넌지시 선양을 하겠다는 의사를 표시하며 광해군을 떠본 것이 수차례였다. 이럴 때 곧이곧대로 받아들이면 그것은 죽음을 의미하는 것이었다. 태종도 말년에 양위를 입버릇처럼 내세우면서, 그에 찬동하는 중신들을 역적죄로 몰아 처형시킨 바 있었다. 광해군으로서는 곤혹스러운 일이 아닐 수 없었다. 또한 1602년 새로 왕비에 책봉된 김씨와의 사이에서 영창대군이 태어나자, 선조는 세자 교체의 뜻을 여러 번 암시했다. 영의정 유영경이 광해군의 세자 책봉을 취소하라는 상소를 올리기도 했다. 광해군은 세자의 자리가 아슬아슬하던 차에 선조가 1608년 사망하면서 겨우 왕위에 오를 수 있었다.

이런 과정에서 광해군은 상당한 스트레스를 받아 심신이 쇠퇴해졌을 것이다. 그러나 광해군은 즉위 후 성곽과 병기의 수리, 호패 실시, 서적 편찬, 사고史庫 정비,『동의보감』간행 등 전후복구사업을 추진했다. 또한 대동법을 실시해 공납으로 인한 백성들의 부담을 덜어주었다. 당시 지방특산물을 세금으로 바치는 공납은 특산물이 생산되지 않더라도 어떻게든 마련해야 했으므로, 방납업자는 원가의 몇 배에 달하는 돈을 받고 대신 공납을 해주어 엄청난 부를 축적했다. 이런 방납은 왕족과 권신 등 특권세력들의 재산 축적수단이었던 만큼 개혁에 대한 이들의 저항은 거셌다. 그러나 광해군은 이러한 저항을 물리치고 대동법을 실시했다.

광해군은 당시 새롭게 부상하는 후금의 강대함을 알고 전쟁을 피하기 위한 중립외교를 절묘하게 구사했다. 광해군 자신이 임진왜란을 백성과 함께 겪으면서 전쟁의 참상을 피부로 느꼈던 군주였기에 가능한 외교정책이었다.

1619년 후금의 누르하치가 심양 지방을 공격하자, 명은 조선에 출병을 요구했다. 이때 광해군은 강홍립·김경서를 보내 명군을 원조하게 하면서 형세를 보아 향방을 정하라고 하였다. 명이 후금에 패주하자 강홍립은 후금에 항복하여 본의 아닌 출병이었음을 해명하였다. 이로써 조선은 후금의 침략에서 벗어날 수 있었다.

명과 청을 오가는 줄타기 외교를 통해 피해를 최소화했던 것은 오로지 광해군의 공이었다. 영수인 이이첨을 비롯해 그의 왕위 계승을 지지했던 대북파의 신하들조차, 명에 대한 의리를 내세우며 배금정책을 지지했다. 그러나 서인들의 쿠데타인 인조반정에 의해 그가 심혈을 기울여 지켰던 평화는 깨지고 말았다.

대동법은 공물(특산물)을 쌀로 통일해 바치게 한 납세제도이다.

인조반정, 성공한 쿠데타는
역사도 처벌 못 한다?

폐모살제와 존명사대를 내세운 서인들의 반정 명분은
집권을 위한 명분에 불과했다.

쿠데타는 새벽에 온다

1623년 3월 12일 새벽, 이귀, 김류, 김자점, 이서 등의 서인 반
란 세력이 천여 명의 군사를 이끌고 창덕궁을 기습했다. 경호책임자인
훈련대장 이홍립은 이미 반란군과 내통, 문을 열어주었다. 광해군은
젊은 내시의 등에 업힌 채 후원에 놓인 사다리를 타고 창덕궁 담장을
넘어 피신했다. 당장의 대책이 서질 않았다. 우선 궁궐에서 가까운 의
관 앙국신의 집으로 들어갔다. 그러나 사태를 수습해줄 신하는 아무도
없었다.

다음 날 광해군은 아들과 함께 반란군에 체포됐고, 덕수궁에 유폐돼
있던 인목대비는 왕실의 큰어른으로서 옥새를 넘겨받았다. 인목대비
는 선조의 손자이자 광해군의 조카인 능양군을 왕으로 즉위시켰다. 역
사에서 '인조반정'이라 부르는 숨 가쁜 이틀이었다.

'반정反正'이란 '바른 것으로 돌아간다'는 뜻이다. 광해군이 그릇된
정치를 했기에 자신들이 이를 바로잡기 위해 거사에 나섰다는 것이다.
그렇다면 이들이 내세운 명분은 무엇인가?

이들은 가장 주요한 명분으로 먼저 '폐모살제廢母殺弟'를 내세웠다. 즉, 선조의 정식 계비인 인목대비를 유폐시켰다는 죄와, 이복동생인 영창대군을 죽였다는 죄를 거론한 것이다. 그러나 왕의 혈족이 왕권에 도전할 기미를 보이면 죽임을 당하는 것은 조선사에서 드문 일이 아니었다. 광해군이 즉위할 무렵 영창대군을 왕위에 올리고자 하는 영의정 유영경 같은 세력이 엄연히 있었다. 인목대비 역시 자신의 아들이 왕위에 오르는 것을 내심 바라고 있었다. 반정세력마저도 집권 후 인조의 삼촌인 인성군이 역모의 빌미가 된다고 하여 처형하기를 주장해 자살로 몰고 가기까지 했다.

반정세력도 광해군의 정책을 이을 수밖에 없었다

반정세력의 두 번째 명분은 광해군이 임진왜란 때 '나라를 다시 세우게 해준 크나큰 은혜再造至恩'를 베푼 명에 대한 사대를 소홀히 하고 후금과 교류를 하는 등 오랑캐를 섬겼다는 것이다. 그러나 이들 또한 집권하면서 오랑캐국인 후금을 무조건 배척할 수만은 없었다. 광해군처럼 유연하고 기술적인 중립외교까지는 아니었다 해도, 청에 대해 무작정 강경정책을 취하지는 않았다. 정묘호란이 닥치자 반정세력 이귀역시 주화론을 주창했다.

이괄은 인조반정에 공이 많았음에도 논공행상에서 2등 공신으로 분류된 데 반감을 품어 1624년에 반란을 일으켰다.

병자호란, 그날 인조는 무슨 생각을 했을까?

서인 세력은 급변하는 국제정세에 기민하게 대처하지 못해
청에게 씻을 수 없는 치욕을 당했다

예고된 전쟁

인조반정으로 정권을 잡은 서인 세력은 광해군 때와 달리 노골적인 숭명배금崇明排金 정책을 폈다. 1621년(광해군 13년) 명나라 장수 모문룡이 후금과의 전투에 패해 평안도 의주 밑의 가도로 진주해온 적이 있었다. 이때 광해군은 모문룡에게 별다른 지원을 하지 않았다. 후금을 위협하는 모문룡의 존재가 역으로 조선에 위협이 되었기 때문이다. 그러나 2년 뒤 정권을 잡은 서인 세력은 모문룡에게 근거지와 쌀 60만 석을 제공해 후금의 분노를 샀다.

1627년 반정포상에 불만을 품은 이괄의 반란이 실패로 끝난 뒤 잔당 세력이 후금으로 도망하여 조선을 칠 것을 부추기자, 후금은 3만의 군대로 조선에 쳐들어왔다. 정묘호란이었다. 당시 후금은 배후의 명을 두려워했기 때문에 황해도 평산까지 왔다가 조선과 형제의 맹약을 맺고 철수했다.

정묘호란 뒤 후금은 조선에 무리한 요구를 해왔다. 식량을 요구하는가 하면 명과 싸울 군사와 장비를 요구하기도 했다. 조선은 이를 거절

하는 한편, 명군에 대한 지원을 계속했다.

1636년 후금은 국호를 청으로 바꾸었다. 청 태조는 조선에 군신관계로 전환할 것, 황금과 백금 1만 냥, 군사 3천 명, 전마 3만 필을 보낼 것을 요구했다. 명과 전쟁을 앞두고 조선을 확실히 장악하기 위한 조치였다. 물론 조선으로서는 받아들일 수 없는 요구였다. 청은 그해 12월, 13만의 군사를 이끌고 조선을 침략했다. 1627년 정묘호란 이후 9년의 시간이 흐른 뒤였다. 그 사이 청은 세력을 확대해나가고 있었고, 조선은 청과 어떤 형태로든 부딪힐 수밖에 없는 상황이었다. 그러나 조선 정부에서는 이에 대한 효과적인 대책을 마련해놓지 못했다. 광해군 시절에 후금의 상황을 탐지하며 실용적인 대응책을 모색했던 것과는 완전 딴판이었다.

머리를 수십 차례 땅바닥에 조아려야 했던 인조

청나라 군대는 압록강에 도착한 지 엿새 만에 한성에 진입했다. 압록강 쪽에서 청의 공격을 탐지해 한성에 올라온 파발마가 나흘 만에 도착했으니, 이들의 진격속도는 가공할 만한 것이었다. 단 이틀의 시간밖에 남지 않았던지라 조정과 주력부대는 애초 항전의 근거지로 삼았던 강화도에는 들어가지도 못하고 남한산성으로 가서 항전태세를 갖추었다.

청나라 군대는 치밀한 준비를 하고 공격해왔다. 그들은 왕자, 종실, 비빈, 백관의 가족들이 피난해 있던 강화도에 명 출신의 수군을 보내 쉽게 점령했다. 또한 남한산성이 함락하기 힘든 성이란 것을 간파해 장기간의 포위전을 벌였다. 13만 대군을 앞세운 청나라에 조선의 지방군은 상대가 되지를 않았다.

이런 상황에 산성에서는 항전을 주장하는 김상헌 등의 척화파와 항복을 주장하는 주화파 간에 치열한 논쟁이 오갔다. 척화파의 주장은 현실적으로 행동에 옮길 만한 것이 아니었다. 이들은 정묘호란 이래 척화만을 주장하다 조선을 속수무책의 지경으로 만든 장본인들이었다.

결국 이듬해 1월 30일 인조는 남한산성 아래의 삼전도로 나가 청 태종에게 항복했다. 인조는 세 번 절하고 아홉 번 머리를 조아리는 항복 의식을 행해야 하는데, 청나라 신하들이 제대로 하지 않는다고 꼬투리를 잡는 바람에 머리를 땅바닥에 부딪쳐야 했다.

이때 인조는 어떤 생각을 했을까? 명분만을 고집하며 현실적인 대비책을 강구하지 못한 자신과 척화파 유신들에게 넌덜머리를 내지 않았을까? 항복 이후 조선은 청에 수많은 재물을 바쳐야 했고, 50만이 넘는 백성들이 끌려가는 걸 보고만 있어야 했다. 끌려간 가족을 되찾기 위해서는 일가의 재산을 다 바쳐야 했으니 그 고통은 이루 말할 수 없었다.

조선은 1658년 두 차례에 걸쳐 청이 원병을 요청한 나선(러시아) 정벌에 출동해 큰 성과를 거두고 돌아왔다.

소현세자 독살설의
진상

서양의 과학문물과 사상에 개방적이었던 소현세자가 왕이 되었다면
조선의 역사는 달라졌을 것이다.

귀국한 지 두 달 만에 죽은 소현세자

1645년(인조 23년) 소현세자가 드디어 귀국했다. 병자호란이 있던 해, 스물여섯의 나이로 청에 볼모로 끌려갔다가 9년 만의 인질 생활을 끝내고 꿈에 그리던 조국에 돌아온 것이었다. 귀국하는 짐 꾸러미에는 청에서 얻은 수많은 과학문물과 책이 들어 있었다. 그는 당시 세계 제일의 선진국이었던 중국에서 배운 과학문물을 조선에 전파할 생각으로 가득 차 있었다. 그러나 소현세자는 귀국 두 달 만에 갑작스레 죽었다. 심상찮은 죽음이었다. 그의 시신을 염습하는 데 참여했던 친척 한 사람이 증언하기를, 소현세자의 시신은 바로 독살당한 사람의 그것이었다. 온몸이 검은 빛이었고, 이목구비의 일곱 구멍에서는 피가 흘러나왔다고 한다. 공식적인 사인은 학질이었는데, 당시만 해도 학질은 충분히 치료 가능한 병이었다.

한 나라의 왕위를 계승할 세자의 죽음이었는데도 아버지 인조는 이런 의심스런 죽음에 대해 조사할 생각도 하지 않았다. 담당 의관인 이형익은 처벌을 받아 마땅했음에도 인조는 조사조차 받지 못하게 했다.

게다가 장례 역시 대군보다 더 초라하게 지냈다. 왕위 계승권도 세자의 장자가 아니라 소현세자의 동생인 봉림대군에게 돌아갔다. 만약 소현세자의 죽음이 사주에 의한 독살이었다면 인조는 왜 자신의 친아들을 독살한 것일까?

활발한 외교활동 때문에 눈 밖에 난 세자

인조는 두 가지 이유 때문에 세자를 경계했다. 하나는 청의 황제가 자신을 퇴위시키고 소현세자를 즉위시키려 한다는 의심을 품어서였다.

소현세자는 청의 수도인 심양에 있었는데, 그가 거처하는 심양관

북벌론의 전개 과정

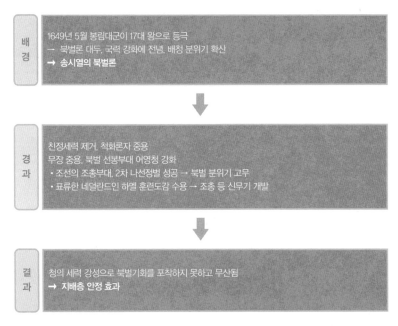

| 배경 | 1649년 5월 봉림대군이 17대 왕으로 등극
→ 북벌론 대두, 국력 강화에 전념, 배청 분위기 확산
➡ 송시열의 북벌론 |

| 경과 | 친정세력 제거, 척화론자 중용
무장 중용, 북벌 선봉부대 어영청 강화
• 조선의 조총부대, 2차 나선정벌 성공 → 북벌 분위기 고무
• 표류한 네덜란드인 하멜 훈련도감 수용 → 조총 등 신무기 개발 |

| 결과 | 청의 세력 강성으로 북벌기회를 포착하지 못하고 무산됨
➡ 지배층 안정 효과 |

소는 조선을 대표해 청과 포로나 공물에 대해 논의하는 일종의 대사관 같은 위상을 차지하고 있었다. 심양관소에서 소현세자는 청과의 관계를 원만히 하기 위해 다각적인 활동을 펼쳤다. 청의 실력자와 교분을 맺고자 선물 공세를 펼치기도 했다. 이를 위해 농장도 경영했고 무역 거래도 텄다. 이러한 활동으로 청 황제의 섭정이었던 구왕九王과 긴밀한 관계를 맺는 등 소현세자는 청에서 위상도 높았고 좋은 평도 들을 수 있었다. 또한 청의 황실에서는 조선과 다르게 세자에게 일정한 정치적 역할을 부여하는 관례가 있었는데, 소현세자에게도 이를 적용시키고 있었다. 소현세자는 이에 부응해 조선 정부를 대표하는 활동을 벌이는 한편, 조선 조정에 보고하지 않고 관찰사에게 소요 물자를 요구하는 등 왕의 권한 일부를 미리 행사하기도 했다.

이러한 소현세자의 행동은 조선에서는 유래가 없었던 것으로 인조의 심기를 불편하게 했고, 세자가 청을 부추겨 왕위에 오르려 한다는 의심을 품게 했다. 소현세자가 그렇게 급하게 왕위에 오를 욕심을 낼 근거는 없었지만, 대국적으로 사태를 보지 못한 인조는 결국 아들을 죽이기에 이르렀다.

소현세자가 왕위를 계승했더라면

소현세자는 심양과 북경에 있으면서 당시의 세계정세를 한눈에 볼 수 있었다. 그는 중국에 서양문물을 전파한 서양인 신부 아담 샬에게서 서양의 과학문물과 천주교를 직접적으로 받아들였다. 이런 소현세자가 즉위했다면 조선의 근대화는 훨씬 더 빨라지고 일제의 식민지가 되는 굴욕을 피할 수 있었을지도 모른다.

소현세자를 대신해 왕위에 오른 효종(봉림대군) 역시 심양에 볼모로 가 있었지만, 그는 북벌을 통한 복수를 꿈꿨다. 어영군을 증설해 병력을 강화하고 신식 총기를 제작하는 등 전쟁 준비를 위한 실질적 노력을 기울였다. 그러나 조정 대신들의 생각은 달랐다. 무력 수단을 준비하기 전에 수신을 통해 군왕의 덕을 높이고, 백성의 기강을 잡아 국력을 배양해야 한다는 성리학적 수신 이론을 내세웠다. 송시열을 비롯한 조정 대신들의 이런 입장은 실질적인 북벌이 아닌, 자파의 정치적 영향력 확대를 위한 명분 축적에 불과했다. 당연히 북벌은 지지부진했다. 사대주의 입장에서 명의 복수를 꾀한다는 시대착오적인 문신들의 태도와 싸우던 효종은 군사 한 번 일으켜보지 못한 채 의문의 죽음을 맞았다. 이후 북벌론은 조선 조정에서 찾아보기 힘들게 되었다.

소현세자가 머물렀던 심양관은 최초의 주중대사관 성격을 띠고 있었다. 심양관은 정치적 역할 외에도 조선과 청을 연결하는 무역기관 역할도 했다.

영조, 정쟁의 한복판에서
중흥 시대를 열다

영조는 임금에 오르기 위해 정치 투쟁을 마다하지 않았지만,
즉위 후에는 많은 업적을 남겼다.

정치투쟁의 한복판에서

영조는 성격이 급하고 행동이 민첩한 인물이었다. 조금 마른
몸에 날카로운 눈매를 한 그의 영정은 이런 성격을 잘 보여주고 있는
것 같다. 그는 왕위에 오르기 전부터 목숨이 오가는 정치 투쟁의 한복
판에 서 있었다. 이복형인 경종을 지지하는 소론과, 자신을 지지하는
노론 일파의 대립관계 속에 있었던 것이다.

희빈 장씨의 소생이었던 경종은 세자 시절부터 건강이 좋지 않았다.
장희빈이 사사당할 때 경종의 하초를 꽉 쥐고 놓지 않아 생식 기능을
상실했다는 야사도 나돌았다. 그러나 경종은 원래 체질상 약골인데다
어린 시절 어머니의 죽음을 지켜보면서 마음의 병까지 얻었을 것이라
는 게 정설이다.

어쨌든 왕비에서 쫓겨나 죽음을 당한 장희빈의 아들이었기 때문에
세자의 자리는 위태로웠다. 아버지 숙종은 세자 교체를 심각히 고려했
지만 이미 정해진 일이었고, 또 세자가 큰 잘못이 없는 만큼 폐위시키
지는 못했다. 그 대신 숙종은 당시 좌의정이었던 이이명에게 숙빈 최

씨에게서 얻은 연잉군(영조)를 세제로 책봉할 뜻을 전하고 죽었다.

경종이 즉위하면서 경종을 지지하는 소론 측과 연잉군을 지지하는 노론 측의 당쟁이 거세게 일어났다. 이 와중에 병약한 경종을 대신해 세제인 연잉군이 정사를 맡는 대리청정의 찬반을 둘러싸고, 노론 측 60여 명의 신료들이 죽음을 당하는 신축·임인옥사(1721~1722년)가 일어났다.

경종에 대한 시해 의혹까지 있었던 이 사건에 연잉군이 가담했다는 소론 측의 주장으로 그의 목숨은 위태로웠다. 그러나 인원대비를 찾아 세제 사퇴의 결심까지 밝히면서 결백을 호소하는 것으로 사태가 수습돼 가까스로 세제 자리를 지킬 수 있었다. 그 뒤 경종이 즉위 5년 만에 급작스럽게 죽자 영조는 왕위에 오를 수 있었다(1724년).

영조의 업적

탕평책 실시	• 붕당 폐해를 열거 → 고른 인재 등용 • 왕권에 도전하는 변란 제압
인권 신장	• 신문고 설치 • 사형수에게 초심, 재심, 삼심의 삼복법 시행 • 주리를 트는 압슬형 폐지 → 여러 형벌 폐지
국방력 강화	• 변방에 요새 구축, 평양성, 강화성 개축 • 화차, 조총 등의 군사무기 제작
균역법 시행	• 일반양민의 의무인 양역의 불균형 감소 • 각 도에 방죽 수축 → 가뭄 대비
문화 부흥	• 다양한 분야의 서적 발간 → 『속대전』, 『퇴도언행록』 등 • 재야의 실학운동 발달

그러나 영조는 재위 시에도 경종 독살설에서 자유롭지 못했다. 이인 좌의 난(1728년)은 영조의 경종 독살을 주장하며 일으킨 대표적인 반란이었다.

당쟁의 극한 상황을 맛보았던 영조는 다시 자신의 아들 사도세자까지 뒤주에 가둬 죽이는 매정한 모습을 보였다. 이 역시 당쟁이 원인이었다. 소론과 남인 세력이 대리청정하고 있던 사도세자를 부추겨 반역을 도모한다는 노론 측의 고변을 받아들였던 것이다. 영조는 세자의 비행을 상소 받고 대로하여 그를 휘령전으로 불러 자결을 명했다. 그러나 세자가 끝내 자결하지 않자, 그를 서인으로 폐하고 뒤주 속에 가두어 8일 만에 죽게 하였다.

조선 후기 르네상스를 열다

정쟁 속에 있었던 임금은 역설적으로 많은 치적을 남겼다. 태종과 세조가 그러했다. 영조는 당파싸움의 폐해를 누구보다 많이 알고 있었던 만큼 여러 당파를 고루 기용하는 탕평정치를 펴나갔다. 당쟁의 폐해를 막기 위해 붕당의 서식지인 서원의 사사로운 설립을 금했고, 같은 당파 내의 결혼까지 금지시켰다. 이런 정치적 안정 위에서 영조는 조선 후기의 중흥시대를 열었다.

균역법을 시행해 양인의 세액 부담을 크게 줄였고, 신문고 제도를 부활해 민본정치를 지향하고 있음을 분명히 했다. 방죽을 새로 수축해 가뭄의 피해를 줄이고, 일본에서 고구마를 들여와 백성들의 굶주림을 크게 덜어주었다.

영조 · 창덕궁
영조는 역대 조선의 왕 중 가장 오랜 기간인 51년 7개월간 왕
위에 있으면서 많은 업적을 남기고 손자인 정조에게 왕위를 물
려주었다.

국방에도 관심을 기울여 수어청에서 조총을 제작하게 하는 한편, 수
군의 해상전투력을 강화했다. 변방의 요새도 새롭게 구축 정비할 것을
명했다. 그 결과 강화동성과 평양중성의 구축이 완료됐다.

영조는 학문 진흥에도 큰 관심을 보여『동국문헌비고』,『해동악장』
등 많은 책을 편찬하였다.『경국대전』이후 변화된 법제관계를 반영해
『속대전』도 펴냈다. 또한 영조의 재위기간 중에 홍대용의『연행록』, 유
형원의『반계수록』, 신경준의『도로고』등 실학자들의 저작물이 편찬

되기도 했다.

 그는 역대 조선의 왕 중 가장 오랜 기간인 51년 7개월간 왕위에 있으면서 많은 업적을 남기고 손자인 정조에게 왕위를 물려주었다.

영조가 실시한 균역법은 균역 대신 내는 군포를 2필에서 1필로 줄였지만, 군포가 없어진 것은 아니어서 실효를 거두지 못했다.

정조가 수원에
열두 번 간 까닭은

정조는 화성행차를 통해 노론을 견제하고
왕권을 강화하는 정치적 목적을 이루려 했다.

조선시대 최고 이벤트, 화성행차

정조는 재위 13년인 1788년, 아버지 사도세자의 묘를 양주에서 수원으로 이장했다. 그리고 이듬해인 1789년부터 1800년 사망할 때까지 무려 열두 번이나 사도세자의 묘인 현륭원을 찾았다. 죽을 때까지 궁궐 밖을 나가는 일이 별로 없었던 조선의 왕으로서는 상당히 이례적인 일이었다. 한 번 행차하면 어가를 따르는 인원이 6천여 명에, 동원된 말만 1천4백여 필에 이르는 대규모 행사였다. 게다가 수원에 가려면 한강을 건너야 했는데, 이를 위해 배로 만든 다리인 부교도 세워야 했다. 큰 강을 그 많은 인원과 말이 흔들림 없이 건너기 위해 6십여 척의 배가 동원돼야 할 정도였다. 정조의 화성(수원)행차는 당시 백성들에게 최고의 대형 이벤트였던 셈이다.

정조가 이 같은 대규모 행사를 1년에 한번 꼴로 치른 이유는 무엇일까? 단지 아버지 사도세자를 추모하기 위해서였을까? 여기에는 정조의 정치적 포석이 다목적으로 깔려 있었다.

첫 번째는 정조의 정치적 반대파이면서 당시 조정에 가장 큰 세력을

수원 능행도陵行圖 · 호암미술관
정조는 군사들을 앞세우고 아
버지 사도세자의 능에 자주 들
렀다. 노론을 견제하기 위함이
지만, 한편으로는 백성들을 직
접 만나 그들의 고충을 해결해
주기 위한 목적도 있었다. 정조
의 능행길에는 누구든 징을 울
려 왕의 행차를 가로막고 자신
의 억울함을 직접 호소하는 것
이 허용되었다.

차지하고 있던 심환지 등 노론벽파에 대한 견제였다. 노론벽파는 사도세자를 죽음으로 내몬 당파였다. 현륭원 행차는 이들의 약점인 사도세자 살해를 상기시킴으로써 노론벽파의 목소리를 줄일 수 있었다.

두 번째는 백성들과의 직접적인 만남이었다. 구중궁궐 속에서 신하들에 둘러싸여 있던 임금이 백성들과 만나 백성의 소리를 직접 듣고 이들의 고충을 해결해주려 했던 것이다. 신문고 제도도 있었으나 이는 절차가 복잡해 실효성이 떨어지는 제도였다. 대신 왕의 행차 때 백성들이 징을 울려 관심을 모은 뒤 억울한 사연을 임금에게 직접 말하는 '격쟁'이나 글로 호소하는 '상언' 제도가 효과적이었다. 정조는 열두 번의 화성행차를 통해 백성들의 격쟁과 상언을 접한 뒤 억울한 일을 많이 해결해주었다.

세 번째는 부교를 놓는 데 경강상인들의 배를 이용함으로써, 당시 상권을 장악하고 있던 이들을 통제하기 위해서였다. 경강상인들은 한강을 중심으로 상품을 유통시키면서 부를 축적하던 세력이었다. 부교를 주관하는 주교사舟橋司를 설치한 이유는 바로 이 경강상인을 관리하기 위한 목적도 있었다. 한편, 경강상인 역시 부교에 쓰일 배를 제공함으로써 세금으로 들어오는 곡식의 운반권을 독점해 많은 이득을 얻었다.

네 번째는 현륭원에 설치한 장용외영의 강화였다. 당시 어영청, 금위영 등 군사기구는 노론벽파의 영향력 아래 있었다. 정조는 친위부대인 장용영을 강화했다. 내영은 서울에 두었고, 외영은 바로 수원의 현륭원에 설치했다. 2만 명에 달하는 장용외영은 정조의 왕권을 뒷받침하는 무력기반이었다. 잦은 방문으로 이들의 사기를 높여주고 친군이라는 점을 상기시켰던 것이다.

정조의 죽음과 함께 끝난 조선의 중흥기

정조는 재위기간 내내 왕권을 위협하는 노론벽파와 대립 속에 있었다. 인조반정 이래 정권을 장악했던 노론 세력은 당파적 이해에 골몰했던 수구세력이었다. 이들 세력과의 싸움이 개혁의 성패를 가르는 것이었다. 정조는 수구세력과의 대립 속에서 조선 후기 최고의 치세를 이뤄냈다. 정약용(1762~1836)에 의한 실학의 발전, 규장각 설치를 통한 학문 저술 등의 활성화, 서열차별의 타파, 겸재 정선의 진경산수화와 연암 박지원의 소설, 다양한 서민문화의 발전 등 조선 후기 중흥기의 절정을 구가한 것이 바로 정조 때에서였다.

그러나 정조는 재위 24년 만인 1800년 마흔아홉이라는 한창 나이에 죽음을 맞이했다. 노론벽파에 의한 독살설도 제기되고 있지만, 하루도 빠짐없이 책을 읽고 정사를 돌본 것이 원인이 된 과로사였다는 것이 일반적인 견해다. 정조가 죽은 뒤 그의 업적은 거의 무화됐다. 12세의 나이로 즉위한 순조를 대신해 대리청정한 정순왕후 김씨 일가의 세도정치 때문이었다.

사도세자의 부인인 혜경궁 홍씨는 『한중록』에서 사도세자가 미치광이였다는 기록을 남겼다. 하지만 이것이 사도세자를 죽음으로 몰고 간 홍씨의 아버지 홍봉한을 보호하기 위한 것이었다고 분석하는 연구자들도 있다.

조선에도 장사로 큰돈을 번
여자가 있었다

조선 후기에는 자본제의 맹아인 상업자본과 공업자본이 형성되고 있었다.

여성 갑부 김만덕

여성의 사회적 활동이 활발하지 못했던 조선에도 여자로서 갑부가 되었던 인물이 있었다. 제주도에서 장사로 큰돈을 번 김만덕(1739~1812)이란 여성이다. 조희룡의 『호산외사壺山外史』란 책에 의하면 김만덕은 18세기 후반 정조 때의 인물로, 양가집에서 태어나 어린 나이에 부모를 잃고 난 후 기녀집에 맡겨졌던 인물이다. 독신으로 지냈던 그녀는 장사에 남다른 재주를 지녀, 물가 시세의 변동을 이용해 물건을 사고팔아 대상인으로서 기반을 잡았다. 대상이 된 뒤로 다루는 품목도 다양해지고 거래량도 커졌는데, 하는 일에 빈틈이 없어 거래마다 큰 성공을 거두었다. 당시는 도고都賈(조선시대의 도매상)들이 활동하던 시점이었다. 『허생전』에서 허생이 물건을 독점하여 대규모 거래로 큰돈을 버는 장면에서도 이 같은 시대상을 읽을 수 있다. 김만덕도 이런 도고업을 했을 것이다.

이렇게 큰돈을 번 김만덕은 정조 19년 제주도에 큰 흉년이 들어 굶어죽는 백성들이 속출하자, 천금을 출연하여 육지에서 식량을 사들여

상업 자본의 형성과 발전

초기 상업

수공업 · 광업 · 상업에 대해 활동 규제
시전상인들의 활동만 보장

생산활동 미발전

후기 상업

농업생산력 증대, 수공업생산 활발
농촌인구의 도시유입으로 상업인구 증가

상품화폐 경제 본격화

지역별 상권 분화

송상	**부산~서울~의주를 잇는 육로 중심으로 활동** 인삼 재배 · 판매, 대외무역 관여
경강 상인	**한강과 서해안 중심으로 활동** 미곡, 소금 등 운송판매

와 수많은 사람들을 구해냈다. 이런 선행이 조정에도 알려져 정조는 제주목사 이무현에게 그녀의 소원을 들어주라는 특명을 내렸다. 그녀의 소원은 다름 아니라 대궐 구경과 금강산 구경이었다. 당시 섬 여자는 섬 밖을 나가는 것이 금지돼 있었는데, 정조는 특별히 그녀를 내의원 의녀로 임명해 상경할 수 있게 해주었다. 김만덕은 그 덕에 금강산 구경도 하고, 궁궐에 초대돼 왕비도 만날 수 있었다. 또한 당대 최고의 명정승으로 유명한 영의정 채제공蔡濟恭도 만났는데, 채제공은 그녀의 전기 『만덕전萬德傳』까지 써주었다.

조선 후기 상공업의 활성화

여상 김만덕의 이야기는 조선 후기 상업의 발전상을 반영한다. 17, 18세기 들어 조선은 이앙법移秧法(모내기법)의 보급으로 농업 생산력이 급속히 증가했고, 상업 방면에서도 무역과 대규모 상거래로 큰돈을 번 상인들이 많이 늘어났다. 최인호의 소설『상도』로 유명해진 임상옥 같은 대상인들이 청과 인삼 무역으로 큰돈을 벌었던 인물인데 워낙 큰 규모로 장사를 했기 때문에 회계 업무를 보는 사람만도 일흔 명에 달했다. 집의 규모도 대단해, 평안감사, 의주부사, 원접사 등 7백 명에 이르는 손님들이 방문했을 때조차 일인당 한 상씩 한꺼번에 차려줄 정도였다. 임상옥은 지역에 다리를 놓기도 하고 구민사업에도 돈을 아끼지 않아, 그 공으로 부사 벼슬을 받기도 했다.

상업의 발전은 신분제의 기초를 바꿔놓을 정도였다. 광산업도 활발해 농토를 잃은 수천 명의 농민들이 광산업자에게 임금을 받고 광원으로 일하기도 했다. 자본주의에서나 볼 수 있는 임금노동자가 이 시기에 본격적으로 등장했음을 알 수 있다. 조선 후기에는 시장이 발달하고 대규모 상거래가 빈번해지면서 상품화폐 경제가 본격화되었다. 광산 임금노동자의 등장에서 알 수 있듯 자본 대 임금노동자 관계도 형성되었다. 조선에서도 자본주의로 가는 맹아가 싹트고 있었던 것이다. 그러나 자주적 근대 경제로 가는 길은 일본의 침략으로 좌절되고 말았다.

『허생전』에서 허생에게 돈을 빌려준 변씨는 실존인물로 숙종대의 역관 변승업이었다. 그는 일개 역관임에도 불구하고 당시 조선에서 제일가는 부자였다.

전봉준은 정말
정약용의 개혁론을 만났을까?

전봉준과 김개남은 50여 년간이나 은밀하게 전해져온
정약용의 비밀문서를 받았다고 한다.

실현되지 못한 자주적 근대화 프로그램

조선 후기 역사를 보면 아쉬움이 남는 대목이 많다. 그중 대표적인 것은 유능하면서도 사회개혁에 대한 의지가 강했던 이익, 박지원, 박제가, 정약용 같은 실학자들이, 현실 속에서 그 뜻을 펼치지 못한 채 토론과 연구에만 그쳐야 했던 현실이다. 그나마 정약용丁若鏞(1762~1836년)이 정조의 재위 기간 동안 형조참의에까지 올라 그의 개혁 사상을 조금이나마 펼쳐 보일 수 있었던 반면, 다른 실학자들은 그런 기회조차 없었다. 정조가 재상감으로 꼽기도 했던 정약용도 정조의 갑작스런 죽음 뒤에 노론세도가들의 견제를 받아 반평생을 귀양지와 고향에 묻혀 지내야 했다. 이들의 실학 탐구가 단지 연구에만 머물렀던 것이 아니라, 당대의 사회문제에 적극적으로 대응하기 위한 개혁 프로그램의 탐색이었다는 점에서 아쉬움이 크다.

이들 중 상공업 진흥과 대외 개방을 주창했던 북학파의 사상은, 조선이 자율적인 근대화를 이룰 수 있게 하는 경제정책의 대강을 이루는 혁신적 사상이었다. 박지원, 이덕무, 박제가 등의 북학파는 청의 선진

실학파 백가쟁명

경세치용학파	이용후생학파	실사구시학파
농업 중시	**상공업 중시**	**국력 중시**
유형원 『반계수록』 이 익 『성호사설』 정약용 『목민심서』 『경세유표』	유수원 『우서』 홍대용 『담헌서』 박지원 『열하일기』 박제가 『북학의』	안정복 『동사강목』 이중환 『택리지』 김정희 『금석과안록』 김정호 『대동여지도』

기술을 적극 받아들일 것과 국내외 상공업을 육성시킬 것을 주장했다. 특히 박제가의 주장은 당시로서는 파격적이었다. 박제가는 재물은 샘물과 같아서 퍼내면 가득 차고 버려두면 말라버린다는 우물론을 예로 들어 적극적인 중상론을 개진했다.

중국 역대 왕조에서는 사실 사치하다가 망한 적도 있다. 그렇지만 우리나라는 검소한데도 쇠퇴하고 있다. 이는 무슨 까닭일까? 검소하다는 것은 물건이 있어도 남용하지 않음을 말하는 것이지, 자신에게 물건이 없다 하여 스스로 단념하는 것을 말하는 것은 아니다. 지금 온 나라 안에 구슬을 캐는 집이 없고 시장에는 산호 같은 보배가 없다. 또 금과 은을 가지고 가게에 들어가도 떡을 못 사는 형편이다. 이것을 참으로 검소한 풍속 덕분이라고 할 수 있겠는가? 이것은 물건을 이용하는 방법을 모르기 때문이다. 이용할 줄 모르니 생산할 줄도 모르고, 생산할 줄 모르니 백성의 생활은 나날이 궁핍해지는 것이다.

- 박제가의 『북학의』 중에서

이 같은 견해는 한양을 중심으로 전국의 행정도시가 상업도시화하고 상업자본이 축적되어, 상인들의 정치적 역할까지 고려되었던 당대의 현실을 반영한 것이기도 했다. 상업자본가들의 정치적 지위와 역할이 경제적 지위에 걸맞게 바뀌기만 했다면 조선의 근대화는 자율적으로도 가능했을 것이다. 박제가는 더 나아가 인구의 절반이나 되는 비생산적인 양반들을 상업에 종사시켜야 한다고 주장할 정도로 신분제의 틀을 넘어섰다. 그는 또한 중국에 와 있는 유럽 여러 나라와의 통상도 주장했다.

비밀의 책 『경세유표』

그런데 이런 실학자들의 주장이 서책에만 남아 있지 않고 민중운동과 결합되었다는 북한 측의 주장이 있어 상당히 흥미롭다. 북한학자 최익한에 따르면 대표적인 실학자 정약용이 비밀문서를 남겼다는 것이다. 최익한의 『실학파와 정다산』이란 책에 의하면, 정약용이 유배지에서 고향으로 돌아가기 직전에 『경세유표』를 밀실에서 저작하여 그의 문하생 이청과 승려인 초의에게 주었다고 한다. 지금 남아 있는 그의 저작 『경세유표』가 아니라, 개혁 강령을 일목요연하게 적은 비밀의 책 『경세유표』였다. 이를 은밀히 보관해두었다가 나중에 세상에 전하라는 것이었다.

이 비본秘本은 남상교, 윤세현, 주정호 등의 손을 거쳐 갑오년(1894년)에 전봉준과 김개남의 손에 들어갔다. 전봉준은 이 비결秘訣을 동학농민전쟁의 개혁 강령인 〈폐정개혁 12조〉에 반영했다. 실제로 정약용이

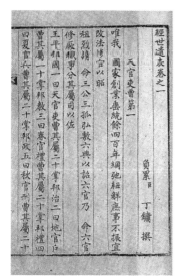

『경세유표』 1권 천관 첫 부분 · 장서각
창업 후 400년이 흘렀으니 법을 개정하고 관제를 고쳐
야 한다고 개혁의 이유를 제시하고 있다.

주장했던 정전제井田制의 핵심인 '토지를 고루 나누어 경작한다'는 내용
이 〈폐정개혁 12조〉에 들어 있기도 하다. 정부군은 이 때문에 다산 정
약용의 유배지 부근 민가와 백련사 등의 사찰을 수색까지 했다고 한
다.

 민중 주체의 변혁 사상이 담겼다는 비본 『경세유표』는 지금 남아 있
지 않다. 최익한의 이러한 기록이 근거가 있는 것이라면 정약용의 사
회사상은 우리나라의 사회사상사에서 가장 혁명적인 것으로 기록될
것이다.

연암 박지원의 저작은 당대 지배층의 시각에서는 불온한 이단서적으로 취급됐다. 그래서
그의 문집은 사후 100년이 지난 1900년에야 공개됐다.

검찰이 구속한
신윤복의 춘화

도화서의 화원이었던 신윤복은 남녀 간의 성행위를 노골적으로 그린
춘화 때문에 도화서에서 쫓겨났다고 한다.

1996년에 일어난 춘화소동

1996년 8월 검찰은 음화 반포 혐의로 월간 『스파크』의 발행인
을 구속했다. 구속 이유는 성인지 『스파크』의 창간호에 김홍도와 신윤
복의 춘화 넉 점을 게재했다는 것이었다. 김홍도와 신윤복이 200년이
넘는 시간이 지나 후손들의 법정에 서게 된 것이다. 그들은 이런 사태
를 예견할 수 있었을까.

그런데 놀라운 것은 이런 춘화를 그린 김홍도와 신윤복이 국가 기관
인 도화서의 화원이었다는 점이다. 도화서는 임금의 어진(초상화)이나
국가의 주요 행사를 그림으로 기록하는 국가공식기관이었다. 김홍도
는 정조의 총애를 받아, 종6품까지밖에 승진할 수 없는 도화서 화원의
신분적 한계를 넘어 현풍현감에 임명되기까지 했다. 신윤복 역시 도화
서의 화원으로 일하면서 실력을 인정받아 벼슬이 첨절제사에 이르렀
던 인물이다.

엄격한 도덕률이 지배적이던 유교국가 조선에서 공무원 신분의 김
홍도는 선비가 시냇가에서 목욕하는 여자들이 훔쳐보는 장면을 그렸

신윤복 · 〈물놀이터〉 · 간송미술관

물놀이 나온 여인들의 모습을 다룬 그림이다. 냇가에서 여럿이 목욕하는 모습이 구김살
없이 잘 다뤄져 있지만, 조선시대 그림에서 여성이 젖가슴을 노출시킨다는 것은 충격적인
일이다.

김홍도 · 〈씨름〉 · 국립중앙박물관

서민들의 소박한 일상생활이
꾸밈없이 드러나 있다. 김홍
도는 민중들의 삶을 사실적인
모습으로 잘 그려내 당대 최
고의 호평을 받았다.

다. 신윤복은 한발 더 나아가 나체의 남녀가 교합하는 장면까지 그렸다. 그렇다고 이들이 그러한 그림으로 인해 피해를 받았다는 기록은 어디에도 없다. 성 표현에 관해서만큼은 조선이 지금보다 자유로웠던 걸까?

김홍도와 예술의 소비자로 등장한 중인과 서민층

단원 김홍도와 혜원 신윤복은 조선 후기 풍속화의 쌍벽으로 일컬어진다. 김홍도는 1745년생으로, 1758년생인 신윤복보다 선배이다. 김홍도는 정조가 "김홍도를 잘 알고 있으며 30년간 나라의 중요한 그림을 도맡아 그리게 했다"고 회고할 정도로 총애를 받은 화가였다. 그는 당대 최고의 미술평론가라 할 강세황의 후원을 받으면서 마음껏 자신의 재능을 펼칠 수 있었다. 김홍도는 산수, 화조, 인물 등 회화 전 분야에 통달했던 화가였지만 그의 명성은 무엇보다 풍속화에서 두드러지게 나타났다. 〈행려풍속도〉, 〈풍속화첩〉에서 그는 씨름, 서당, 대장간, 빨래터 등 민중들의 삶의 모습을 사실적인 필치로 그려내 당대 최고의 호평을 받았다. 주목할 만한 것은 김홍도가 말년에 소금장사로 갑부가 된 김한태의 경제적 도움을 받았고, 그의 집을 자주 출입하며 그림을 그렸다는 사실이다. 주로 정조나 상층 사대부의 후원을 받았던 그가 재력 있는 중인층에게도 후원을 받았다는 점은, 이 시대에 중인과 서민층도 예술의 소비자로 등장했다는 것을 의미한다. 서구 부르주아 시대의 예술가들이 신흥자본가의 후원을 받았던 것과 같은 맥락이다.

신윤복의 에로티시즘

세습 화원이던 신윤복은 아버지가 74세까지 장수하며 도화서 화원으로 있어, 젊은 시절에는 외방을 떠돌며 불안정한 생활 속에 있었다. 생의 대부분을 도화서에 있었던 김홍도와는 대조적이었다. 신윤복 역시 아버지에 이어 도화서에 들어가기도 했고 첨사라는 낮은 벼슬을 얻기도 했다. 그러나 대담한 색정을 표출한 풍속화로 인해 도화서에서 쫓겨났다. 신윤복은 시정촌락市井村落의 풍속도 중에서도 기녀 무속 주점의 색정적인 면을 많이 그렸다. 이는 유교풍의 사회에 대한 예술가로서의 저항인 동시에 인간주의적인 욕망을 표현하려는 의도라고 평가받고 있다. 이런 반유교적인 태도로 인해 신윤복은 그 자신에 관한 행적은 물론이고 생몰연대조차도 조선시대 기록에서는 찾아보기 힘

신윤복 · 〈이부탐춘〉 · 간송미술관
소복 차림의 과부가 개의 짝짓기를 감상하며 살며시 웃는 표정에는 내면의 성적 욕망이 드러나 있다.

들 정도로 주변부적인 삶을 살아야 했다. 그는 사대부들이 기녀와 질펀하게 놀아나는 장면을 사실적으로 그린 〈청금상련〉, 개의 교합 장면을 보면서 욕정을 느끼는 청상과부와 하녀를 그린 〈이부탐춘〉 등의 그림을 통해 성적 욕망의 표출을 정면에서 그려냈다. 신윤복은 여기서 더 나아가 춘화를 그리기도 했다.

조선시대 국가기관인 도화서 화원들은 국왕이나 명망가의초상, 지도, 기계·건축물 설계도, 책의 삽화, 외국 풍물화 등 국가에 필요한 실용적인 그림이나 기록화를 남겼다.

세도정치, 2만 냥 주고
고을 수령을 산다?

19세기 안동 김씨 가문이 중심이 되었던 세도정치는
자주적 근대화로 가는 길목을 가로막았다.

역사의 반동, 세도정치시대의 개막

정조가 급작스럽게 죽은 뒤 순조가 11세의 어린 나이로 왕위
를 계승했다. 영조의 계비였던 정순왕후는 수렴청정을 했다. 노론벽파
쪽 인물인 정순왕후는 정조대의 업적을 일시에 무화시켰다. 장용영을
혁파하고, 남인을 몰아내기 위해 천주교에 대한 대대적인 탄압을 가해
신유박해 등을 일으켰다. 수만 명의 천주교 신자들이 박해를 받았으
며, 실학파인 정약용, 이승훈, 이가환 등도 천주교도로 몰려 사형당하
거나 유배형에 처해졌다. 정순왕후의 수렴청정이 3년 만인 1803년에
끝난 뒤 권력은 순조의 장인 김조순에게로 넘어갔다. 이후 60년간 안
동 김씨 집안의 세도정치가 계속되면서 조선의 개혁은 정체되었다.

'세도정치勢道政治', '세도가勢道家'라고 할 때의 세도는 본래 '세도지임
世道之任'에서 비롯된 말이다. 곧 '세상의 도를 맡는 임무'란 뜻이다. 정조
때의 홍국영이 그러했듯, 세도정치란 원래 왕권이 약하고 어느 한 당
파의 권력이 비대할 때 왕이 이를 견제하기 위해 특정한 인물을 신임
해 왕권을 강화시키는 방편이었다. 이럴 때 왕의 신임을 받는 인물은

조선 후기의 세도정치

기 간	세 도 가	내　용
1776~1800 (정조)	홍국영	정조의 신임을 바탕으로 정권 장악 자신의 누이를 정조의 후궁이 되게 함 — '세도'란 말이 생겨남
		정조 집권 후기 — 탕평책을 바탕으로 개혁정치 시도
1800~1834 (순조)	김조순	국왕의 장인으로서 정권 장악 안동 김씨 가문이 요직을 차지, 뇌물수수 자행
1834~1849 (헌종)	조만영	풍양 조씨의 거두로서 5~6년간 정권 장악 안동김씨와의 경쟁에 급급, 민생과 사회문제를 도외시
	김좌근	철종을 즉위시키면서 정권 장악 정권 장악 후 반대파 제거
1849~1863 (철종)	김문근	모든 국사를 장악, 세도정치 극에 달함 뇌물수수와 매관매직 성행, 왕권 침해

특정 붕당의 인물보다는 왕과 특별히 가까운 외척일 경우가 많았다.

이렇듯 붕당정치의 산물이었던 세도정치는 순조 이후 왕권이 급격히 약화되면서, 안동 김씨라는 특정 집안의 권력 독점으로 그 성격이 완전 변질되었다. 김상헌의 후손인 김조순의 안동 김씨 집안은 순조·헌종·철종의 3대 60여 년간 왕실보다 더 막강한 권세를 휘둘렀다.

안동김씨의 사랑방에서 이뤄진 관리인사

'절대 권력은 절대 부패한다'는 말처럼 안동 김씨 집안의 막강한 세도 역시 절대 부패를 가져왔다. 붕당 간의 정치 투쟁이 치열했던 전대에도 노론의 일당지배로 인한 폐해가 있었지만, 그래도 그때는 소론이나 남인이란 견제세력이 있었다. 그러나 세도정치 연간에는 모든 권력이 이들 세도가의 손아귀에 있었다. 순조 때는 김조순이 영안부원군, 철종 때는 아들 김좌근이 영의정, 동생 김수근이 이조판서, 손자 김병기가 좌찬성을 맡는 등 이들 일가가 병권, 인사권, 재정권까지 모든 것을 장악하고 있었다. 국가의 모든 기밀과 보고사항은 안동 김씨 세도가와 먼저 의논한 뒤에야 왕에게 전해졌다.

당연히 성리학적 군신관계 따위는 이 시기에 찾아볼 수 없었고 부패상은 절정에 이르렀다. 과거제도가 유명무실해지고, 관직은 공공연히 매매되었다. 수령직은 대체로 2만 냥에서 3만 냥 사이였고, 감사 자리는 그 열 배에 달하는 돈을 내야 살 수 있었다. 또한 승진과 재임용 등에도 거액의 뇌물을 바쳐야 했다. 관리 인사는 법체계에 의해 조정에서 결정되지 않고, 안동 김씨의 사랑방에서 이뤄졌다.

거액을 내고 관직에 오른 자들은 백성을 수탈해 그 돈을 벌충했다. 기존의 토지세 외에도 온갖 명목의 세금을 거두는가 하면, 그것도 모자라 죄 없는 백성을 잡아가두고 돈을 내야 풀어주는 식의 강탈도 서슴지 않았다. 이런 수탈은 농민뿐만 아니라 상공업자도 대상이 되어 조선 후기 상공업의 발전이 지체될 정도였다.

개혁과 개방을 통해 근대화를 이룰 중요한 길목에 자행된 안동 김씨 가문의 세도정치는 우리 역사의 큰 걸림돌이었다. 결국 이들의 세도정치는 민중의 강렬한 저항을 불러일으켰다.

안동 김씨가 즉위시킨 강화도령 철종은 사도세자와 숙빈의 증손자로서, 정상적인 상황이라면 도저히 왕위에 오를 수 없는 임금이었다. 나는 새도 떨어뜨린다는 안동 김씨의 세도정치는 왕을 좌지우지할 정도의 힘을 가지고 있었다.

용병을 고용한
평안도 농민전쟁

홍경래가 주도한 평안도 농민전쟁은 목적의식적으로 조직된
최초의 민중항쟁이었다.

10년간 준비한 반란

1811년에 발발한 평안도 농민전쟁은 우리 역사상 보기 드문
민중항쟁이었다. 우선 반란의 주체가 이전까지의 반란과는 달리, 상업
과 광산업으로 부를 축적한 신흥 중간층과 몰락양반의 연합세력이었
다. 이괄의 난처럼 지도층 내부의 분열도 아니었고, 이인좌의 난처럼
대오가 정비되지 않은 유민층의 반란도, 우발적인 반란도 아니었다.
평안도 농민전쟁은 홍경래라는 몰락양반이 10년간 동조자를 규합해
자금과 조직을 꾸려서 거사를 한 유일한 혁명이었다.

당시 평안도는 이들 중간층의 반란이 일어날 조건을 충분히 구비
하고 있었다. 우선 양반층은 중앙정부의 평안도 배제 정책으로 과거
에 합격해 입신양명할 기회가 박탈된 채 몰락의 길을 걷고 있었다. 대
중국 밀무역과 전국적인 유통망을 가진 상업 활동으로 부를 축적했던
상인층도 세도정권과 결탁한 서울의 특권 상인층의 발호로 상업 활동
의 범위가 축소될 형편이었다. 광사의 개발로 많은 부를 축적하고 있
던 광산업자 역시 정부의 채굴 금지 조처로 존립 기반이 위협받고 있

었다. 물론 농민층은 지주로부터는 과도한 소작료를, 지방 수령에게는 고리대를, 중앙정부로부터는 군포를 물리는 등 삼중, 사중의 수탈을 받았으므로, 그 고통은 이들과 비교할 수 없을 정도로 큰 것이었다.

반란을 가장 먼저 구체적으로 준비한 층은 자금과 군사력을 동원할 수 있는 신흥 상공업층과, 반란의 이념을 세우고 조직할 능력이 있는 몰락양반층이었다. 토지도 노비도 없이 세 칸짜리 초가집 한 채밖에 가진 것이 없었던 몰락양반 홍경래洪景來(1771~1812)는 지사地師(풍수쟁이)로 전국을 떠돌면서 정세를 살핀 뒤 반란 세력을 규합하기 시작했다.

중간 세력의 이탈과 농민층 최후의 항전

홍경래와 뜻을 같이해 농민전쟁을 준비한 이는 우군칙, 이희저, 김창시, 김사용 등이었다. 우군칙은 홍삼 밀무역과 광산업으로 부를 축적한 인물로, 중소상인과 향임층을 투쟁에 끌어들였고 농민군 조직을 담당했다. 이희저는 천민 출신이었지만 대중국 무역으로 부를 축적해 양반 신분을 샀던 인물이다. 그는 자금 동원을 맡았고 1801년부터 사람을 모아 훈련시키면서 무기와 군량을 조달했다. 김창시는 초시에 합격한 유력한 양반으로 벼슬을 돈 주고 사려다 실패해 가산을 탕진한 이였다. 그는 금광채굴산업에도 간여한 경험을 살려 광산노동자들과 긴밀한 연대를 맺으면서 이들을 조직해나갔고, 농민전쟁의 이념적 지도를 맡았다. 김사용은 몰락양반 출신으로 부원사의 지위를 가지고 농민군을 지휘했다.

이들은 평안도 지역의 상공업자들에게 군자금을 조달받아 군수품을

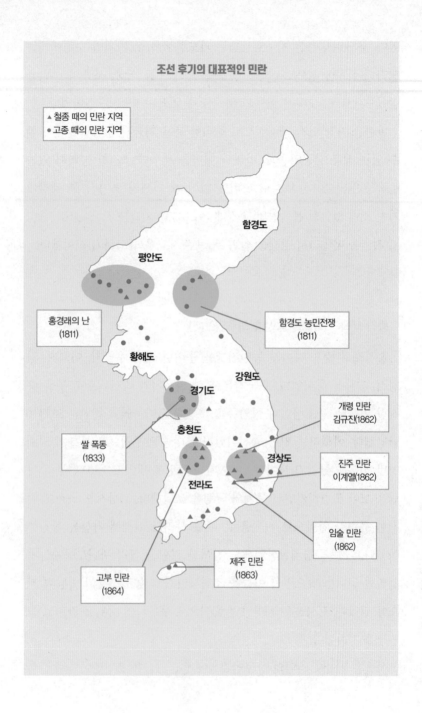

조선 후기의 대표적인 민란

▲ 철종 때의 민란 지역
● 고종 때의 민란 지역

함경도

평안도

홍경래의 난
(1811)

황해도

함경도 농민전쟁
(1811)

강원도

경기도

쌀 폭동
(1833)

충청도

개령 민란
김규진(1862)

경상도

진주 민란
이계열(1862)

전라도

임술 민란
(1862)

제주 민란
(1863)

고부 민란
(1864)

준비했고, 또 한편으로는 광산노동자를 모집한다는 명분으로 유민층에게 선금을 주고 군사로 끌어들였다. 그러니까 이들 유민층이 용병의 성격을 띠었던 것이다.

마침내 1811년 12월 18일 가산에서 천여 명의 군사로 봉기하여 열흘 만에 가산·곽산·정주·선천·대천·철산·용천 등을 한 번의 전투 없이 무혈입성했다. 이 지역 향리의 내응과 반란군의 치밀한 준비 때문이었다. 반란군이 점령 지역에서 수령을 몰아내자 향임 등 중인 세력이 고을을 통치했다. 그러나 반란군은 농민층이 아니라 향리층의 지지를 바탕으로 했기 때문에, 농민층의 바람을 담아내지 못하고 전임 수령과 똑같은 통치를 이어갔다. 결국 농민층의 지지를 얻지 못한 반란 세력은 전열을 가다듬은 관군에게 패해 정주성으로 쫓겨 가야 했다.

관군의 민란 진압

관군은 정주성 공격에 앞서 반란군의 밀정을 가려낸다는 명목으로 인근 농가를 불태우고 농민층을 함부로 죽이고 수탈했다. 그러자 농민들은 관군의 수탈을 피해 정주성에 입성했다. 이때부터 전쟁의 성격이 농민전쟁의 성격을 띠게 되었다. 정주성에 입성하기 전 패배할 것을 눈치 챈 다수의 중간층은 이미 투항하거나 총구를 농민군에게 돌린 상태였다. 결국 3개월에 걸친 정주성의 항쟁은 광산노동자를 동원해 성 밑에 땅굴을 파고 화약을 설치, 폭발시켜 성을 무너뜨린 관군의 승리로 끝났다.

그러나 이 전쟁 이후 민중은 봉건왕정체제도 부정할 수 있다는 정치적 각성을 하게 되었다. 전쟁이 끝난 뒤 "정주성에서 죽은 홍경래는 가짜다. 진짜 홍경래는 살아 있다"는 말이 퍼지면서 홍경래를 자처하는 반란 지도자들이 속출하기도 했다. 평안도 농민전쟁은 이후 1862년 전국의 동시다발적 민중항쟁과 1894년 동학농민전쟁으로 가는 길을 열어주었다.

조선시대에 16~60세 사이의 양인 남자는 모두 군대를 가야했다. 2개월에서 1년 정도의 기간을 군에서 복무하다 귀향한 뒤 다시 일정한 때가 되면 군대로 복귀해야 했다. 군인에게는 월급도 없었고, 군복이나 무기도 자신이 마련해야 했다.

대동여지도, 김정호는
정말 옥사했는가?

대원군이 군사기밀 누설죄로 김정호를 옥에 가둬 죽였다는 속설은
전혀 근거가 없는 이야기다.

지도마니아, 김정호

고산자古山子 김정호金正浩(?~1864)는 〈대동여지도〉 등 많은 지지학 저작물을 남겨 우리나라에서 가장 위대한 지리학자로 손꼽힌다. 고지도 연구에 업적을 남긴 전 숭실대 기독교 박물관장 김양선 박사에 의하면, 김정호는 1804년 황해도에서 태어나 평생을 가난하게 살면서도 일생을 지도 제작과 지리학 연구에 몰두했다. 그 결과 〈대동여지도〉, 〈청구도〉, 〈동여도〉, 〈동여지도〉 등의 지도와 『대동지지大東地志』 등의 전국지리지를 편찬했으니 조선시대의 '지도마니아'라고 할 수 있을 것이다. 경제적 보상이나 지위를 탐냈던 것이 아니라, 오로지 온전한 지도 제작을 위해 평생을 바쳤다는 점에서 그는 진짜 마니아였던 것 같다.

정말로 옥사했는가?

그런데 김정호의 옥사는 사실일까? 김정호가 〈대동여지도〉를 만들

어 조정에 바치자, 쇄국정책을 고집하던 완고한 대원군이 국가기밀을 누설했다며 그를 옥에 가두고 〈대동여지도〉의 목판을 불살랐다는 주장이 있다. 일제가 1934년 발행한 『조선어독본』에서 최초로 제기된 주장이다. 이것이 별다른 의심 없이 학계에도 받아들여져 초등학교 교과서에 그대로 소개되기도 했다. 그러나 이 주장은 조선 지배층의 무지함을 강조하기 위한 일제의 왜곡이었다는 증거가 다방면에서 제시되었다. 불태워졌다는 목판이 최근까지 수십 장 발견된 것이 그 첫 번째 증거다.

조선시대 지도 제작의 역사

혼일강리역대국도지도	태종 2년(1402) 권근 등 제작 **최초의 세계지도**
조선방역도	명종 12년(1557) 조선 전기 제작된 지도 중 **가장 정확한 지도** 풍수지리설의 영향으로 각 산맥을 정확히 표시
건상곤여도	숙종 34년(1708) 관상감에서 제작 **중국의 세계지도를 바탕으로 제작**
동국지도	정상기(1678~1752) 제작 **축척법을 사용한 점에서 획기적인 지도** 〈대동여지도〉에 영향을 줌
대동여지도	철종 12년(1861) 김정호 제작 **조선시대 최대의 지도** 정밀도가 오늘날의 지도에 육박

또 다른 증거는 김정호를 투옥
시켰다는 기록을 『실록』은 물론이
고, 『승정원일기』나 그에 관한 내
용이 있는 『이향견문록』, 『신헌문
집』 등에서도 찾아볼 수 없다는 점
이다.

김정호의 지도 제작을 위해 비
변사나 규장각의 관찬 지도 자료
를 이용하게 후원해준 당시의 고
관 신헌이 처벌받지 않고 오히려
대원군에 의해 병조판서로 제수된
사실 역시 '김정호 옥사설'이 조작
이었음을 알려주고 있다.

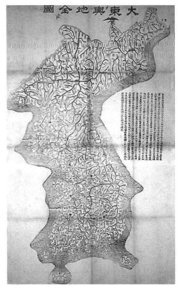

대동여지도
〈대동여지도〉는 가로 20센티미터, 세로 30센
티미터의 지도첩 22개로 된 조선시대 최대의
지도다.

백두산을 일곱 번 올랐다?

김정호에 관한 일화와 관련해 또 다른 오해도 있다. 김정호가 〈대동
여지도〉 제작을 위해 백두산을 일곱 번이나 오르고, 전국을 세 차례나
답사했다는 것이다. 김정호는 살림이 궁핍해 여행 경비를 마련하기가
어려웠고, 당시의 도로 사정이나 교통편을 감안하더라도 이는 현실적
으로 불가능한 일이었을 것이다. 한 차례의 답사만도 몇 달이 걸리는
일이었으니 말이다.

이는 김정호의 위대성을 강조하기 위한 신화였을 것이다. 김정호는

동시대의 위대한 실학자 최한기(1803~1875)와 막역한 사이였다. 아마도 중국을 통해 세계의 최신 지리학 자료를 접했던 최한기의 협조가 있었을 것이다. 또한 앞서 언급했듯 신헌의 도움으로 중인으로서는 접하기 힘든 역대의 자료들을 접할 수 있었다. 이들의 도움을 받아 김정호는 관과 민간, 그리고 중국의 지리학 관련 자료를 비판적으로 종합해, 당대 최고의 지도 제작에 성공할 수 있었을 것이다.

휴대하기에도 간편한 〈대동여지도〉

〈대동여지도〉는 가로 20센티미터, 세로 30센티미터의 지도첩 22개로 된 조선시대 최대의 지도다. 그러나 크다고 해서 사용하기에 불편한 것은 아니었다. 분첩으로 제작됐기 때문이다. 펴고 접을 수 있어 소장하기에 간편했다. 또한 접혀진 22개의 지도는 따로 떼어낼 수 있어서 어느 한 지역을 여행할 경우에는 해당 지도만 가지고 다니면 되었다. 게다가 목판으로 인쇄됐으므로 대중적으로 보급시키기에도 좋았다. 이전에 관에서 편찬된 지도들이 관청의 서가에나 소장돼 일반인은 볼 수도 이용할 수도 없었던 것과 달리, 〈대동여지도〉는 지리학의 실용적 기능에 가장 먼저 주목한 지도였다.

〈대동여지도〉는 현대의 지도와 비교해보아도 북부 지방과 동해안 일부만 제외하고는 정확성이 떨어지지 않는다. 그러나 이것의 실용적 기능성에 주목한 것은 불행하게도 일제였다. 그들은 〈대동여지도〉를 1904년 러일전쟁 때 군사적으로 사용했으며, 합병 후에는 토지조사사업을 벌이면서 참고자료로 썼다.

〈대동여지도〉는 또한 예술적 가치까지 인정받는 지도다. 22첩으로 접혀진 지도를 펼쳐놓으면 가로 3미터, 세로 7미터의 한반도 저겪이 나타난다. 도로와 하천, 힘차게 살아 있는 산줄기의 조화와 명료함 등이 뚜렷이 드러난다.

〈대동여지도〉는 그림과 조각에도 능했던 김정호의 재능이 한껏 발휘된 결과물이자, 조선의 전통적인 지도제작법의 역사가 종합된 성과물이었다.

김정호는 〈대동여지도〉 속에 설명문을 남겨 이 지도가 국방상의 필요에 부응할 수 있다는 점을 강조하였다.

세도가의 가랑이 사이를 기어나간 흥선대원군

흥선대원군은 대내적으로는 세도정치의 폐단을 개혁했으나,
대외적으로는 쇄국정책으로 근대화를 지연시켰다.

기개에 찬 이하전과 용렬한 이하응

고종의 아버지로 조선시대 마지막 개혁을 단행한 흥선대원군
(1820~1898)은 안동김씨 세도정치가 기세를 부리고 있을 때는 그들에
게 굴종한 듯이 보이다가, 어느 날 갑자기 집권하여 벼락같은 개혁 조
치를 취해 정국을 일시에 바꿔놓았다.

그가 젊은 시절 건달 생활을 했다는 것에 대해 최근 반론도 나오고
있지만, 당시의 안동김씨 세도가의 위세를 보면 정도의 차이는 있을지
언정 정치적 야심을 드러내지 않으려 건달 비슷하게 행동했을 가능성
은 충분히 있다. 그 예로 철종(1831~1863년)이 즉위할 때 강력한 왕위계
승자로 꼽히던 완창군 이시인의 아들 이하전李夏銓(1842~1862년)의 운명
을 들 수 있다.

이하전은 후사 없이 죽은 헌종의 뒤를 이어 왕위 계승이 거의 확실
시되었다. 그러나 안동김씨 측의 농간으로 철종이 대신 즉위하게 되었
다. 이하전은 왕족으로서 자긍심도 대단했고 지기 싫어하는 성격이었
다. 자연히 세도가 집안의 자제들과 부딪히는 일이 있었고, 그들에게

흥선대원군의 개혁

분야	혁신	폐단
정치	낭색과 눈벌늘 초벌한 고른 인재 등용 당쟁의 근거지 서원 철폐 세도정치의 폐해 일소	
경제	민간의 부담을 덜기 위해 무명잡세 폐지 특산물 바치는 진상제도 폐지	경복궁 중건과정에서 원납전 징수 → **경제에 악영향**
행정	탐관오리 처벌 의정부 부활, 비변사 폐지 『대전회통』 등의 법전 편찬	농촌 사회의 모순을 해결하지 못함
외교	존왕양이를 바탕으로 한 쇄국정책 병인양요, 신미양요 등 외세 격퇴	천주교에 대한 지나친 박해 세계 정세를 읽지 못함

수모를 당하면 드러내놓고 억울함을 호소하였다. 이런 이하전의 행동은 왕족과 세도가의 전횡에 염증을 느끼던 백성들에게 인기를 얻었을지도 모른다. 정치적 의욕이 조금이라도 있는 왕족이라면 누구든 제거하기에 바빴던 안동김씨들이 이하전을 그냥 둘 리 없었다. 결국 이하전은 1862년 역모죄에 몰려 사약을 받는 운명에 처해졌다.

이에 비해 흥선군 이하응은 철저히 위장했다. 그는 어려운 살림임에도 불구하고 기생집을 전전하며 건달들과 어울려 지냈다. 왕족이면서도 파락호 같은 짓으로 시정잡배들에게 욕을 먹는 경우가 있을 정도였다. 그러면서 안동김씨 일파에게 추파를 던졌다. 안동김씨들이 이런 흥선군을 우습게 봤을 것은 분명하다. 그러나 그것은 그들의 오산이었다.

백성들의 전폭적인 지지를 받은 개혁 조치

갑작스럽게 철종이 죽자, 흥선군과 사전에 결탁했던 조대비가 흥선군의 둘째 아들을 고종으로 즉위시켰다. 그 후 대원군은 180도 달라졌다. 그는 집권하던 해에 『양전편고』와 『강목집요』라는 책을 썼다. 전자는 관리의 임면과 과거제도에 관한 책이고, 후자는 통치의 도를 밝힌 중국고전 『자치통감』, 『속강목』의 축약본이었다. 집권했을 때의 개혁 프로그램을 미리 내밀하게 준비해두고 있었던 것이다.

1864년에 집권해 1873년 실각할 때까지 10년간 대원군이 펴나갔던 대다수의 개혁 정책은 백성들의 전폭적인 지지를 받았다. 첫 번째 개혁 조치는 서원 철폐였다. 전국에 700개가 넘는 서원은 지방유지들의 거점으로서 수령이나 관찰사도 무시할 수 없는 세력이었다. 서원은 자체적인 노비와 토지를 가지고 있었으며 세금도 면제받았다. 또한 서원의 증개축이나 수리 유지비용을 관아에서 지원받았는데, 이에 대한 부담은 모두 지역민들에게서 나온 것이었다. 관리에게 당하는 것도 서러운데, 지방유지에게까지 수탈당하니, "서원이 있는 데는 개도 오줌을 싸지 않는다"고까지 할 정도로 백성의 원성이 자자했다. 이런 서원을 47개만 남겨놓고 다 철폐했으니 백성들이 좋아하지 않을 수 없었다. 두 번째는 무명잡세를 폐지해 함부로 세금을 거두는 것을 금했다. 세 번째로는 양반에게도 세금을 징수해 양인과 똑같은 부담을 지게 했다. 집권하자마자 이런 개혁을 전광석화처럼 해내자 민중은 대원군에게 전폭적인 지지를 보냈다.

경복궁 중건으로 무리수를 두다

그러나 대원군의 개혁을 유지해나갈 지지세력은 거의 없는 상태였다. 민심에 의서한 성지는 십권자의 과단성에 의존하는 경우가 많다. 그 과감한 결단이 틀린 방향일 경우에는 제어할 힘이 없다. 1865년 시작해 1872년에까지 계속된 경복궁 중건 공사가 바로 그것이었다. 중건을 위해 일반 백성들에게 특별세금을 과중하게 부과한데다, 농번기에도 20일 동안 서울, 경기 일원의 백성 34만 명을 동원한 공사였으니 원성이 크지 않을 수 없었다. 비록 왕권 강화를 위한다는 미명이었지만, 이는 민중의 기대를 저버린 독단적 조치였다. 게다가 당백전 등 악화를 유통시켜 경제를 혼란에 빠뜨림으로써 백성들의 삶을 더욱 어렵게 만들었다.

이런 틈을 놓치지 않고 대원군의 숙적인 민비가 고개를 들었다. 민비는 최익현을 부추겨 대원군이 10년간 실정을 해왔으며 고종이 직접 정사를 맡아야 한다는 상소를 올리게 했다. 이로써 대원군의 10년 권세는 몰락하게 되었다. 그 뒤 두 번의 짧은 재집권이 있었지만 정책다운 정책의 수립과 집행은 이것으로 마지막이었다.

당백전 한 푼은 엽전 백 푼의 가치와 같은 화폐로, 화폐의 가치를 폭락시키는 결과를 가져왔다.

조선시대
이혼 이야기

조선은 남자 세상이었다. 칠거지악이라 해서 부인이 아들 못 낳은 것, 음란한 것, 투기하는 것, 말 많은 것 등 일곱 가지 죄를 지으면 쫓아낼 명분이 있었다. 곧 첩을 들였는데 질투하면 버릴 수 있으니 남성 일방적인 사회였다.

그러나 이런 사회였음에도 양반에게 이혼은 쉽지 않았다. 양반이 이혼을 하려면 사헌부에 고발하거나 예조에 문서를 올려 이혼 신청을 한 다음 나라의 허락을 받아야 했다. 세종 때 찬성 이맹균이 계집종을 첩으로 삼았는데, 질투심에 불난 정처 이씨가 첩을 마구 때리고 움 속에 가두어 굶겨 죽였다. 사헌부에서는 아들도 못 낳는 주제에 사람까지 잔혹하게 죽였으므로 내쫓아야 한다고 주장하였다. 그러나 세종은 이런 흉악한 일이 일어난 것은 남편의 잘못이라며 이혼을 허락하지 않았다. 도리어 이맹균을 가정을 못 다스린 이유로 파직시키고 황해도에 귀양 보냈다. 사대부 집안 출신의 정처에 대한 신분 보장인 셈이었다. 정처의 권리는 이러했지만 신분이 낮은 첩의 권리는 한없이 무시됐다.

한편 천민이나 평민은 이혼이 자유로웠다. 여성이 자신의 옷섶을 잘라 상대에게 주면 그것으로 이혼 성립이었다. 겉섶과 안섶을 여미며 저고리를 입는데 한쪽이 없으면 옷을 못 입으니 부부가 갈라선다는 것을 의미했던 것이다.

가장 드라마틱한 장면은 병자호란 때 청나라에 끌려갔다 돌아온 환향녀의 처리 문제였다. 양반들은 이혼을 원했다. 효종의 장인이 되기도 했던 의성부원군 장유도 환향했던 며느리를 거부하고 나라에 이혼을 청했다. 이때 주화파로 목숨을 걸고 대청 교섭에 나서기도 했던 최명길은 이에 반대했다. 자신의 뜻과 달리 청에 끌려갔고, 몸을 더럽혀졌다는 증거도 없는 부녀자를 내치는 것은 부당하다는 것이었다. 그러나 이런 뜻은 받아들여지지 않았다. 남성들은 다시 장가들고 부인들을 버렸다. 참으로 치사한 남자들이었다. 양반 여성들은 부친을 통하지 않으면 이혼을 청할 수도 없었다.

봉급 한 푼 없었던
조선시대의 향리

조선시대 향리라고 하면 "예~. 사또" 하며 지방수령에게 간살을 떠는 이방이 떠오른다. 백성들은 향리를 세금을 재촉하는 수탈의 원흉으로 봤고, 수령은 언제나 자신을 속이려 드는 믿지 못할 하급관료로만 대했다. 지방관이 부임하면 향리의 보좌 없이는 직무를 수행할 수 없었지만, 그들에게 향리는 '사람의 도리로써 대해서는 안 되고 감독하고 법으로 통제해야 할' 대상일 뿐이었다.

향리에 대한 나쁜 이미지를 구조적으로 만들어놓은 것은 조선의 조정이었다. 조정에서는 향리에게 한 치의 땅도 한 푼의 봉급도 주지 않은 채 일을 맡겼다. 일종의 명예직으로 간주한 것이다. 그러나 향리는 세금 징수에서부터 부역의 집행에 이르기까지 관아의 모든 실무를 맡아서 해야 했다. 이들이 없으면 업무가 마비될 정도였다. 막중한 업무를 수행하기 위한 경비도 만만치 않게 들어갔다. 양반은 지방에 땅을 가진 지주층이었지만, 향리는 땅도 많지 않았다. 이들은 생계비와 직무 수행 비용을 마련하기 위해서라도 공공연한 횡령을 저지르지 않을 수 없었다. 그러자면 할당된 세액보다 많은 세금을 걷기 위해 백성을 쥐어짜야 했다. 조선 정부가 향리에게 부정을 구조적으로 강요했던 셈이다.

그러나 향임을 아무나 얻을 수 있는 것은 아니었다. 향리 중 관청의 직책을 수행하는 이임吏任 자리는 5대 1이 넘는 경쟁을 거쳐야 했다. 향리의 대명사인 이방은 향리가 오를 수 있는 최고위직이자 노른자위 자리였다. 이방이 되려면 30년의 세월을 기다려야 했다고 한다. 부패가 만연했던 조선후기에 와서는 이임 역시 돈이 있어야 얻을 수 있는 자리가 되었다. 돈으로 산 자리라 본전을 뽑기 위해 강도 높은 수탈을 자행했음은 물론이다.

5장

근대의 전개와 현대사회의 성립

제국주의 침략에서 민주국가 수립까지

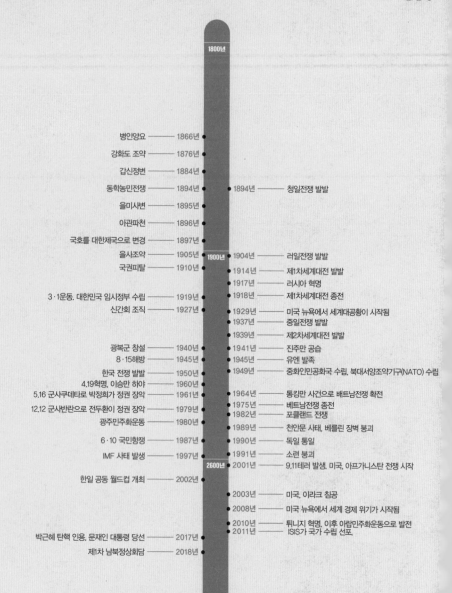

한국사

세계사

1800년

병인양요 ——— 1866년

강화도 조약 ——— 1876년

갑신정변 ——— 1884년

동학농민전쟁 ——— 1894년 ● 1894년 ——— 청일전쟁 발발

을미사변 ——— 1895년

아관파천 ——— 1896년

국호를 대한제국으로 변경 ——— 1897년

을사조약 ——— 1905년 ● 1900년 1904년 ——— 러일전쟁 발발

국권피탈 ——— 1910년 ● 1914년 ——— 제1차세계대전 발발

1917년 ——— 러시아 혁명

3·1운동, 대한민국 임시정부 수립 ——— 1919년 ● 1918년 ——— 제1차세계대전 종전

신간회 조직 ——— 1927년 ● 1929년 ——— 미국 뉴욕에서 세계대공황이 시작됨

1937년 ——— 중일전쟁 발발

1939년 ——— 제2차세계대전 발발

광복군 창설 ——— 1940년 ● 1941년 ——— 진주만 공습

8·15해방 ——— 1945년 ● 1945년 ——— 유엔 발족

한국 전쟁 발발 ——— 1950년 ● 1949년 ——— 중화인민공화국 수립, 북대서양조약기구(NATO) 수립

4.19혁명, 이승만 하야 ——— 1960년

5.16 군사쿠데타로 박정희가 정권 장악 ——— 1961년 ● 1964년 ——— 통킹만 사건으로 배트남전쟁 확전

12.12 군사반란으로 전두환이 정권 장악 ——— 1979년 ● 1975년 ——— 베트남전쟁 종전

광주민주화운동 ——— 1980년 ● 1982년 ——— 포클랜드 전쟁

1989년 ——— 천안문 사태, 베를린 장벽 붕괴

6·10 국민항쟁 ——— 1987년 ● 1990년 ——— 독일 통일

IMF 사태 발생 ——— 1997년 ● 1991년 ——— 소련 붕괴

2600년 2001년 ——— 9.11테러 발생, 미국, 아프가니스탄 전쟁 시작

한일 공동 월드컵 개최 ——— 2002년

2003년 ——— 미국, 이라크 침공

2008년 ——— 미국 뉴욕에서 세계 경제 위기가 시작됨

2010년 ——— 튀니지 혁명, 이후 아랍민주화운동으로 발전

박근혜 탄핵 인용, 문재인 대통령 당선 ——— 2017년 ● 2011년 ——— ISIS가 국가 수립 선포

제1차 남북정상회담 ——— 2018년

2100년

자주적 근대화의 발목을 잡은 병인양요와 신미양요

대원군의 쇄국정책은 두 차례의 양요를 거치면서
더욱 굳건해져 자주적 근대화의 기회를 놓치게 되었다.

제국주의 열강의 조선 침략 개시

조선에서 세도정치와 관료들의 부패로 점철됐던 19세기는 세계적으로는 제국주의가 본격화됐던 시기였다. 영국, 프랑스, 미국 등의 제국주의 열강은 세계 전역을 식민지 삼아 정치적, 경제적 침탈을 자행했다. 아시아의 대국 중국은 1840년과 1856년 영국과의 1·2차 아편전쟁에서 패배해 반식민지로 전락해가고 있었다. 일본 역시 1854년 미국 페리함대의 무력시위에 굴복, 미일화친조약을 체결한 이후 영국·프랑스·러시아·네덜란드 독일 등과 차례로 불평등조약을 체결해 그들의 영향력 아래 놓이게 되었다.

이런 시대 상황 속에서, 조선 역시 예외는 아니었다. 1839년 기해박해 때 조선 정부가 프랑스 신부 세 명을 살해한 것에 대한 책임을 묻기 위해, 1846년에 프랑스 동양함대 사령관 세실이 군함 세 척을 끌고 나타났다. 이듬해에도 프랑스 군함 두 척이 회답을 얻고자 조선으로 항해했으나 도중에 난파되었다. 여기에 그치지 않고, 1855년에는 무력을 동원해 조선을 하루 바삐 식민지화해야 한다는 프랑스 게랑 제독의

보고서가 프랑스 해군성에 도착하기도 했다. 조선의 의지가 어떠했든, 침략은 이미 예정된 것이나 다름없었다.

대원군의 쇄국정책을 굳건히 한 두 차례의 승리

조선은 1866년 프랑스인 신부 아홉 명과 천주교도 8천 명을 처형했는데, 이것이 바로 병인박해다. 프랑스는 이를 문제 삼아 그해 10월 11일, 극동함대 사령관 로즈로 하여금 군함 일곱 척, 대포 열 문, 총병력 2천8백여 명을 동원해 강화도를 공격하게 했다. 병인양요였다. 그러나 프랑스군은 문수산성과 정족산성에서 양헌수 등이 이끄는 조선 방어군에 대패하고 퇴각했다. 관민이 일체가 되어 적극적으로 항전해 거둔 승리였다.

당시 프랑스군은 강화도의 외규장각에 있던 고서 345권과 정부재정용으로 비축한 은금괴 180상자를 약탈하고, 살인, 방화, 파괴 등의 만행을 저지르기도 했다. 이때 약탈해간 고서들은 거의 150년이 지난 뒤에야 영구임대의 형식으로 우리나라에 반환되었다.

프랑스에 이어 미국이 조선 침략에 나섰다. 1871년 5월, 다섯 척의 군함과 대포 팔십오 문, 병력 1천2백여 명을 동원한 신미양요였다. 19세기 미국의 해외 침략 중 최대 규모 병력이었다. 이들은 1866년 7월에 있었던 제너럴셔먼호사건을 구실로 삼았다. 미국의 무장상선 제너럴셔먼호가 평양에 상륙해 납치, 살인, 약탈을 자행하자, 이에 격분한 주민들이 평양 감영의 군사들과 합세해 배를 불태우고 선원 전원을 살해한 사건이었다. 로저스가 이끄는 미국의 아시아 함대는 제너럴셔먼

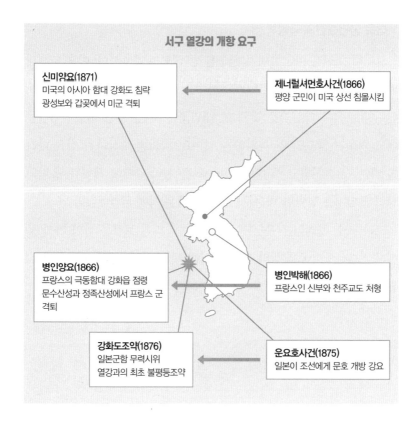

서구 열강의 개항 요구

신미양요(1871)
미국의 아시아 함대 강화도 침략
광성보와 갑곶에서 미군 격퇴

제너럴셔먼호사건(1866)
평양 군민이 미국 상선 침몰시킴

병인양요(1866)
프랑스의 극동함대 강화읍 점령
문수산성과 정족산성에서 프랑스 군
격퇴

병인박해(1866)
프랑스인 신부와 천주교도 처형

강화도조약(1876)
일본군함 무력시위
열강과의 최초 불평등조약

운요호사건(1875)
일본이 조선에게 문호 개방 강요

호사건에 대한 문책과 보상, 그리고 불평등 항해통상조약을 요구하며
강화도를 공격했다. 이에 어재연魚在淵(1823~1871년)이 이끄는 조선군이
병력과 장비의 열세에도 불구하고 결사항전을 벌여 미군함을 퇴각시
켰다. 그러나 전투 자체는 조선 측의 완전한 패배였다. 미군은 고작 세
명의 전사자를 냈을 뿐이었는데, 조선 측 사망자는 3백5십 명에 달했
다. 미군은 조선을 식민지화하기 위해 침범했던 것이 아니라, 일본에
서 했던 것처럼 무력시위를 통해 개국시키려 했었고, 조선 측의 결사
적인 저항 의지에 잠시 퇴각했을 뿐이었다.

더욱 굳건해진 쇄국정책

그러나 조선은 미군함대의 철수를 곧 패퇴로 간주했다. 이후 조선의 배외감정은 더욱 심화됐고, 쇄국정책은 대중적 지지를 얻게 되었다. 신미양요 이후 자신감을 갖게 된 대원군은 "서양 오랑캐가 침범하는 데도 싸우지 않으면 곧 화의하는 것이요, 화의를 주장하는 것은 나라를 파는 것이다"라고 새긴 척화비斥和碑를 전국 각지에 세웠다. 유림의 강력한 지지를 받았던 대원군의 쇄국정책은 더욱 굳건해졌다.

그러나 두 차례의 작은 싸움에서 거둔 승리의 보람은 얼마 가지 못했다. 1854년 미국 흑선의 위협에 의해 개국을 강요당했던 일본이 그 흉내를 내, 조선을 무력으로 개항시키려는 사태가 벌어졌던 것이다.

프랑스가 강화도에서 약탈해간 은금괴는 당시 화폐로 환산하면 약 3만8천 달러에 이르렀다.

강화도조약, 새끼 제국주의 국가 일본에 일격을 당하다

강화도조약 체결로 조선과 일본 사이에 종래의 전통적이고
봉건적인 통문관계가 파괴되고 국제법적인 토대 위에서
외교 관계가 성립되었다.

제국주의 일본의 첫 번째 침략 대상, 조선

1873년은 명성왕후 일파가 정권을 잡았던 해이다. 경복궁 중
건과 서원 철폐로 대원군이 백성과 양반층 모두로부터 지지를 잃자,
명성황후의 사주를 받은 최익현이 "국왕이 직접 정치를 해야 한다"는
상소를 올렸고, 결국 대원군은 실각하게 되었다. 이때부터 명성황후를
중심으로 한 민씨 일파가 정권을 잡았다. 세도정치로의 복귀였다. 주
요 관직은 민씨 일족이 독차지했고, 매관매직이 다시금 성행했다. 백
성에 대한 수탈이 더욱 극심해졌고 국가 재정은 파탄 직전까지 이르렀
다. 바로 이런 시점에서 운요호사건이 터졌다.

메이지유신(1868년)의 성공으로 근대국가 체제를 갖춘 일본은 열강
의 일원으로 끼어들고자 조선을 첫 번째 침략 대상으로 꼽았다. 당시
일본의 무사 세력은 '정한론征韓論'을 내세워 조선 침략을 추진했지만
다급한 국내 사정 때문에 실행하지는 못했다. 하지만 메이지유신 이후
도태된 무사계급의 불만을 밖으로 돌리고, 서구와 불평등조약으로 입
은 피해를 조선을 통해 상쇄시키고자 적극적으로 침략을 노렸다.

의도적인 도발, 운요호사건

1875년 8월 일본군함 운요호가 수로 측량을 이유로 강화도 근처에 아무런 예고도 없이 접근하였다. 이에 조선군은 당연히 포격을 가하였고, 양측 간에는 격렬한 포격전이 벌어졌다. 그러나 일본은 오히려 "조선 측이 갑자기 공격해와 싸웠다"고 주장하면서 조선에 나와 있는 일본인들을 보호한다는 명목으로 부산에 군함 세 척을 파견해 함포사격을 하는 등 무력시위를 자행했다.

그해 12월, 군함 여섯 척을 몰고 온 일본 측 전권대신 구로다는 조선에 운요호 사건의 책임을 묻고 불평등조약을 강요했다. 조선 조정은 논란을 벌이다가 당시 조선에 와 있던 청나라 사신의 권유로 결국 개항을 선택했다. 그리고 이듬해인 1876년, 조일수호조약, 곧 강화도조약을 맺었다.

일본은 조선에 군사 행동을 개시하기 전에 일본에 와 있던 영국, 미국, 프랑스 등 각국 공사들의 협조를 끌어낸 상태였다. 더구나 미국공사 빙햄은 『페리의 일본원정 소사』라는 책까지 주어 일본을 강제로 개국시킨 미국의 사례를 참고하도록 했다. 곧 일본은 제국주의 열강의 첨병 역할까지 부여받았던 것이다.

불평등 조약

강화도 조약은 조선에 대한 경제적 침탈을 마음껏 할 수 있도록 보장한 불평등조약이었다. 일본인들은 이 조약에 의거해, 부산·원산·인천 등지의 개항장에서 조선 정부의 통제를 받지 않고 장사할 수 있으

열강의 침략

러시아

소 · 러 소약(1884)
공사관 설치(1884)
조 · 러 비밀조약(1886)

청

수륙무역장정(1882)
청군 한성 진주(1882)
공사관 설치(1884)

일본

강화도조약(1876)
공사관설치(1881)
수호조규부록(1882)
통상장정(1883)

강화도조약의 주요내용

제1조	조선은 자주국으로 일본과 평등한 권리를 가진다.
제2조	일본정부는 지금부터 15개월 후 수시로 사신을 조선 서울에 파견한다.
제5조	조선은 부산 이외의 두 항구를 20개월 이내에 개항하여 통상을 허용한다.
제7조	조선은 일본의 해안 측량을 허용한다.
제10조	개항장에서 일어난 양국인 사이의 범죄사건은 속인주의에 입각하여 자국의 법에 의하여 처리한다.

며, 일본 화폐를 사용할 수 있었고, 관세를 물지 않아도 됐다. 또한 일본 해군이 조선의 해안을 자유롭게 측량하고 지도를 작성할 수 있게 됨으로써 이후 군사적 침략의 발판을 제공하게 되었다.

그리고 조선은 쌀·콩 등 농산물을 수출하고, 영국산 면제품과 지배층의 사치품으로 쓰일 공산품을 수입하게 되었다. 쌀 수출로 인해 쌀값이 올라 농민과 도시 평민의 몰락이 가속화되었고 국내 수공업자들도 큰 타격을 받게 되었다.

이런 불평등조약은 이후 서구열강과의 관계에서도 동일하게 반복돼, 조선은 경제적 예속 상태에 빠지게 되었다.

강화도조약 이후 수신사로 일본에 갔다 온 김기수, 김굉집 등의 주장으로 정부는 일본의 문물제도를 배워오도록 신사유람단을 일본에 파견했다(1881년).

임오군란 후
외국군이 주둔하다

민비를 중심으로 한 민씨 일족은 권력을 장악한 지
9년 만에 나라를 완전히 거덜 내고 있었다.

돌과 모래와 썩은 쌀이 밀린 월급으로

1882년 7월 23일 무위영과 장어영의 구식 군인들은 평소보다 표정이 밝았다. 13개월이나 밀린 급료가 한 달치나마 나온다는 날이기 때문이었다. 한 달치나마 급료를 받으면 기아 직전의 생활에 다소 희망이 보일 듯도 싶었다. 그러나 급료로 나온 쌀을 보자 군인들의 분노는 극에 달했다. 쌀의 양이 적었을 뿐 아니라, 썩은 쌀에 모래와 돌이 숱하게 섞여 있었던 것이다. 군인들에게 줄 쌀을 병조판서이자 선혜청 당상인 민겸호가 착복하였고, 그 밑의 말단 관리들까지도 한몫씩 챙긴 결과였다. 군인들은 쌀 수령을 거부하며 창고 관계자들에게 격렬하게 항의했다.

이에 병조판서 민겸호는 난투를 주도한 군인 몇을 체포하여 본보기로 처형할 것을 명했다. 이런 극단적인 조치에 군인들은 민겸호의 집에 쳐들어가 집과 기구를 닥치는 대로 파괴한 뒤 포도청, 의금부를 습격하여 갇혀 있던 동료와 정치범을 해방시켰다. 그러고는 민씨 일족을 중심으로 한 친일파 중신의 집을 차례차례 습격해 중신들을 살해하고,

일본공사관을 공격했다. 이어 마침내는 창덕궁에 진입해 원한의 표적인 민비를 찾아 궁의 이곳저곳을 파괴했다. 여기에는 군인들뿐 아니라 인근의 하층민까지 대거 합류했다.

준비 없는 개항으로 민중의 삶이 피폐해지다

군인들의 반란에 민중이 대거 합류한 것은 그간의 악정의 원흉을 민비라고 인식하고 있었기 때문이었다.

사실 민비를 중심으로 한 민씨 일족은 권력을 장악한 지 9년 만에 나라를 완전히 거덜 내고 있었다. 군인들이 봉급 13개월치를 못 받은 것 이상으로 조정의 문무백관은 5년 이상 봉급을 한 푼도 받지 못했다. 이런 재정 고갈에도 불구하고 민비는 두 살배기 아들을 세자에 책봉하기 위해 청나라의 실권자 서태후와 리훙장에게 뇌물로 수백만 금을 바치고, 미신 숭배에 빠져 수천만 냥의 재물을 점쟁이나 무당에게 안겨 다주는 등 상상을 넘어서는 낭비를 일삼았다. 그 결과 대원군 집권 시절에 충실했던 국고가 텅 비게 되었다.

그리고 준비 없는 개항으로 조선 민중의 삶은 더욱 피폐해졌다. 일본이 조선에서 수입해가는 물품의 80퍼센트는 쌀이었다. 이로 인해 쌀값이 폭등했다. 여기에다 일본에서 수입해온 면화와 잡화로 인해 조선의 목화 농업과 수공업은 쇠퇴했다. 전통적 산업 기반이 와해돼 일자리를 잃은 실업자가 속출했다. 민중들이 고통스런 삶의 원인이 바로 민비에게 있다고 생각하게 된 것은 당연한 일이었다.

정치적 생명을 연장하기 위해 외세를 끌어들인 민비

민비는 이런 난의 와중에 수위부장 홍계훈의 도움을 받아 장호원으로 피할 수 있었다. 그곳에서 숨어 있는 동안 서울에서는 사라진 민비를 죽은 것으로 간주하고 국장을 치른 뒤 대원군이 다시금 전권을 거머쥐었다. 고종이 사태 수습을 위해 대원군을 다시금 입궐시키고 모든 정사를 대원군 결재를 받아 시행하도록 했던 것이다. 대원군은 임오군란의 한 원인이었던 별기군을 폐지하고 구식 군대인 5군영을 부활시켰다. 또한 유배를 간 척사파도 석방시켰다. 대원군은 피폐해진 국정을 바로잡고자 했으나 상황은 그가 나서더라도 회복하기에는 역부족이었다. 청일 양국의 영향력을 벗어나기 힘들었고, 그의 개혁을 지지해줄 인적 기반이 태부족했다.

임오군란의 발발과 함께 청일 양국은 민감하게 반응했다. 그와 동시에 민비는 고종에게 자신이 살아 있음을 비밀리에 알리고 청국의 출병과 대원군의 제거를 요청했다. 이에 고종은 천진에 머물고 있던 김윤식과 어윤중에게 청측에 출병을 요청하도록 했다. 청국은 임오군란을 기회로 일본에 빼앗긴 조선에 대한 우월적 지위를 회복하고자 재빨리 세 척의 군함과 삼천의 병력을 조선에 급파했다. 오장경과 위안스카이가 이끄는 청군은 서울에 주둔하고는 대원군을 납치하여 천진으로 보냈다.

대원군은 집권 33일 만에 또다시 축출된 것이다. 청국은 임오군란의 수습 과정에서 상민수륙무역장정常民水陸貿易章程을 체결했다. 조약 내용은 외형과는 달리 조선이 청의 속국이라는 것을 명기하는 정치적 성격의 조약이었다. 이에 따라 청은 독일인 묄렌도르프를 외교고문으로 세우는 등 조선 내정에 깊숙이 간여하게 되었다. 또한 청국 군대를 지휘하는 위안스카이는 조선에 10년간 머물면서 조선 정부에 막강한 영향력을 발휘하게 되었다.

용산에 주둔하기 시작한 외국군

임오군란 때 귀국했던 일본공사 하나부사 역시 일본 군대의 호위를 받으며 조선으로 돌아왔다. 하나부사는 군란 때 피살된 일본인에 대한 위문금과 일본국 시설에 대한 피해보상금 50만 원을 지불하고, 일본군을 공사관에 주둔시킨다는 내용의 제물포조약을 체결했다. 청일 양국 모두 군사적 대결을 피했기 때문에 양국의 군대를 동시에 조선에 주둔시켰다. 이후 10년간 청국과 일본은 조선을 먹잇감으로 한 암투를 벌여나갔다.

결국 민비는 자신의 정치적 생명을 연장하기 위해 외세를 끌어들여 조선에 막대한 피해를 입혔다. 용산에 주둔하기 시작한 외국 군대는 지금까지도 계속 주둔하고 있다.

대원군이 청군에 의해 보정부로 납치된 뒤 국왕은 이유원을 전관대신, 김홍집을 전권부관으로 임명하여 인천 제물포에서 화방공사와 회상會商하도록 했다.

노터치No-touch가
노다지의 어원이라니?

20세기를 전후해서 조선은 제국주의 열강에게 각종 자원과 이권을 수탈당했다

제국주의 열강의 이권 각축장이 된 조선

조선은 1882년 미국과 조미수호통상조약을 맺었다. 서양과 맺은 최초의 조약이었다. 조미수호조약은 미국에 최혜국 대우를 해줄 것을 명시한 조약으로 이른바 불평등조약이었다. 최혜국 대우란 다른 나라에 허용된 특권은 자동적으로 조약 당사자인 미국도 갖게 되는 것을 말한다. 이 조약으로 인해 미국은 강화도 조약에서 일본에게 허용된 개항장 설치, 거류민 치외법권 등을 비롯해, 영국, 프랑스 등에 허용된 군함 정박권, 기독교 포교권까지 얻는 특혜를 누렸다.

조미수호통상조약 이후 조선은 영국, 독일, 러시아, 이탈리아, 프랑스, 오스트리아와 통상조약을 맺었다. 이제 조선은 제국주의 열강의 이권 각축장이 되었다. 경제적 이득을 가장 많이 보장받은 나라는 물론 일본이었다. 일본은 서구와의 교역에서 발생한 적자를 조선에 대한 수출로 만회해 경제발전의 기초를 다질 수 있었다. 일본 다음으로 이권을 많이 보장받은 나라는 미국이었다. 조선 정부에서는 미국과의 교류를 통해 서구문물을 받아들일 수 있고, 일본을 견제할 수 있다고 믿

었던 것이다. 그러나 이는 당시의 국제정세를 파악하지 못한 무지의 결과이다. 미국은 가쓰라-태프트 밀약(1905년)에서 보듯, 조선에 대해선 경제적 이득만 얻고 식민 지배는 일본에 보장해주어 유럽 세력을 견제하고자 하였다.

선교사 알렌의 이권 개입

미국 이권 개입의 첨병은 의료선교사로 파견된 알렌이었다. 알렌은 1884년 9월 조선에 온 최초의 개신교 선교사였다. 그는 박해를 피해, 처음에는 선교사란 신분을 속이고 미국공사관 소속의 의사로 입국했다. 그리고 그해 12월 갑신정변의 거두 민영익을 완치시켜준 공로로, 고종의 시의이자 정치고문으로 일약 활약하게 되었다. 알렌은 선교사란 신분에 걸맞지 않게 경제적 이해득실에 밝은 자였다.

그는 고종의 신임을 얻은 데 이어 이완용과 같은 조선 정부 실력자의 도움을 받아, '황금알을 낳는 거위'인 경인철도 부설권을 따낼 수 있었다. 알렌은 자신의 친구이자 무역 브로커인 모오스에게 부설권을 넘겨주면서 거액의 커미션을 챙기기도 했다.

그는 이어 당시 서구 각국이 눈독을 들였던 운산 금광 채굴권도 이완용, 명성왕후 등에게 로비하여 따냈다. 신미양요(1871년) 때부터 미국이 조선에 진출하려 했던 주요한 이유는 바로 풍부한 금을 캐기 위해서였다. 알렌은 커미션을 받고 채굴권을 모오스에게 넘겼고, 모오스는 미국인 사업가 헌트에게 3만 달러에 채굴권을 팔았다. 헌트는 고종이 가지고 있던 금광 이익의 지분 25퍼센트마저 10만 달러에 사들인

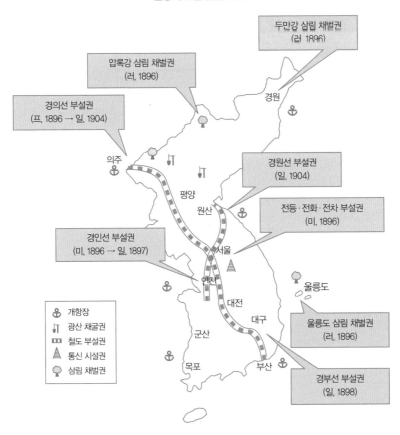

열강의 이권 침탈 지도

두만강 삼림 채벌권
(러, 1896)

압록강 삼림 채벌권
(러, 1896)

경의선 부설권
(프, 1896 → 일, 1904)

경원

경원선 부설권
(일, 1904)

의주

평양

전등·전화·전차 부설권
(미, 1896)

원산

경인선 부설권
(미, 1896 → 일, 1897)

서울

울릉도

인천

대전

울릉도 삼림 채벌권
(러, 1896)

대구

⚓ 개항장
⛏ 광산 채굴권
▥ 철도 부설권
▲ 통신 시설권
🌳 삼림 채벌권

군산

목포

부산

경부선 부설권
(일, 1898)

뒤 금광 개발에 손을 대, 40여 년간 1,500만 달러라는 거액을 벌어들
였다. 지금의 달러 가치로 보면 2억5천만 달러에 해당하는 돈이다.

헌트는 1903년부터 운산 금광을 채굴하기 시작했는데, 미국인 광산
관리인들은 광맥이 발견될 때마다 이를 구경하러 몰려드는 조선인 노
무자들이 혹시라도 금을 훔쳐갈까 봐 '노터치No-touch'를 연발했다.

이것이 노다지의 어원이 됐던 것이다.

이렇게 미국이 상당한 실적을 올리자 제국주의 각국은 돈이 될 만한 권리를 장악하기 위해 치열한 싸움에 돌입했다. 러시아는 경성, 경원의 광산 채굴권, 압록강과 두만강 유역 및 울릉도의 삼림을 20년간 벌채할 수 있는 권리를 얻었다. 또한 프랑스는 경의선 철도 부설권, 독일은 강원도의 금성 광산 채굴권, 영국은 은산 금광 채굴권 등을 얻어냈다. 서구 각국은 조선의 알짜배기 사업권을 차례차례 독점해 나갔다. 1900년을 전후로 하여 조선은 서구의 경제적 침탈 앞에 속수무책으로 당하고 있었던 것이다.

일본의 한국 지배와 미국의 필리핀 지배를 상호 인정한 비밀협정이었던 가쓰라-태프트 밀약은 1924년까지 그 내용이 세상에 알려지지 않았다.

김옥균의 삼일천하, '갑신정변'

갑신정변은 개혁파의 준비 부족과 일본의 배신 때문에
3일 만에 실패로 끝났다.

아수라장이 된 우정국 개장 축하 연회장

1884년 12월 4일 우정국(우체국) 개국 축하 연회장에는 민영익을 비롯한 홍영식, 김홍집 등 수구파 대신들과 김옥균, 서광범, 윤치호 등 개화파 소장 고관들, 그리고 영국, 일본, 청, 독일 등 각국의 외교관들이 참석해 있었다. 그런데 연회가 한창 무르익은 밤 열 시쯤 "불이야!" 하는 소리가 들렸고 사람들은 혼비백산해 흩어졌다. 연회장 안팎은 아수라장이 되었다. 민영익도 뛰쳐나오다 칼을 맞아 쓰러졌다. 이것이 김옥균 등의 개화파가 일으킨 갑신정변의 시작이었다.

계획대로 일본공사 다케조에는 일본군 이백 명을 이끌고 고종이 있던 경우궁을 에워쌌고, 정변세력들은 창덕궁으로 진입해 민태호, 조영하, 한규직 등 수구파 대신들을 죽였다.

일본의 외면으로 개혁파의 치세는 삼일천하로 막을 내렸다

다음 날 개혁파는 정권을 장악하고 신정부를 수립한 뒤 80여 개 조

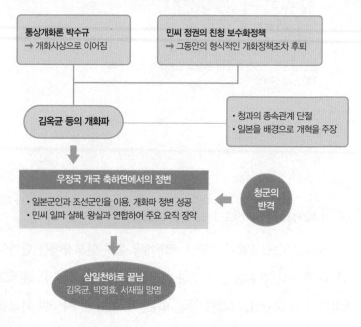

갑신정변 배경 및 진행도

통상개화론 박수규
➡ 개화사상으로 이어짐

민씨 정권의 친청 보수화정책
➡ 그동안의 형식적인 개화정책조차 후퇴

김옥균 등의 개화파

• 청과의 종속관계 단절
• 일본을 배경으로 개혁을 주장

우정국 개국 축하연에서의 정변
• 일본군인과 조선군인을 이용, 개화파 정변 성공
• 민씨 일파 살해, 왕실과 연합하여 주요 요직 장악

청군의 반격

삼일천하로 끝남
김옥균, 박영효, 서재필 망명

항에 달하는 '혁신정강'을 발표했다. 지금은 14개조만 남아 있는 이 정강은 문벌타파, 호조로의 재정일원화, 청에 대한 조공폐지 등이 주를 이뤘다. 대체로 청으로부터의 독립과 인민평등권 제정, 경찰제도 실시, 탐관오리 처벌, 능력에 따른 인재 등용을 위한 문벌타파 등의 내용이었다. 이는 근대국가의 수립을 지향하는 진보적인 것이었다.

그러나 급진개화파의 신정부는 삼일천하로 끝났다. 서울에 주둔해 있던 청나라 군대 1천5백 명이 재빨리 공격해온데다, 은밀히 지원을 약속했던 일본까지 외면했던 것이다. 일본은 청과의 정면충돌을 시기상조로 여겼다. 김옥균, 서광범, 박영효 등의 정변세력은 일본공사관으로 피신한 뒤 일본으로 망명했고, 박영교, 홍영식 등은 청군에 의해 목숨을 잃었다. 일본을 등에 업은 개화파의 쿠데타는 준비 없는 행동과 일본의 배신으로 인해 한바탕의 해프닝으로 끝나고 말았던 것이다.

당대의 엘리트였던 소장 개화파가 쿠데타를 벌인 이유

갑신정변 당시 조선의 정치권력은 개화파와 민씨 척족 중심의 고위 관료에게 있었다. 이중 민씨 척족 중심의 수구파는 동양의 유교 도덕을 지키면서 서구의 기술만 받아들이자는 동도서기東道西器의 입장에서 개화정책을 추진해갔다.

그러나 이들의 개화정책은 위정척사파의 반대, 그리고 개화로 인해 생활상의 피해를 입고 있던 일반민의 불만에 직면했다. 이런 불만이 극적으로 표출됐던 것이 임오군란(1882년)이다. 임오군란 진압에 청군을 끌어들였던 민씨정권은 이후 정치·경제·외교상에서 청의 더욱 심한 간섭을 받게 되었다. 이렇게 되자 청과의 사대관계를 청산하고, 일본의 메이지유신과 같이 철저한 정치 개혁을 하자고 주장하던 개화파 관료들이 불만을 가지지 않을 수 없었다.

수구대신들은 청과의 유착관계를 긴밀히 하면서 정권을 공고히 했고, 개화파가 양성한 군대를 모두 접수하고 군사권을 장악해 개화파를 압박했다. 이로써 개화파의 위기의식이 고조되었다. 개화파는 결국 쿠데타라는 극단적인 선택을 하게 되었다. 그러나 이들의 '준비되지 않은' 거사는 실패하고 말았다.

이후 정부 안에서 '개화'라는 말을 꺼내기가 힘든 지경에 이르렀고, 백성들 사이에서도 개화는 친일과 매국을 뜻하는 것으로 받아들여졌다. 근대화 추진 세력이 지배층에서도, 백성들 사이에서도 발붙이기 힘들어진 것이다. 주체적 역량의 준비 없이 외세의 힘에 기대 급속한 개혁을 추진하고자 했던 갑신정변은, 결국 정치적으로도 부정적인 영향만 남기고 말았다. 그러나 이들의 개혁정신만은 당대의 역사 발전 방향을 따르고 있었던 것으로 평가받고 있다.

갑신정변이 실패한 이후 일본은 조선 정부에 일본공사관과 거류민의 피해보상을 주장하며 사의표명과 배상금 10만 원 지불, 일본공사관의 수축비를 부담할 것을 요구했고, 이것은 한성조약으로 관철됐다.

동학의 창시와
농민혁명의 전개

금구와 보은에서의 집회는 조선은 물론 동아시아의 판도를
바꾸어놓았던 동학농민혁명의 시작을 알리는 것이었다.

서자 출신 최제우의 방랑 생활

최제우崔濟愚는 몰락 양반의 외아들이었다. 1824년 아버지 최옥
이 63세에 이웃집 과부 한씨와의 사이에서 겨우 낳은 아들이었다. 그
러나 한씨는 본처가 아니었다. 최제우는 서자였던 것이다. 조선이 다
망해가는 시점에서도 서자가 사회적으로 진출할 수 있는 길은 원천봉
쇄 돼 있었다. 최제우는 8세부터 공부에 정진한 지 얼마 되지 않아 유
학의 경전들을 다 독파했지만 소용없는 일이었다. 서자는 과거에 응시
할 자격이 없었다.

13세에 결혼했던 최제우는 20세 되던 해 새로운 길을 찾고자 무려
11년간 방랑의 길을 떠났다. 해보지 않은 일이 없었다. 무술을 익혀 서
자도 응시할 수 있는 무과를 보려고도 했다. 장사에도 손 대 포목상도
해보았다. 도를 깨우치려고 도교 공부도 했다. 점술 등 잡술에도 손을
댔다. 고승을 만나 불교의 진리를 깨쳐보려 했고, 심지어는 당시 금지
돼 있던 천주교에도 관심을 보였다. 그러나 어느 한 가지 성공한 것 없
이 실의에 빠져 부인이 살고 있던 울산의 처가로 돌아왔다. 31살이 되

는 해였다.

그렇다고 최제우의 방랑에 소득이 없었던 것은 아니었다. 최제우는 전국 유랑을 하며 조선이 처한 상황과 민중의 처지를 생생하게 볼 수 있었다. 폭넓은 공부를 통해 독자적인 시각을 키울 수도 있었다. 돌아온 최제우는 나라와 백성을 구제할 수 있는 새로운 도를 세우려는 거대한 계획을 세웠다. 그로부터 10년간 잠을 아끼며 공부를 열심히 하면서 정신을 정결히 하고 명상에 집중했다. 그러던 중 1860년 음력 4월 15일 마침내 득도의 순간을 맞이했다. 최제우가 치성을 드리고 정신 집중을 하는 중에 공중에서 천지가 진동할 때와 같은 큰소리로 외치는 소리가 들려왔다.

"'두려워하지 말고, 겁내지 말라. 세상 사람들이 나를 하느님이라 부르는데, 너를 택하여 하느님의 도를 사람들에게 가르치도록 했다' 라고 하면서 동학의 원리를 가르쳐주었다는 것이다."

– 신용하, 『하느님동학의 창도와 동학사상』

교조신원운동

동학은 서양의 도인 서학(천주교)과 대비해 '동국(조선)의 도'라는 뜻을 가진다. 나아가 동학은 최제우가 30년에 걸쳐 공부한 유교·불교·도교의 사상의 핵심을 흡수하고 여기에 음양오행설, 역학사상, 풍수지리설 등 동양의 다양한 사상이 집약됐다. 게다가 천주교의 사상까지 포용하여 상당히 심도 깊은 사상 체계를 구축할 수 있었다.

'인내천人乃天(사람이 곧 하늘이다)'으로 집약되는 동학의 사상은 고도의 휴머니즘을 지향했다. 인내천 사상은 곧 양반층에게 수탈과 차별을 당하던 당시 평민과 천민들에게 자신도 고귀한 존재라는 생각을 불어넣어주며 새로운 희망을 안겨주었다. 신분과 계급, 남녀의 차별 없이 자신도 하느님이라는 동학의 메시지는 민중에게는 가히 혁명적인 사상이었다. 동학은 스펀지가 물을 빨아들이듯 민중들에게 급속히 보급됐고, 그들의 열렬한 환영을 받았다.

최제우는 1861년부터 본격적으로 포교 활동을 벌이기 시작했는데, 소문이 퍼지자 선비에서 농민에 이르기까지 6개월 만에 3천여 명의 사람들이 제자가 되었다. 이듬해에는 경주, 대구, 단양 등 경상도와 강원도 각지에 교회라 할 수 있는 접소接所를 설치하고, 책임자인 접주接主를 두어 교세를 확장했다. 그러자 정부는 동학 세력의 확장에 위협을 느끼고 1863년 1월 최제우를 체포해 이듬해 3월 참형에 처했다. 그러나 최제우의 참형과 지속적인 탄압에도 불구하고 동학의 2대 교주 최시형에 의해 포교는 지속되었고, 교세는 더욱 확장되었다.

최시형은 초기 산속으로 숨어 다니며 포교활동을 벌였지만 교세가 확장되면서 평야 지대와 도시지역에서도 포교가 이뤄졌다. 그리고 전라도와 충청도에까지 교세가 뻗쳤다. 1890년대 초에 이르러서는 교세가 엄청나게 불어났다. 이런 확장된 교세를 바탕으로 교도들은 동학을 합법화시키고자 했다. 우선 불법 사교邪敎집단으로 규정돼 참형당한 교조敎祖 최제우의 억울함을 풀어달라는 '교조신원운동敎祖伸寃運動'을 벌였다. 그 자체가 동학을 공인해달라는 요구였다. 1893년 봄 전라도 금구 원평과 충청도 보은에서 대규모로 교조신원을 요구하는 집회가 열렸다. 집회는 교조신원 요구에 그치지 않고 척왜양斥倭洋,(일본과 서양을 배척)이란 반외세의 가치를 내걸기까지 했다. 4~5만 명이 모인 거대한 집회였다. 그러나 이토록 세력을 과시했어도 그들의 요구는 받아들여지지 않았다. 그래도 동학의 조직력이 얼마나 거대한 것인지가 드러난 상징적인 집회였다. 참여했던 교도들 중 적지 않은 사람들이 산과 바다 쪽으로 가서 새로운 항쟁을 모색했다. 금구와 보은에서의 집회는 조선은 물론 동아시아의 판도를 바꾸어놓았던 동학농민혁명의 시작을 알리는 것이었다.

농민항쟁이 일어날 당시 민씨정권은 매관매직을 일삼았다. 관직을 돈 주고 산 군수나 현감 등 지방관들은 본전 이상을 뽑기 위해 온갖 수탈을 자행했다.

녹두장군
전봉준의 꿈

동학농민전쟁은 민중 스스로 자주적 근대화로
갈 수 있음을 보여준 혁명 운동이었다.

레닌도 관심을 가진 농민혁명

이이화의 역사칼럼집 『이이화의 못 다한 한국사이야기』에는 동학농민전쟁과 관련된 흥미로운 내용이 있다. 바로 레닌이 동학농민전쟁에 관심을 가졌다는 것이다. 1922년 1월 모스크바에서 극동노력자대회가 열렸는데, 한 보고 논문에서 동학농민전쟁을 "양반 중심의 왕조체제를 마감하려는 계급투쟁이자 농민의 정치적·혁명적 요구"라고 파악한 뒤, "동학란으로 알려졌지만 사실은 수세기에 걸쳐 억압당해온 민중이 연합해 일으킨 폭동"이라고 언급하였다. 이 보고 논문에 레닌은 상당한 관심을 보였다. 조선에서 참가했던 여운형과 함께 동학농민전쟁과 최시형에 대해 이야기를 나누었다는 것이다. 1922년 러시아는 혁명에 성공한 뒤 약소민족해방운동에 지대한 관심을 가졌다. 이러한 관심을 보인 이유가 동학농민전쟁에서 자주적 민중 혁명의 가능성을 보았기 때문인지도 모른다.

우리 역사 최대의 민중 혁명이었던 동학농민전쟁은 전라도 고부에서 시작되었다. 고부 군수 조병갑은 당시 탐관오리의 대명사로, 민중

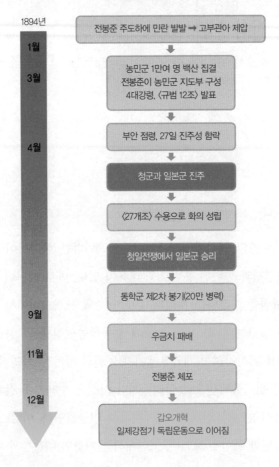

동학농민 진행도

1894년

1월 — 전봉준 주도하에 민란 발발 → 고부관아 제압

3월 — 농민군 1만여 명 백산 집결
전봉준이 농민군 지도부 구성
4대강령, 〈규범 12조〉 발표

4월 — 부안 점령, 27일 진주성 함락

청군과 일본군 진주

〈27개조〉 수용으로 화의 성립

청일전쟁에서 일본군 승리

동학군 제2차 봉기(20만 병력)

9월 — 우금치 패배

11월 — 전봉준 체포

12월 — 갑오개혁
일제강점기 독립운동으로 이어짐

의 불만은 하늘을 찌르고 있었다. 조병갑은 임기를 마치고도 더 많이 수탈하기 위해 재임운동을 벌여 또다시 고부군수를 맡게 되었다. 고부 군민들은 더는 참을 수 없었다. 고부 지방 동학접주를 맡고 있던 전봉준이 1894년 1월 10일 봉기를 일으켜 단숨에 고부 관아를 점령했다. 농민전쟁의 시작이었다. 고부 관아를 점령한 뒤 전봉준 부대는 억울한 사람을 풀어주고, 세금으로 거뒀던 쌀을 농민에게 나누어주었다.

전봉준은 고부봉기에서 성공한 뒤 무장접주 손화중, 태인접주 김개남 능 4 지역 농학지도자들과 연합해, 3월 20일 제폭구민除暴救民, 보국안민輔國安民의 기치 아래 군사를 일으켰다. 이를 제1차 기병이라 한다. '일본 오랑캐를 몰아내고 서울로 들어가 권귀權貴를 멸한다'는 것을 주된 내용으로 한 농민군 4대강령을 내걸었다. 동학군은 정읍, 고창, 무장 등에서 연승을 거둔 데 이어 중앙정부에서 가장 강력한 군대인 장위영군을 장성에서 격파하고 전주성에 무혈입성했다. 농민군이 현재의 도청 소재지라 할 감영監營을 접수한 것은 민중혁명 최대의 성과라 할 수 있다.

집강소를 설치해 농민 통치를 이뤄내다

전주성이 점령되자 민씨정권은 청에 원병을 요청했다. 조선에 대한 지배력을 유지하고자 했던 청은 기다렸다는 듯 5월 5일 군대를 상륙시켰다. 일본 역시 청을 견제하기 위해 바로 다음 날인 5월 6일 인천에 대부대를 상륙시켰다.

이렇듯 외세가 개입하면서 사태가 예상치 못하게 전개되자 농민군은 정부가 폐정개혁안을 받아들이는 조건으로 전주화약全州和約을 맺었다. 폐정개혁안의 주 내용은 노비제도 폐지, 미곡의 일본 유출 금지, 토지의 균등 소유, 일본과 통교 금지, 삼정개혁 등 반봉건·반외세적인 개혁책이었다. 일종의 휴전 기간 동안 농민군은 전라도 각 지역에 집강소執綱所를 설치해 농민 통치를 이뤄냈다. 집강소는 노비문서와 토지

전봉준全琫準(1854~1895)
우리에겐 녹두장군으로 더 잘 알려져 있다.
아버지가 민란의 주모자로 처형된 후 사회
개혁에 뜻을 품게 된 그는 동학농민혁명의
전설적인 지도자가 되었다.

문서를 불태웠고, 고리대도 탕감했
다. 부당하게 축재한 양반의 재산을
몰수해 가난한 농민에게 분배하기도
했다.

한편 청군과 일본군은 조선 땅에
서 군사적 충돌을 일으켰다. 조선정
부가 군대 철수를 요구하자 일본은
경복궁을 무력으로 점령해 민씨정권
을 무너뜨리고 김홍집을 수반으로
하는 친일내각을 수립했다. 청이 이
에 반발하면서 전쟁이 일어나게 되었다. 청일전쟁(1894년)이다. 이 전
쟁은 8월 17일 평양전투에서 대승을 거둔 일본의 승리로 끝났다.

이렇듯 외세가 남의 나라 땅에서 전쟁을 벌이고 일본이 노골적인 내
정간섭을 해오자, 농민군은 다시 들고 일어났다. 9월 12일의 제2차 봉
기였다. 전라도 일대의 남접만 참여했던 제1차 봉기 때와는 달리, 동
학의 중앙 교단을 이끌던 북접도 참여한 농민군은 연인원 20만을 헤
아리는 대군이었다. 논산 일대에 집결한 농민군은 서울로 가는 길목인
공주성을 차지하기 위해 일진일퇴를 거듭하는 전투를 벌였다.

그리고 마침내 11월 9일부터 사흘간 농민군은 일본군·관군·민보군
과 우금치에서 전쟁의 승부를 거는 대전투를 벌였다. 그러나 최신 무
기로 무장한 일본군에 병력의 반 이상이 죽는 대패를 당하고 말았다.
흩어져 후일을 도모하던 전봉준, 김개남, 손화중 등 농민군의 지도자
도 모두 체포돼 죽음을 당했다.

패배했지만 승리한 전쟁

동학농민전쟁은 처참한 패배를 당했지만 그 역사적 의미는 위대하다. 조선 후기 이래 농민항쟁의 총결산이자 반외세의 기치를 가장 크게 내건 운동이었다. 동학농민전쟁으로 인해 지배층은 봉건적 지배체제에 대한 개혁조치를 취하지 않을 수 없었다. 갑오개혁 안에는 신분타파, 수취제도 개선 등 농민들이 바라던 바가 불충분한 형태로나마 담기게 되었다.

그러나 이런 가시적인 성과 말고도, 동학농민전쟁의 반외세 반봉건의 이념과 정신은 일제강점기 독립운동에 당당한 자신감과 힘을 불어넣어주었다.

"새야 새야 파랑새야 / 녹두밭에 앉지 마라 / 녹두꽃이 떨어지면 / 청포장수 울고 간다."

전봉준을 기려 만든 〈녹두가〉란 노래는 일제강점기를 지나 현대에 이르기까지 지배층의 수탈에 맞서 싸우는 민중들 사이에서 여전히 불리고 있다.

동학농민전쟁은 갑오개혁에 결정적 영향을 미쳤다. 그러나 갑오개혁 또한 친일분자 박영효에 의해 주도되었으며 정부·국왕에 제약받지 않고 단기간에 많은 법령을 남발하였다.

이완용이 독립협회의
초대위원장이었다

독립협회는 국제정세에 대한 객관적인 인식도,
민중에 기반 하려는 태도도 부족했다

독립이란 이름이 무색한 독립문

1896년 7월 이완용이 대신으로 있는 외무(외무부) 건물에서 독립협회 창립총회가 열렸다. 발기인은 위원장으로 뽑힌 이완용을 비롯해 김가진, 이상재, 남궁억 등 14인이었다. 이들은 5개월 전 아관파천을 주도했던 친러 친미파 고위관료들이었다. 명성왕후가 살해된 을미사변(1895년) 이후 일본의 노골적인 간섭을 피해 고종을 러시아공사관으로 옮겼던 이들이 독립협회를 주도했다는 사실로도 독립협회의 한계를 알 수 있다.

독립협회의 창립 목적은 청일전쟁을 계기로 조선이 청의 속국에서 벗어나 독립국이 된 것을 기념해 백성의 모금을 통해 독립문을 건립하자는 것이었다. 청의 사신을 맞았던 영은문 자리가 독립문을 건립할 장소로 선택되었다.

조선이 청으로부터 독립한 것은 조선의 자주적인 역량으로 이뤄낸 것이 아니었다. 청일전쟁에서 일본이 승리한 후 청과 맺은 시모노세키 조약(1895년) 중 ' 청의 조선에 대한 종주권 포기'에 따른 것이다. 즉, 일

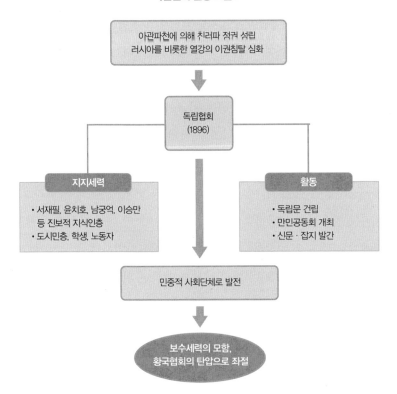

독립협회 운동 흐름도

아관파천에 의해 친러파 정권 성립
러시아를 비롯한 열강의 이권침탈 심화

↓

독립협회
(1896)

지지세력
- 서재필, 윤치호, 남궁억, 이승만 등 진보적 지식인층
- 도시민층, 학생, 노동자

활동
- 독립문 건립
- 만민공동회 개최
- 신문·잡지 발간

↓

민중적 사회단체로 발전

↓

보수세력의 모함,
황국협회의 탄압으로 좌절

본이 청이 자리를 대신 차지한다는 것을 뜻할 뿐이었다. 그러나 당시의 독립협회 주도 세력은 이를 인식하지 못하고 있었다. 그만큼 국제정세에 어두웠고, 또 자주적 독립역량을 키울 의지도 적었던 것이다.

반러활동에만 치중한 독립협회

독립협회는 창립된 그해 11월 21일 독립문 정초식을 가졌다. 『이완용 평전』에서 윤덕한은 이때 독립문의 한글·한문 현판을 이완용이 썼다고 주장하고 있다. 이완용은 당대 제일의 명필로서 궁중 내 여러 전각의 현판을 썼고, 독립협회의 위원장으로서 독립문 건립 사업에 주도적인 위치에 있었으며, 기금도 가장 많이 냈으니, 이완용이 독립문 현판을 쓴 것이 분명하다는 것이다.

오늘날 친일매국노라 지탄받는 인물이 독립문 현판을 쓴 것이 사실이라면 충격으로 받아들일 사람이 적지 않을 것이다. 그러나 내막을 알면 그렇게까지 이상한 이야기는 아니다. 당시 독립협회가 독립을 위해 싸운 대상은 일본이 아닌 러시아였다. 러시아는 아관파천 초기에는 내각의 자율성을 보장하다 이듬해인 1897년부터 내정 간섭과 이권 침탈에 적극적으로 나섰다. 조선의 군사고문을 자청하면서 160명의 군사교관을 파견해 6,000여 명의 군사를 양성한 뒤, 이 부대를 자신들의 휘하에 두려고 했다. 또한 재정고문으로 알렉세예프를 보내 한러은행을 설치(1898년)하여 전국의 재정을 관할하고, 부산 앞바다에 있는 절영도를 조차해 러시아 해군의 석탄 기지로 쓰려고 했다.

독립협회는 러시아에 대해 반대 의사를 표명하고, 만민공동회를 열어 대중적인 반러운동을 조직했다. 그러나 미국, 일본, 영국의 이권 침탈에 대해서는 침묵을 지켰다. 개화파와 마찬가지로 이들 국가들을 이용해 러시아를 견제하려 했는지도 모르지만, 냉혹한 국제관계에 대해 몰라도 너무 몰랐던 것이다. 이들의 독립운동은 결국 반러운동이었지, 포괄적인 자주적 독립운동에 이르지는 못했다. 오히려 반일운동에 나섰던 의병을 '폭도'로 비난하면서 반외세운동 대열에서 떨어져나갔다.

의병을 '폭도'로 비난한 독립협회

물론 상층 소수 중심으로 거사를 도모하다 실패로 끝난 갑신정변의 한계를 극복하기 위해 만민공동회와 같은 대중운동에 관심을 가졌던 것은 진일보해 보인다. 특히 1897년 8월 제1차 토론회를 시작으로 이듬해 12월까지 총 34회나 열린 만민공동회는 민중을 정치의 중심으로 끌어오는 기념비적인 운동이었다. 자유 독립, 이권 침탈 반대, 의회 설립, 자유 민권 등 근대적 민주주의의 기본 개념에 대한 열띤 토론은 대중의 정치의식을 제고시켰다. 서재필이 주도한 『독립신문』 역시 대중의 정치의식을 불러일으킨 강력한 매체운동이었다. 상층 중심의 정치운동에서 대중운동의 발전이라는 의미도 있었다. 하지만 정세에 대한 객관적 인식과 민중에 기반 하려는 태도 부족은 독립협회의 한계였다.

내각에 직접적인 영향력을 행사하는 데 비중을 두었던 독립협회는 1898년 "독립협회가 공화제를 획책한다"는 수구파의 공격을 받았다. 고종은 이에 자극돼 군대를 동원하여 독립협회를 해산하고 지도부를 구속시켰다. 독립협회 지지 세력의 반발로 구속인사들은 곧 석방되었지만 독립협회는 역사의 무대에서 사라지게 되었다.

독립협회의 강령은 충군애군忠君愛國과 자주독립이었다.

평민에게 넘어간
의병투쟁의 지도권

평민 의병대는 능력을 우선시한 조직편제와 유격전 위주의 전술로
일본군에 심대한 타격을 가했다.

단발령이 불러온 을미의병

동학농민전쟁이 실패로 끝난 뒤에도 반외세운동은 계속되었다. 가장 먼저 일어난 것이 1895년의 을미의병이었다. 을미사변과 단발령에 반발해 일어난 사건이었다. 을미의병은 양반이 주도했는데, 이들의 분노를 촉발시킨 것은 명성황후 시해보다는 단발령이었다. 신체발부는 부모에게서 받은 것이니 身體髮膚受之父母 머리털 하나라도 훼손하면 불효라는 유교적 가치관이 지배적이었던 시절 단발령은 인간의 도리를 저버리게 하는, 도저히 용납할 수 없는 정책이었다.

을미의병은 양반 의병장의 지휘 하에 농민과 포수 등이 참가하고, 청주·남양의 군수와 해주·감영의 군대까지 투쟁에 참여했던 전국적인 의병투쟁이었다. 의병들은 일본군과 일본 거류민을 공격했고, 일본군의 교통 통신망을 차단하는 전투 활동을 벌였다. 대표적인 전투는 유인석 부대가 1896년 2월부터 3월까지 벌인 충주전투였다. 유인석 부대는 한 달간 충주성을 점령했고, 일본군을 수차례 물리쳤다. 그러나 4월말 이후 의병투쟁은 급격히 잦아들었다. 일본군과 정부군의

압도적인 군사력 때문이기도 하지만, 양반 지도층의 이념적·계급적인 한계 때문이었다. 유인석은 자신의 부대에 동학농민군 출신의 신처사란 인물이 참가하고 있음을 알고, 그를 반역도라 하여 참수하는 봉건적 행태를 보였다. 또한 충주성 전투에서 선봉장을 맡아 큰 공을 세운 평민 김백선이 양반 의병장 안승우에게 작전불이행의 책임을 추궁하자, 평민으로서 양반에게 불경스런 행동을 보였다 하여 처형했다.

평민의병장이 주도하는 독립투쟁으로

제2차 의병투쟁은 병오의병이었다. 1905년 11월 을사조약으로 국권이 침탈당한 것에 분노해 이듬해인 1906년에 본격적으로 투쟁이 시작됐다. 그해 6월까지 전국 60여 개 군에서 의병이 일어났다. 을미의병 이후 소규모로 활동했던 활빈당이란 농민 무장대가 합류했으며, '태백산 호랑이'라 불리던 신돌석과 같은 평민 출신 의병장도 나타났다. 이 시기 두드러진 전투는 전 참판 민종식이 이끄는 천여 명의 의병 부대가 홍주성(홍성)을 점령했던 싸움과, 동해안 일대에서 3천여 명의 신돌석 부대가 벌인 유격전이었다. 신돌석 부대는 일본헌병 분파소, 군청, 세무서, 철도 교량을 공격해 많은 타격을 입혔다. 반면 최익현 부대는 정부군과 대치하자 국왕의 군대와 싸울 수 없다는 이유로 군대를 해산했다. 이 역시 유생 의병장의 이념적 한계 때문이었다.

1907년에는 헤이그밀사사건, 고종 퇴위, 정미7조약, 군대 해산 등 일련의 사건을 계기로 정미의병이 일어났다. 이 시기 가장 중요한 변화는 해산된 조선군 8천8백여 명 중 5천 명에 이르는 병사가 의병으로 합류해 의병의 전투력이 크게 향상됐다는 점이다. 또한 신돌석, 홍범도 등 평민 의병장의 활동도 본격화되었다. 전국 의병장 255명 중 평민 출신이 191명에 이를 정도였다. 평민 의병대는 신분보다는 능력을 우선시한 조직편제와 유격전을 위주로 한 전술을 구사해 일본군에 심대한 타격을 가했다.

무대를 만주와 연해주로 옮기다

의병대는 지역 간 연합전선을 이루기도 하고, 대규모 부대를 구축한 연합작전을 펼치기도 했다. 1907년 말 전국 13도 1만 명의 의병은 유림의 대표 격인 이인영을 총대장, 허위를 군사장으로 창의군을 결성하고 서울진공작전을 수행했다. 그러나 창의군은 서울 인근까지 접근하다 허위의 부대가 진격에 실패하고, 부친상을 당한 이인영이 장례를 치르기 위해 귀향하는 바람에 실패로 끝나고 말았다.

서울진공작전의 실패 이후 의병투쟁은 매복, 기습, 분산을 위주로 한 유격전으로 바뀌었다. 이는 평민 의병장이 주도한 것이었다. 1909년 9월부터 2개월에 걸쳐 전개된 일제의 남한대토벌작전으로 호남 일대의 의병이 큰 타격을 입으면서 정미의병은 점차 소멸되었다. 한일합병 뒤 상당수의 의병은 만주와 연해주 일대로 근거지를 옮겨 독립군으로 발전했다.

1907년 연해주로 망명해 의병운동에 참가한 안중근은 1909년 10월 26일 침략의 원흉인 이토 히로부미를 하얼빈역에서 총살하였다.

을사조약, 불법조약 체결을 강요하다니!

을사조약은 강압에 의한 것이었고,
국왕의 서명과 수결이 없었다는 점에서 명백한 불법조약이다.

국제적으로 한국 강점을 인정받다

1904년 2월 9일, 일본은 인천 앞바다에 있는 러시아 군함 2척을 격침시키고 인천항에 5만의 병력을 상륙시키면서 러일전쟁을 도발했다. 이날 밤 뤼순항의 러시아 함대에도 기습공격을 가했다. 일본은 청일전쟁의 승리로 요동반도를 얻었다가, 1895년 러시아가 주도한 삼국간섭으로 청에 되돌려준 일이 있었다. 러일전쟁은 이에 대한 10년만의 반격이었다. 일본은 삼국간섭으로 한국에 대한 영향력이 급감하자, 영국과 미국의 지지와 원조를 얻어 마침내 대국 러시아를 공격한 것이었다. 일본의 전쟁 도발로 한국은 청일전쟁 때와 마찬가지로 열강의 전쟁터가 되어, 민중은 약탈당하고 삶의 터전은 양국 군대에 짓밟히게 되었다.

일본은 1905년 1월 뤼순 요새를 장악한 뒤, 5월에는 러시아의 발틱 함대를 격파하면서 승세를 잡았다. 그해 9월 러시아는 미국의 주선으로 포츠머스강화조약을 맺었는데, "일본이 한국에서 정치·경제·군사상 탁월한 이익을 가질 것과, 지도·보호·감독의 조치를 취할 것"을 승

인할 수밖에 없었다. 청을 한국에서 쫓아낸 뒤 러시아마저 이긴 일본
은 이제 한국에서 독점적 지위를 차지하게 되었다.

1905년 7월, 일본의 수상 가쓰라 타로와 미국의 육군장군 W.H.태
프트는 비밀리에 제국주의 국가의 본질을 여실히 보여주는 계약을 체
결한다. 미국의 필리핀에 대한 식민지 지배를 인정해주는 대신, 일본
의 한국강점을 지지해준다는 내용의 이른바 '가쓰라-태프트 밀약'이
그것이다. 가쓰라-태프트 밀약은 "만약 제3국이 조약을 체결한 어느
한쪽 국가에 대해 모욕적인 행동을 하게 되면 반드시 서로 돕는다"는
조미수호통상조약 제1조를 명백히 위반한 밀약이었다.

1905년 8월 영국도 인도의 식민통치에 대한 지지를 받는 대신, 일본
의 한국강점을 지지하는 제2차 영일동맹을 맺었다.

외교권과 내정권을 빼앗기다

일본은 1904년 8월 '외국인 용빙협정'이라고도 불리는 제1차 한일
협약을 맺었다. 이 협약은 "한국 정부는 일본 정부가 추천하는 일본인
과 외국인 각1명을 재정과 외교고문으로 고빙하여 의견을 들을 것"과
"외국과의 조약 체결 및 외국에 대한 특권 부여 같은 주요 안건에 대
해 미리 일본 정부와 협의할 것"을 규정한 것으로, 한국의 자주성과 독
립성 상실을 뜻하는 것이었다.

1905년 11월 17일, 기관총과 대포로 무장한 일본군이 이중삼중으
로 대궐을 포위한 가운데, 이토 히로부미는 강압적으로 을사보호조약
을 체결했다. 이 조약은 "한국 정부는 일본 정부를 거치지 않고는 국제

적 성격의 조약이나 약속을 하지 않을 것"을 규정하고, 이를 감리하기 위해 통감을 둔다는 것이 주된 내용이었다. 을사조약으로 한국은 외교권을 잃어 독립국의 지위를 상실한 보호국으로 전락했다. 조약 체결 직후 각국에 파견돼 있던 한국의 외교관은 귀환했고, 미국을 필두로 서울에 들어와 있던 각국의 공관도 서둘러 철수했다.

일제는 1907년 정미7조약을 통해 내정 감독권마저 빼앗아 사실상 국권을 탈취했다. 그리고 1910년 8월 22일, 이완용과 조선통감 데라우치 사이의 협약을 거쳐 한일합병조약이 체결되었다. 이 조약은 "한국 황제는 한국에 관한 일체의 통치권을 완전하고도 영구히 일본 천황에게 양여한다"는 것을 명시한 것으로, 조선은 마침내 일본의 완전한 식민지로 전락하고 말았다.

그러나 최근 을사조약은 첫째, 강압에 의해 체결되었다는 점, 둘째, 한국 황제의 서명과 수결이 없었다는 점에서 불법조약이었음이 밝혀졌다. 이렇게 되면 정미7조약과 한일합병조약 또한 효력이 사라진다. 이러한 사실은 한국이 일본에 대해 국제법상 배상 청구 소송을 할 수 있음을 의미하는 것이며, 일본의 식민지 시혜론을 주장하는 일부 극우파의 주장에 쐐기를 박는 것이기도 하다.

프랑스 파리 법대교수 F.레이는 을사조약이 협상 대표에 대한 고종의 위임장과 비준서 등 국제조약에 필요한 조건이 갖추어져 있지 않고 조약의 명칭조차 비어 있어 국제조약으로 인정하기 어렵다고 지적하였다.

3·1운동,
'동방의 등불'이 된 코리아!

3·1운동 이후 독립운동 진영에서 외교독립론은 힘을 잃고
무장독립투쟁이 유력한 방법으로 채택되었다.

요릿집 태화관에서 만세 부른 민족 대표 33인

한일합병 후 일제는 육군대장 출신의 데라우치를 총독에 임명
했고, 전국 각지의 경찰관서에는 헌병부대를 진주進駐시켰다. 서울, 평
양 등의 대도시에 육군 2개 사단 병력을 주둔시키는가 하면 영흥만에
는 해군 기지를 설치했다. 일제의 강압통치가 시작된 것이다. 일제는
한국인의 독립운동을 막기 위해 언론·출판·집회·결사의 자유 등 근
대적 기본권을 철저히 부정했다.

이런 강압통치 아래서도 연해주와 간도를 비롯한 해외에서는 대한
광복군정부와 같은 무장투쟁단체들이 결성돼 항일투쟁에 나섰다. 미
국과 일본에서도 독립운동이 활발히 전개되었다. 국내에서도 대한광
복회와 같은 무장투쟁단체가 친일파를 암살하는 등 전투적 활동을 전
개했다. 노동자, 농민들의 파업과 소작쟁의도 1918년에 이르러 급속
히 증가했다.

이런 내부적인 힘과 함께 국제적인 환경도 독립에 유리하게 조성되
는 듯했다. 1917년 러시아혁명이 일어난 뒤, 혁명의 지도자 레닌은 제

정러시아 시절의 식민지에 대한 권리 행사를 포기한다고 선언했다. 제1차 세계대전이 끝난 1918년에 미국의 윌슨 대통령이 민족 자결의 원칙을 내세우자, 독일의 지배를 받던 유럽의 약소민족들이 해방되었다.

이렇듯 내외적으로 독립의 희망이 보이자, 한국의 독립운동계는 대대적인 운동을 준비하기에 이른다. 3·1운동이 그것이다. 미국에선 대한국민회의 이승만이, 상하이에선 신한청년당의 김규식이 파리강화회의에 대표로 참가해 한국 독립을 호소하기로 결정되었다. 도쿄의 유학생들 또한 2·8 독립선언과 시위를 감행했다. 이런 분위기에서 천도교, 기독교, 불교, 3개 종교 단체가 연합하여 고종의 국장일인 1919년 3월 1일 시위를 벌이기로 결정했다. 파리강화회의에 파견된 대표의 교섭력을 높이기 위해 대중 시위가 필요하다는 판단에서였다. 각 교파를 대표한 33인의 민족 대표가 파고다공원(지금의 탑골공원)에서 독립선언서를 발표하고 대중들의 비폭력 시위를 주도하기로 했다.

그러나 33인은 파고다공원에서 독립선언서를 낭독하기로 한 학생 대표자들과의 사전합의를 어기고, 태화관에 별도로 모여 독립선언서를 낭독하고 일제 경찰에 자수했다. 이들은 공원에 모인 학생·시민들

3·1운동 당시 비밀리에 발행되어 배포된 「격고문」 신문

이 돌발적인 시위를 일으켜 자신들의 비폭력 원칙을 깨뜨릴 경우, 열강들의 호의를 얻어내지 못할까 우려해 장소를 바꾸었다. 그들은 자주적 민족 역량에 의한 독립보다는 제국주의 국가의 시혜에 의한 독립을 기대했던 것이다.

전 민중의 항쟁으로 발전한 3·1운동

민족 대표는 끝내 나타나지 않았지만, 파고다공원에 모인 학생들은 독립선언문을 낭독하고 만세운동을 벌였다. 이후 만세운동의 불길은 전국적으로 타올랐다. 전국 220개 군 가운데 212개 군에서 만세시위운동이 벌어졌다. 초기 비폭력시위운동은 총칼로 진압해오는 일본 헌병대에 맞서 곡괭이와 쇠스랑을 동원한 무력투쟁으로 발전했고, 헌병대와 면사무소를 비롯한 식민통치기구를 직접 공격하는 등 적극적으로 바뀌었다. 3·1운동은 인구의 85퍼센트를 점하는 농민이 주역이 되고, 노동자는 파업으로, 학생들은 대중 시위와 동맹휴학 등으로 투쟁했던, 그야말로 전국적 전 민족적 투쟁이었다.

시위운동이 활발히 전개된 3월부터 5월까지 200만이 넘게 참여한 이 운동에서 민중의 피해는 엄청났다. 사망자 7천5백 명, 부상자 1만6천 명, 피검자가 4만7천 명에 이르렀다. 자수했던 민족대표가 2,3년간 징역형에 처해진 것이 비해 이 시기 구속된 운동 참여 국민 중 상당수는 10년에서 15년의 중형을 선고받았다.

그러나 3·1운동은, 6월 파리강화회의가 한국 문제에 대해 별다른 거론 없이 끝나버리자 소강상태에 빠져들었다. 미국과 일본의 대립을

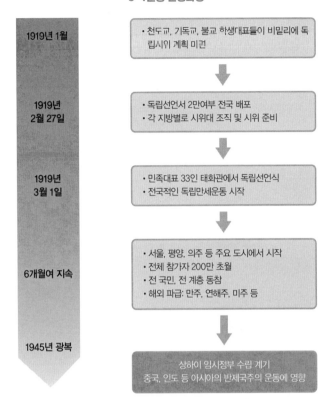

3·1운동 진행과정

1919년 1월	• 천도교, 기독교, 불교 학생대표들이 비밀리에 독립시위 계획 미견
1919년 2월 27일	• 독립선언서 2만여부 전국 배포 • 각 지방별로 시위대 조직 및 시위 준비
1919년 3월 1일	• 민족대표 33인 태화관에서 독립선언식 • 전국적인 독립만세운동 시작
6개월여 지속	• 서울, 평양, 의주 등 주요 도시에서 시작 • 전체 참가자 200만 초월 • 전 국민, 전 계층 동참 • 해외 파급: 만주, 연해주, 미주 등
1945년 광복	상하이 임시정부 수립 계기 중국, 인도 등 아시아의 반제국주의 운동에 영향

기대했지만, 오히려 미국은 일본의 식민지 지배를 옹호했다. 일제의 악독한 탄압을 무릅쓰고 강렬하게 투쟁했던 3·1운동은 지도부의 잘못된 외교독립 노선으로 인해 무위로 그치고 말았다.

그러나 역사는 바뀌었다. 독립운동의 주체는 소수의 명망 있는 민족주의 지도자에서 다수의 민중으로, 타협적인 외교노선은 자주적 독립투쟁 노선으로 옮겨 갔던 것이다.

특히 3·1운동은 제국주의 지배에 신음하던 전 세계 식민지 국가의 민중들에게 많은 희망을 안겨주었다. 3·1운동 10주년이 되는 1929년 일본에 들른 인도의 시성 타고르는 "일찍이 아시아의 황금 시기에 / 빛나던 등불의 하나이던 코리아 / 그 등불 다시 한 번 켜지는 날에 / 너는 동방의 밝은 빛이 되리라"는 구절로 유명한 「동방의 등불」이란 시를 〈동아일보〉에 기고했다. 당시 영국의 식민지였던 인도의 민족시인 타고르에게도 3·1운동은 동방의 빛이었던 것이다.

민족자결주의를 천명한 윌슨 〈14개조〉는 소련의 평화 공세와 민족자결원칙에 대항하기 위해 급하게 발표된 것이다. 하지만 영국, 프랑스, 일본 등 승전국의 반대로 실현된 조항은 거의 없다.

'대한민국임시정부' 신채호,
이승만에게 일갈하다

이승만은 미국에 한국을 위임통치해줄 것을 청원하는 문서를 보내
임시정부를 파쟁의 소용돌이로 몰아넣었다.

민족의 염원을 담아 조직된 임시정부

3·1운동이 일어난 뒤 민족을 대표하는 정부를 수립하고자 하는 움직임이 활발해졌다. 애초 3·1운동이 파리강화회의에 독립을 호소하는데 초점이 맞춰져 있었으므로, 국제법상의 공신력 있는 대표를 뽑기 위해서라도 정부 수립은 필수적인 전제조건이었다. 정부 수립은 세 지역에서 거의 동시에 추진되었다.

가장 먼저 3월 21일 노령에서는 그 이전에 창립되었던 전로한족중앙총회를 대한국민의회로 개편하고 정부 형태를 갖췄다. 그리고 4월 11일에는 상하이의 독립운동가 천여 명이 모여 임시의정원을 구성하고 대한민국 임시헌장을 공포했다. 임시헌장의 제1조는 "대한민국은 민주공화제로 함"이라고 규정돼 있는데, 이는 입헌군주제가 아니라 공화주의를 건국이념으로 채택한 것으로 민족운동사에 있어 진일보한 면모를 보여준 것이었다. 4월 13일 상하이 대한민국임시정부 선포에 이어 서울에서도 4월 23일에 13도 대표 41명이 모여 국민대회의 이름으로 조선민국의 수립을 선언했다.

세 개의 임시정부는 수립 직후 곧바로 통합 운동에 착수하여 1919
년 9월 개헌 형식을 통해 상하이를 근거로 한 대한민국임시정부로 통
합되었다. 임시정부는 우파인 이승만을 대통령으로, 사회주의 계열의
이동휘를 국무총리로 하는 새로운 내각을 발족시켰다.

임시정부는 구성 초기에 독립운동에 있어 명실상부한 최고기관으로
서 활동했다. 『독립신문』을 발간하고, 파리강화회의에 김규식을 대표
자로 파견하기도 했다. 또한 국내에 독립운동 상황을 전하고 군자금을
조달하기 위해 연통제를 실시하기도 했다.

이승만의 외교독립론이 망친 임시정부

그러나 임시정부는 1923년부터 거의 활동이 무력화되었다. 가장 큰
이유는 임시정부의 주도권이 '외교독립론'자들에게 쥐어졌기 때문이다.

임시정부의 수립 초기, 어디에 거점을 둘 것인가를 두고 논란이 있었
다. 독립전쟁론을 표방하는 이동휘 주도 세력은 간도나 연해주 지역으
로 거점을 옮길 것을 주장했다. 동포가 많이 살고 있고 다수의 독립운
동 단체와 항일무장군이 활동하고 있어, 운동 세력의 통합과 지도를 실
질적으로 할 수 있다는 것이 주장의 근거였다. 그러나 이승만을 비롯한
외교독립론자들은 이에 대해 강력히 거부 의사를 표명했다. 외교론에
입각한 이승만의 시각에는 국제도시인 상하이가 외교활동을 펼치기에
원활하고 안전했던 것이다. 결국 이들의 주장이 그대로 관철됐다.

그러나 외교독립론은 파탄을 맞을 수밖에 없었다. 파리강화회의에

임시정부 수립

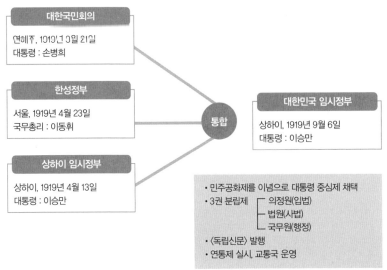

대한국민회의
연해주, 1919년 3월 21일
대통령 : 손병희

한성정부
서울, 1919년 4월 23일
국무총리 : 이동휘

상하이 임시정부
상하이, 1919년 4월 13일
대통령 : 이승만

통합

대한민국 임시정부
상하이, 1919년 9월 6일
대통령 : 이승만

• 민주공화제를 이념으로 대통령 중심제 채택
• 3권 분립제 ┌ 의정원(입법)
            ├ 법원(사법)
            └ 국무원(행정)
• 〈독립신문〉 발행
• 연통제 실시, 교통국 운영

파견된 김규식은 열성을 다했지만 본회의 참석을 거부당해 공식적인 발언을 한 마디도 할 수 없었다. 1921년 워싱턴에서 개막된 태평양회의에도 이승만과 서재필이 참가하려 했지만 거부당했다. 반면 일본은 자국의 인구과잉을 들어 더 큰 식민지의 필요성을 역설했다.

게다가 이승만이 1919년 2월 한국의 위임통치를 청원하는 문서를 미국무성과 신문사에 보낸 것이 알려져 그에 대한 비판이 격렬하게 일었고, 이를 계기로 임시정부는 정쟁의 소용돌이에 빠지게 되었다. 특히나 김규식은 파리강화회의에 참가한 각국 대표들에게서 "조선 사람들은 독립운동을 한다면서 어찌하여 위임통치 청원자 이승만을 대통령으로 임명하느냐"는 질문을 받고 말 못할 곤란에 처하기도 했다. 그럼에도 이승만은 자신의 과오를 인정하지 않고 책임을 회피하는 망언을 일삼았다. 이승만의 이러한 언동으로 인해 임시정부는 통일된 대오도 권위도 유지할 수 없었다.

이승만 같은 외교독립론자를 향해 신채호는 "외국의 도움을 받아 독립을 얻게 되더라도 그것은 다시 그 나라의 노예가 되는 것을 면할 수 없는 것이다. 외교론에 의한 독립이란, 결국 지배국가를 갑에서 을로 바꾸는 것에 지나지 않는 것"이라고 통박했다. 이승만은 자신의 책임은 외면한 채 활동 무대를 상하이에서 하와이로 옮겨버리는 무책임한 행동으로 일관했다.

임시정부는 1923년 국민대표회의를 열어 임정 개혁을 논의했지만 성과를 거두지 못하고 해산한 뒤 20년간 무기력 상태를 벗어나지 못했다. 다만 김구의 헌신적인 노력으로 명맥을 유지할 수 있었다.

대한민국 임시정부의 국내외 업무연락을 위한 지하비밀행정조직망인 연통제 실시의 일차적 목적은 임시정부의 재정을 확보하는 것이었다.

홍범도, 봉오동·청산리전투를 승리로 이끌다

홍범도는 일본군조차 '축지법을 구사하는 신출귀몰한 명장'으로 평가했던 최고의 독립군 지도자였다.

의병장에서 독립군 지도자로

1920년을 전후하여 만주에서는 수많은 독립군이 조직되었다. 홍범도가 이끌었던 대한독립군, 서일과 김좌진이 중심적이었던 북로군정서, 그 외에 서로군정서, 광한단, 대한독립의용단, 광복단 등 최소 50개 이상의 조직이 활동하기 시작했다. 1919년 3월부터 1920년 말까지 만주와 국내에서 독립군은 주재소, 면사무소, 영림소 등 식민통치기구를 습격 파괴하고 일본군과 교전해 막대한 피해를 안겨주었다.

이 시기 가장 주목되는 활동을 벌인 조직은 홍범도洪範圖(1868~1943)가 이끌었던 대한독립군이었다. 구한말 평민 출신 의병장으로서 뛰어난 전과를 올렸던 홍범도는 합병 직후 그가 거느리던 의병을 이끌고 만주로 옮겨가 투쟁을 계속했다. 홍범도는 1919년 8월 갑산과 혜산진을 공격한 최초의 국내진공작전을 펼치는 등 대규모 진공작전으로써 3·1운동에서 나타났던 비폭력투쟁의 한계를 극복하고자 했다.

일제는 계속되는 독립군의 진공작전에 시달리자, 1920년 6월부터 대규모 부대를 파견하여 섬멸작전에 나섰다. 그러나 독립군은 일제의 공세에 맞서 이 시기 가장 빛나는 두 차례의 대규모 전승을 거두었다. 봉오동·청산리전투가 그것이다.

1920년 6월 일제는 대한독립군, 국민회군, 군무도독부군 등 3개 독립군이 주둔하고 있는 봉오동을 1개 대대의 병력으로 공격해왔다. 이에 홍범도 장군은 높은 봉우리 두 개가 연이어 있는 봉오동의 지형을 이용, 매복해 있다 진입해 들어오는 일본군을 기습공격 해서 궤멸시켰다. 일본군은 이 전투에서 총 6백 명의 사상자를 내는 큰 피해를 입은 반면, 독립군은 전사 4명, 중상 2명의 비교적 적은 피해를 입었다. 이 전투는 독립군이 최초로 거둔 통쾌한 대승이었다.

북로군정서와 연대해 승리한 청산리대첩

봉오동전투에서 대패한 일본은 본격적인 독립군 소탕을 위해 '훈춘사건'을 조작해 중국으로 대규모 부대를 난입시켰다. '훈춘사건'이란 1920년 10월 2일 일제가 마적단을 매수해 일본영사관을 방화시킨 뒤, 이를 독립군의 행위로 몰아붙여 월경 출병의 구실을 만든 조작사건이었다. 일제는 10월 7일, 1만5천 명의 대병력을 동원해 독립군이 모여 있던 삼도구 지역으로 쳐들어왔다.

이 지역의 주력부대는 김좌진이 이끄는 북로군정서였다. 북로군정서는 총병력 천여 명에 러시아에서 수입한 대량의 무기를 구비하고 있던 상당한 규모의 부대였다. 홍범도의 대한독립군을 비롯한 6개 독립군 부대는 북로군정서와 함께 삼도구 청산리에서 공격해오는 일본군을 맞아, 10월 21일부터 26일까지 10여 차례의 크고 작은 전투를 승리로 이끌었다. 홍범도군은 자체적으로 4백여 명의 일본군을 손상시킨 완루구전투를 비롯, 22일의 어랑촌전투에서도 북로군정서를 지워해 3백 명의 일본군을 전사시키는 전과를 올렸다. 10여 차례에 걸친 청산리전투에서 독립군은 1천2백여 명의 일본군을 전사시키는 대승을 거두었다. 3천여 명의 독립군이 1만5천 명의 일본군에 완승한 청산리전투는 이 시기 무장투쟁 중 가장 큰 승리였다.

　적지 않은 사람들이 청산리전투를 김좌진 장군이 이끈 북로군정서만의 전투로 잘못 알고 있는 것이 사실이다. 이는 김좌진의 부하로 참전했던 전 국무총리 이범석이 자신의 회고록에서 청산리전투를 북로군정서만의 전투라는 왜곡된 기록을 남겼기 때문이다. 그러나 앞에서 살펴본 대로 홍범도 장군은 봉오동전투뿐 아니라 청산리전투에서도 빼어난 활약을 보였다. 홍범도 장군은 일본군조차 '나는 호랑이' '축지법을 구사하는 신출귀몰한 명장'으로 부를 정도로 두려워했던 불패의 맹장이었다. 러시아의 한인사회에서는 홍범도 장군의 생애를 그린 연극까지 상연할 만큼 전설적 영웅으로 평가하고 있다.

홍범도 장군은 젊은 시절 한때 강원도 고성군 경계지대에 있는 신계사에서 승려 생활을 하기도 했으며 인근 사찰의 여승인 이옥녀와 사랑을 나누기도 했다.

일제와의 야합 속에 진행된
예비 친일파의 자치운동

민족개량주의는 일제의 위협과 회유에 넘어간
기득권층의 자기변명 논리였다.

무단통치에서 문화통치로

3·1운동으로 한국 민중의 거센 독립의지에 놀란 일제는 그간의 강압적 무단통치에 대해 재고하였다. 그 결과 무단통치에서 문화통치로 지배방식을 변경하게 되었다. 뿐만 아니라 일본 제국주의자들이 한국인에 대한 지배 방식으로 '참정권'이나 '자치권'을 줄 것을 생각할 정도로 3·1운동의 파급 효과는 대단한 것이었다. 이를 통해 식민지민의 불만을 누그러뜨리고, 타협적 민족주의자와 비타협적 독립운동 세력 사이의 분열을 유도하는 것도 하나의 목적이었다.

한편 3·1운동 후 외교독립론자를 비롯한 온건파는 미국 등 열강이 제창한 '민족자결주의'의 실체를 알게 되었다. 세계 질서는 정의와 인도에 의해서가 아니라, 약육강식의 논리에 의해 지배된다는 사실을 깨닫게 된 것이다. 하지만 그 깨달음은 외교독립론을 민족개량주의로 이끌고 갔다. 이들은 우리 민족이 실력과 자질이 열등해 식민 지배를 받고 있으므로, '실력'을 키워 민족을 개량하자는 방향으로 운동을 전개하고자 했다. 그리고 개량의 방법으로 '문화운동'을 선택했다. 이들의 방향 전환은 일제가 일정한 활동 공간을 열어주고 참정권을 부여하는 등 문화통치로 지배방식을 변경시킨 것에 상당한 영향을 받은 것이었다. 이들은 지배방식 변화의 본질을 파악하지 못하고 이에 야합해, 실력양성을 통해 자치권을 획득하자는 운동을 벌여나갔다. 이들 세력 중 이광수, 최린 등 대다수 인사들은 1930년대 후반 친일세력으로 변절했다.

물산장려운동의 예정된 실패

이러한 실력양성론과 자치운동은 『동아일보』, 『조선일보』 등 일제가 문화통치를 표방하면서 창간을 허락한 매체가 중심이 돼 일어났다. 타협적 민족운동세력을 대표하는 김성수, 송진우, 조만식, 최린 등이 실력양성을 주장하면서 그 방법으로 선택한 것은 민립대학설립운동으로

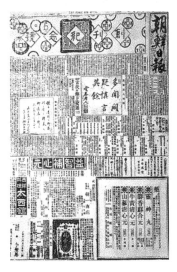

조선일보
3·1운동 후 일제가 문화정치를 표방하면서 허가한 매체로 1920년 3월 5일에 창간됐다.

대표되는 교육 운동과 국산품애용 운동인 물산장려운동이었다.

국산물품의 애용을 통해 민족자본을 살리자는 물산장려운동은 1922년 말부터 시작돼 이듬해 초까지 활발하게 진행됐다. '경성상회'와 '동양물산' 등 상층 자본가 층과 신지식인 층이 이끌었던 이 운동은 초기 민중들의 호응 속에 상당한 성과를 거둬 국산 광목과 고무신 등이 품귀 현상을 빚을 정도였다.

그러나 조선인의 취약한 민족자본은 늘어난 수요를 뒷받침할 생산력을 갖추고 있지 못했고, 새로운 회사나 공장의 설립도 이루어지지 않았다. 게다가 새로운 물건이 나온다 하더라도 이를 구매할 민중의 경제력이 춘궁기에는 굶어죽을 정도로 취약했다. 결국 식민지 경제체제 아래서는 애당초 실현 불가능한 운동이었다. 일제 역시 이 운동이 식민 지배를 위협하지 않는다는 사실을 알고 있었기에 심각하게 여기지 않았다.

이에 따라 국산품애용 운동은 상품의 가격만 올려놓고, 일부 중간 상인과 조선인 자본가의 이득만 채우고는 그 열기가 식어버리고 말았다. 결국 이 운동은 상품 판매를 통해 일부 자본가와 상인의 배만 불리고, 광목의 원료인 원사를 대주는 일본 방적공장주의 매출만 올려주는 결과를 낳았다. 이러한 결과 때문에 물산장려운동은 자신들의 물건을 팔려는 자본가의 이기적 운동이라는 비판을 받았고 불과 1년 만인 1923년에 와서는 시들해졌다.

민립대학설립운동은 막대한 자본을 필요로 하는 운동이었지만 모금이 제대로 이뤄지지 못했다. 그런 가운데 1925년 일제가 경성제국대학을 세우자 운동의 열기가 가라앉게 되었다. 교육운동 또한 학교를 세워본들, 일제가 교육 내용을 장악하는 상황에서는 효과적인 독립운동이 되기 힘들었다. 곧 신채호가 지적하였두 식민지배 하에서의 신문화라는 것은 일제에 의해 한계가 뚜렷하거나 방향이 왜곡될 수밖에 없는 것이었다. 타협적인 민족주의세력이 주도했던 이러한 실력양성운동은 민족운동을 탈정치화시키는 효과와 함께 운동의 범위를 체제의 테두리 안으로 규정짓게 했다.

이 운동의 주도자 중 송진우, 김성수, 최린, 이광수 등 상당수는 독립운동을 포기하고 일본의 지배를 인정한 가운데 조선의 제한적인 자치를 주장하는 자치운동으로 돌아섰다. 그리고 이들은 1930년대 후반부터는 적극적 친일로 돌아서게 되었다.

물산장려운동의 기본 실행요강 세 가지는 다음과 같다. 첫째, 의복은 남자는 무명에 두루마기를, 여자는 검정 물감을 들인 무명치마를 입는다. 둘째, 설탕, 소금, 과일, 음료를 제외한 나머지 음식물은 우리 것을 쓴다. 셋째, 일상용품은 우리 토산물을 사용하되 부득이한 경우 외국산품을 사용하더라도 경제적 실용품을 써서 가급적 절약을 한다.

일제하 최대 규모의 독립운동 조직, 신간회

신간회는 좌우합작으로 지역과 부문에 걸쳐
4만여 명의 회원이 참여한 최대의 독립운동 조직이었다.

사회주의 확산과 민족 유일당 건설 운동

1927년 2월 일제강점기 최대의 독립운동조직인 신간회가 탄생했다. 전국 220개 군 가운데 150개 군에 지회가 결성되었고, 각계각층에서 4만여 명의 회원이 참여하였다. 특히 신간회는 1920년대 들어 급격히 세력이 확산된 사회주의운동 세력과 비타협적 민족운동 세력이 대동단결한 좌우합동조직으로 조직적 위력은 막강했다.

좌우합동조직의 탄생은 1920년대 이후 급변한 국내외 상황과 밀접한 관련이 있다. 우선 1917년 러시아혁명 이후 연해주와 만주 일대의 독립운동가와 일본 유학생들 사이에 사회주의 이념이 보급되었다. 윌슨의 민족자결주의와 파리강화회의에 대한 믿음이 3·1운동을 통해 여지없이 깨지면서 제국주의 본질에 대한 자각이 생겨났다. 반제국주의를 내세운 사회주의 소련의 약소민족해방 지원에 대한 입장이 알려지면서 사회주의는 대중들 사이로 급속히 확산되었다.

조선총독부 역시 보고서를 통해 "사회주의 사상을 바탕으로 한 각종 운동은 종래의 민족운동에 일종의 광명을 주는 듯하다. 독립운동

(3·1운동) 좌절의 여세는 민족운동을 한꺼번에 사회주의 운동으로 합류시키기에 이르렀다"고 파악할 정도였다. 1925년 4월엔 조선공산당이 결성되었고, 1926년에 이르러서는 사회주의사상 단체가 338개로 늘어나면서 광범위한 세를 과시했다.

한편 민족주의운동 진영에서도 반일정치운동을 배제하고 일본제국주의에 타협해 참정권이나 자치권을 얻어내자는 민족개량주의가 대두되면서 위기의식을 느꼈다. 일본의 음성적 지원을 등에 업은 민족개량주의는 독립운동을 혼란에 빠뜨릴 위험이 다분했다. 더욱이 일제는 비타협적 독립운동에 대해서는 탄압을 노골화했다.

이런 상황에서 사회주의 진영과 비타협적 민족주의 진영은 협동을 모색했다. 특히 1924년 중국 국민당과 공산당이 성공적인 국공합작으로 북벌전쟁을 수행하고, 1920년 코민테른(국제공산주의운동본부)이 민족통일전선전략을 채택하자, 양 진영은 적극적으로 통합에 나서게 되었다.

신간회의 결성과 해소

이렇게 좌우합작의 필요성이 활발히 제기된 가운데 1926년 11월, 화요회, 조선공산당 등 공산주의 4단체가 합쳐진 정우회에서 신간회 결성의 결정적 계기가 되는 '정우회 선언'을 발표했다. 이로부터 3개월간의 준비를 거쳐 신간회는 이상재를 회장으로 하여 공식 출범하였다.

신간회는 창립된 뒤 전국 각지의 지부 조직과 청년·여성·노동·농민·사상 등 각계 부문 운동조직과 연계를 갖고 활발한 활동을 전개하

신간회 창립 사진
1927년 2월 15일 YMCA회관에서 500
여 명의 회원과 방청객 500여 명이 참가
한 가운데 신간회가 결성되었다.

였다. 특히 지역운동은 대중과 결합력이 강했으며, 도쿄와 오사카에까지 지회가 조직되었다. 신간회 중앙 본부는 전국 순회강연회를 개최하였고, 각 지회는 전남 소작쟁의 함남 단천농민사건, 장풍탄광광부사건, 원산총파업, 광주학생항일운동을 지지·지원하며 항일투쟁을 전개했다. 이에 조선총독부는 1928년과 1929년의 정기대회를 금지시키는 등 탄압을 본격화했다.

신간회는 1929년 12월 허헌, 홍명희 등 신간회 간부 44명이 구속되면서 지도부가 타격을 입고, 조직 내 비타협적 민족운동 세력이 약화됐다. 이를 계기로 민족개량주의 세력이 조직에 침투해 대표적 자치론자인 김병로가 중앙집행위원장을 맡기에 이르렀다. 그는 최린, 송진우 등 함께 들어온 민족개량주의자들과 함께 자치론을 확산시키려는 노선을 취해 신간회 대중의 반발을 샀다. 그러나 "종래의 신간회 운동이 쓸데없이 관헌과 항쟁하고 대립하여 그 억압을 받음으로써 하등 조선 민족을 위하여 공헌하지 못했다"는 발언에서 알 수 있듯 그는 일제와 타협을 도모했다.

민족개량주의자의 침투로 신간회는 존립의의에 대한 회의가 조직 내에 확산되었다. 이는 신간회 해소론으로 발전해갔다. 더욱이 1930 년 이후 대공황의 여파로 노동자·농민 운동이 격화되는 데 대한 신간 회의 소극적 대응은 해소론을 더욱 강화시켰다.

결국 신간회는 1931년 5월 대회를 열어 해소를 결정했다. 해소를 주도한 지부 조직의 사회주의자들은 새로운 단체의 결성을 위해 해체가 아닌 '해소'를 결정한 것이었지만, 이후 일제의 강력한 탄압에 의해 더이상의 합법적인 조직 건설은 불가능했다. 신간회 해소 이후 민족개량주의자들은 친일로 돌아섰고, 사회주의자들은 지하로 잠입, 비밀투쟁에 국한된 독립운동을 전개했다.

일본의 고등경찰요사에도 "배일선인非日鮮人 가운데 저명한 인물은 거의 가담했다"고 기록돼 있을 정도로 신간회의 조직범위는 넓었다.

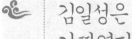

김일성은
가짜였다?

김일성 가짜설은 반공주의자에 의해 조작된 것이었다.
그러나 북한 역시 김일성을 신화화하면서 진실을 왜곡했다.

보천보전투

1932년, 동만주와 남만주, 북만주에는 최현, 김일성, 이홍광, 최용건, 김일 등의 주도하에 항일유격대가 조직되었다. 항일유격대는 일본과 악질 지주에 대한 주민의 저항의지가 높고 일본군을 방어하기에 유리한 8개 지역에 해방구를 만들어 자치정부를 세웠다. 유격대는 해방구에서 토지개혁 등 사회개혁을 실시했고, 공격해오는 일제와 전투를 벌이면서 방어투쟁을 성공적으로 이끌었다. 1934년 무렵 만주의 항일유격대는 5천 명이 넘었다. 일제는 이 시기 만주파견군을 5만에서 40만으로 대폭 증강시켜 항일유격대 토벌에 나섰다. 그러나 항일유격대는 맹렬한 방어투쟁으로 수백 차례의 전투를 승리로 이끌었다.

1936년에 이르러 항일유격대는 중국과 연대하여, 동북항일연군으로 재편되면서 더욱 활성화되었다. 또한 일제에 반대하는 모든 독립운동 세력을 망라한 조국광복회가 결성되고, 주력군이 국경 일대에 배치되어 국내진공작전을 펼치기 시작했다. 함경남도의 삼수·갑산·해산 일대에는 조국광복회의 지부격인 갑산공작위원회가 조직되었다. 이런 조직에 기반을 두고 김일성과 최현이 지휘하는 동북항일연군은 함경 남도 갑산군 보천면으로 진격해 경찰주재소, 면사무소, 관공서 등 시 민통치기구를 불사르고, 추격하는 수십 명의 일본군을 궤멸시키는 전 과를 올렸다. 이들은 보천면 시가지에 '조국광복회 10대 강령', '반일 대중에게 격함'이란 선전물을 살포하고 주민들에게 항일을 궐기할 것 을 호소하는 연설을 했다.

보천보전투는 "국경선은 금성철벽이요, 공산비적은 이미 몽땅 숙청 되었소'란 일제의 허위선전을 폭로했으며, 국내 신문에 호외로까지 발 행돼 전국적으로 알려지게 되었다. 이를 통해 민중들은 독립에 대한 희망과 믿음을 잃지 않을 수 있었다. 또한 이 공격의 주역 김일성의 이 름이 국내의 민중들에게 대대적으로 알려지게 되었다.

국내외 학자들에게 외면 받은 '김일성 가짜설'

보천보전투로 인해 김일성은 한국인에게 영웅적인 독립투사로 각인 되었다. 보천보전투를 비롯한 만주 항일유격대 시절의 무장투쟁은 김 일성을 북한에서 최고 권력자의 자리로 올라서게 해준 밑거름이었다.

김일성 동상
북한 주민들이 묵도하는 모습이다.

그런데 이승만과 박정희 정권은 "북한의 김일성은 만주에서 항일무장 투쟁을 벌인 전설적인 영웅 김일성 장군의 이름을 해방 직후에 도용한 가짜"라는 '김일성 가짜설'을 유포시켰다. 이를 이명영 교수와 같은 일부 연구자들은 '학문적'으로 뒷받침하기까지 했다. 그러나 와다 하루키, 이정식, 서대숙 교수 등 국내외의 한국 현대사 권위자들은 '김일성 가짜설'에 학술적 가치를 인정하지 않았다. 이정식 교수의 다음과 같은 주장은 '김일성 가짜설'의 허구성을 단적으로 보여준다.

"김일성의 본명은 김성주이기 때문에 그가 이름을 바꾼 것은 사실이지만, 이는 한인 독립운동가 사이에선 아주 흔한 일로 거의 모든 독립운동가들이 한두 개의 가명을 사용했다. (…) 김일성을 조작해내기 위해서는 그 당시 이래 김일성과 관계를 맺고 있는 다른 모든 사람들을 조작해내야 하기 때문에 이는 불가능한 일로 보인다."

김형욱은 회고록에서 '김일성 가짜설'이 박정희 시절에 더욱 강하게 유포되었는데, 이는 일본군 장교로서 독립군 토벌작전에 나섰던 전력 때문에 박정희가 김일성의 항일 경력을 부정하고 싶어서였을 것이라고 증언했다. 이처럼 남쪽에서는 '김일성 가짜설'로 진실을 왜곡했다면, 북한에서는 항일유격대 활동을 과대포장으로 '신화화'해 역시 진실을 왜곡했다.

김일성은 보천보전투를 호외로 알린 「동아일보」에 이름이 보도되면서 국내에도 명성을 떨치게 되었다.

잔혹한 수탈과 억압을 자행한 일제

일본은 제국주의 국가 중 가장 혹독한 식민통치를 자행했다.
그러나 아직 이에 대한 역사적인 청산은 이뤄지지 않았다.

헌병에서 특고로

일제는 36년간 한국을 식민통치하면서 세계 어느 제국주의 국가보다 더한 강압적 통치와 수탈을 자행했다. 1910년 한일합병으로 조선을 완전 식민지화하면서 일제는 경찰 대신 헌병을 동원하는 무단통치를 자행해, 총칼로 한국인을 유린했다.

3·1운동 이후 문화통치로 바꾸면서 대검을 찬 헌병 대신 경찰이 치안 업무를 맡게 되었지만 탄압이 완화된 것은 아니었다. 헌병은 본연의 군사 업무를 보게 하는 대신 군 병력을 2,400명 증강시켜 유사시를 대비했다. 경찰력도 더욱 강화시켜 1919년 주재소가 736개소에서 1920년에는 2,746개소로 늘어나 1개 면당 1개 주재소를 설치했다. 경찰관의 수도 6,387명에서 2만134명으로 3배 이상 증가시켜 감시망을 더욱 죄었다. 특히 일본은 본토에서도 사상운동 탄압에 악명을 떨치던 특고형사와 밀정을 강화시켜 악랄한 탄압을 자행했다. 한 시인의 표현대로 한국 전체가 창살 없는 감옥이었다.

식민통치 전반기 일제는 반인륜적 범죄인 관동대학살을 자행했다.

1923년 도쿄에서 10만 명에 가까운 사람이 죽고, 38만여 가옥이 완전히 불에 타고, 20만 세대 정도가 무너진 대지진이 발생했다. 이러한 대혼란을 수습하기 위해 일본제국주의자는 조선인이 도쿄 전체를 방화하고 독을 뿌려 일본인을 살해한다는 등의 유언비어를 퍼뜨린 뒤 조선인 대학살에 나섰다. 일본 경찰의 암묵적인 지시를 받은 일본인 자경단원들은 조선인이라면 무조건 죽창, 칼, 목도, 낫으로 살해했으며, 여성들은 강간한 뒤 사지를 찢어 죽이는 만행을 저질렀다. 관동대학살로 불리는 이 인간사냥에서 확인된 조선의 사망자만도 6,661명에 이르렀다.

대동아전쟁의 도발과 민족말살행위

일제는 1937년 중일전쟁을 도발한 뒤 전시체제에 돌입했다. 이와 함께 내선일체를 내세우며 황국신민화정책을 강요했다. 제국주의 역사에서도 유래를 찾아보기 힘든 민족말살정책이 시작된 것이다. 일제는 이를 위해 우리말과 글의 사용을 금지하고, 창씨개명, 신사참배, 천황숭배, 궁성요배 등을 강요했다. 이러한 일본인화는 한국을 영구 식민지로 만들고, 한국인과 한국의 자원을 모두 전쟁에 동원하기 위한 것이었다.

침략 전쟁이 확대되면서 일본은 한국에 대한 물적, 인적인 약탈을 무자비하게 자행했다. 1939년부터 총독부는 농가에 최소한의 식량만 남겨놓고 쌀, 보리 등의 곡물을 징발했다. 전쟁 말기에는 탄피 제조를 위해 가정에서 쓰는 솥과 숟가락까지 징발했다. 그러나 이런 물적 약탈은 아무것도 아니었다. 한국인 480여만 명이 일본, 남양 군도, 버마,

사할린으로 끌려가 탄광, 군수공장, 토목공사장에서 인간 이하의 대접을 받으며 하루 12시간 이상의 노동에 시달렸다. 엄청나게 강도 높은 강제노동과 구타로 한국인은 수없이 죽어나갔다. 공사가 끝난 평양비행장의 공사장에서는 보안 유지를 이유로 한국인 징용노동자 800여 명을 집단학살했고, 지시마 열도에서도 5,000여 명의 징용노동자를 기밀누설방지를 내세워 학살했다. 만주의 악명 높은 731부대는 한국인을 비롯한 전쟁군 포로 3,000명을 마루타로 부르며 독가스, 화학가스, 콜레라, 장티푸스 등 세균무기와 화학무기의 인체실험대상으로 썼다.

일제는 계속되는 전쟁으로 병력이 부족하게 되자 총알받이로 쓰기 위해 한국인 청년들을 전쟁터로 끌고 나갔다. 학도병제와 징병제 등으로 21만 명의 한국인 젊은이들이 전쟁터로 끌려 나갔고, 그 대다수가 전사했다.

또한 종군위안부로 최소 5만 명 이상의 한국 여성을 끌고 가 일본 군인들의 무차별한 성적 학대에 시달리게 했다. 이렇게 성적 노리개로 학대한 뒤 증거를 남기지 않기 위해 수천 명의 위안부를 폭살시키거나 수장시켜 몰살했다. 살아남은 종군위안부들은 오늘날까지도 그 후유증에 시달리고 있다.

그러나 일본의 우익들은 이러한 반인륜적 범죄행위에 대해 부인하고, 역사를 왜곡하는 뻔뻔스런 언행을 아직도 자행하고 있다.

1992년 정신대의 고용 조건 · 동원권자 · 의무 규정 등을 명시한 일왕칙령 제519호 「여자정신근로령」이 발견되어, 한반도에서 일본 정부가 조직적으로 종군위안부를 징발한 증거가 포착되었다.

아직도 청산되지 않은 반역의 역사, 친일파 문제

일제 말 다수의 인사들이 친일활동을 자행했다.
그러나 이들의 민족반역 행위는 제대로 처벌되지 않았다.

민중을 전쟁터로 몰아넣은 '민족지도자'

일제강점기 말기, 조선 민중은 인간 이하의 삶을 강요받고 목숨마저 징용장과 전쟁터에서 잃게 되었다. 이런 민족의 시련기에 이른바 민족지도자라고 자처하는 자들은 친일행위를 자행하였다. 이전에 비해 훨씬 강도 높은 강압통치에 의해 친일을 강요받는 경우도 있었지만, 적지 않은 자들은 일신의 영달을 꾀하고자 친일 전선에 나섰다.

더욱 비극적인 것은 이전까지 독립운동 진영에 몸담고 있던 자들까지 친일파 대열에 들어섰다는 것이다. '민족개량'을 부르짖던 타협적 민족주의세력이 친일행위에 앞장선 것은 물론이고, 비타협적 '민족운동'과 사회주의계열의 일부 인사들 역시 일제의 위협과 매수를 견디지 못하고 친일파 대열에 합류했다.

가장 악랄한 친일행위자는 일제의 군과 경찰에 소속돼 독립운동가들을 탄압하고 징병과 징용에 앞장섰던 자들이었다. 고등계 형사였던 노덕술, 김태석 등 30여 명에 달하는 자들은 군경의 간부로서 야밤에 민가를 습격해 징용노무자를 끌어가기도 했다.

이외에 대다수 친일행위는 시국강연반, 조선군사후원연맹, 국민정신총동원조선연맹, 사상부국여맹, 주국임전보국단, 국민총력조선연맹, 임전대책협의회의 조선언론보국회 등 광범위하게 구축된 친일 조직을 통해 이뤄졌다. 이들의 친일행위는 박흥식과 같이 비행기를 헌납하는 등 거액의 국방헌금을 납부하는 행위나, 국방헌금, 애국저축 등을 강요하는 군수물자보급운동, 논설, 문학, 시국강연 등의 활동을 통해 징병과 징용을 부추기는 사상교화에 이르기까지 다양한 방법으로 이뤄졌다.

시에서 대중연설까지

친일행위 중 가장 악랄한 것은 일본의 경찰과 군인이 되어 독립운동가들을 잡아넣는 것이었지만, 이것은 명백한 '악행'이었기 때문에 행위 이상의 나쁜 영향은 없었다. 이보다 더 나쁜 것은 교묘한 논리로 동족을 전쟁터로 몰아넣는 행위였다. 다음은 이들의 친일 연설과 시 중 대표적인 사례들이다.

> "이제야 기다리고 기다리던 징병제라는 커다란 감격이 왔다. 우리는 아름다운 웃음으로 내 아들이나 남편을 전장으로 보낼 각오를 가져야 한다. 따라서 만일의 경우에는 남편이나 아들의 유골을 조용히 눈물 안 내고 맞아들일 마음의 각오를 가져야 한다."
>
> – 국민정신총동원 조선연맹 이사 김활란, 해방 후 이화여대 총장

"우리들 여성의 머릿속에 대화혼이 없고 보면 이 위대한 승리의 역사는 없다."

- 시인 모윤숙

"천황폐하께 한 가지 바치옵는 정성이런만 총을 잡는 어깨는 보람이 차는 것을……."

- 시인 주요한

"이 성스런 목적 관철(대동아전쟁 승리)에 우리 반도 민중도 한몫맡아 협력치 않으면 안 된다."

- 구한말 개화파 대신이자 일제강점기 기독감리교의 거두 윤치호

이러한 친일행각에 대해 당사자 중 자신과 과오를 인정하고 반성한 자는 극소수에 불과했다. 해방 후 친일파를 심판하기 위한 반민특위의 활동이 있었지만, 이승만 세력의 방해로 실패로 끝나고 말았다. 친일파 문제는 아직도 해결되지 않은 우리 현대사의 어두운 그림자이다.

대한민국정부가 수립되기 이전인 1947년 친일잔재 청산을 위하여 남조선과도입법의원은 '민족반역자·부일협력자·전범·간상배에 대한 특별법'을 제정한 바 있다. 그러나 미군정은 이 법안이 미군정의 동맹 세력인 친일경찰, 친일관료, 친일정치인을 대상으로 하고 있었기 때문에 인준을 거부했다.

8·15해방과 건국준비위원회, 반쪽짜리 독립

미군정은 자주적인 민족국가를 수립하려는 우리의 민중운동을 억압했다.

해방 전후

1945년 8월 15일 천황 히로히토는 울먹이는 목소리로 무조건 항복을 발표했다. 제2차 세계대전의 종전이자 36년간의 식민통치를 벗어나 한반도가 해방되는 순간이었다. 평범한 한국의 민중에게는 '도둑'처럼 급작스럽게 온 해방이었다. 이태준의 소설 『해방 전후』에는 식민통치 말기의 광란을 피해 지방에 칩거해 있다 해방을 맞은 작가의 소회가 잘 드러나 있다.

해방 바로 며칠 전까지도 자신의 낚시질에 대해 "우리 일본제국이 완전히 이길 때까지 낚시질은 그만둡시다"라는 순사부장의 닦달이 있었다. 자신도 강요에 못 이겨 문인궐기대회에 나섰다. 노인 유생에게 조선인 순사는 "국민복을 입어라, 국어(일본어)를 배우라"고 강요했다. 그런데 갑자기 해방이 온 것이다. 이태준은 순간 "조선이 독립된 감격보다도 이 불행한 동포들의 얼빠진 꼴이 우선 울고 싶게 슬펐다"고 회상한다. 그러나 그 역시 "하늘은 맑아 박꽃 같은 구름송이, 땅에는 무럭무럭 자라는 곡식들 우거진 녹음들 어느 것이고 우러러 절하고 소리

지르고 날뛰고 싶은 마음으로 사람들과 굳은 악수와 소리 나는 울음을 울었다"고 한다. 해방은 이렇게 감격스럽고 갑작스러운 것이었다.

그러나 적지 않은 사람들이 해방을 위해 싸우고, 또 그 해방을 일찍이 예감하면서 건국을 준비하고 있었다. 일본이 항복하기 바로 직전까지도 해외의 독립운동세력은 자체 무장력을 가지고 조국을 해방시키기 위해 진격해 들어올 준비가 되어 있었다. 동북항일연군은 소련에서, 조선독립동맹과 조선의용군은 중국 옌안에서, 광복군은 충칭에서 각각 국내진공작전을 계획했다. 국내에서도 1944년 여운형과 조동호 등이 중심이 돼 조선건국동맹을 비밀리에 결성해 해방을 준비했다. 건국동맹은 공장, 학교, 회사 등에 세포조직을 만들어나갔고, 중앙에 내무부·외무부·재무부 등 건국에 필요한 핵심 부서를 꾸리기도 했다.

전국에 걸쳐 건국준비위원회가 꾸려졌지만

미군이 진주하기 전 남한에는 이미 자주적인 정부가 꾸려지고 있었다. 1945년 8월의 일제의 패망이 눈앞에 다가오자, 조선총독부는 80만 명에 달하는 재조선 일본인과 10만 군대의 안전한 철수를 위해 건국동맹을 지도하던 여운형에게 협력을 타진했다. 여운형은 총독부의 협력 요구에 대해 다음 다섯 가지 조건을 내걸고 이를 수락한다면 승락 하겠다고 답했다.

첫째, 조선의 정치범과 경제범 석방. 둘째, 경성 주민의 3개월치 식량 확보. 셋째, 치안 유지와 건설 사업에 대한 불간섭. 넷째, 학생의 훈련과 청년의 조직화에 대한 불간섭. 다섯째, 노동자·농민을 건국 사업에 동원하는 데 대한 불간섭.

즉, 여운형은 단순한 치안 협조를 넘어서 과도적 건국 준비라는 적극적인 요구를 하였고, 이를 관철시켰던 것이다.

일제가 항복을 발표하자마자 여운형은 안재홍과 함께 조선건국준비위원회(이하 건준)를 결성하였다. 위원장에 여운형, 부위원장에 안재홍이 추대되었다. 안재홍은 다음 날 방송을 통해 경위대 신설, 통화 안정, 미곡 공출 등을 발표하였다. 이는 건준이 정권을 인수하고 있음을 보여주는 연설이었다.

8월 28일 건준은 선언문과 강령을 발표하는데, "조선의 완전한 독립 국가조직을 실현할 새 정권 수립을 위한 산파 역할을 수행하는 조직"으로서 위상을 가질 것을 선언하였다. 이에 따라 전국적으로 145개의 지방 건준이 조직되어 면단위까지 파급되어갔다. 미군이 서울에 입성하기 이틀 전인 9월 6일 건준은 천여 명의 대표자가 참석한 가운데 조선인민공화국의 수립을 선언했다. 급작스런 인민공화국의 수립은 미군정으로부터 남한의 정부임을 인정받고, 우익을 중심으로 '임시정부 봉대론'이 일어나고 있기 때문에 이를 견제하기 위한 것이기도 했다.

그러나 남한의 정권을 장악한 미군정은 인민공화국은 물론 임시정부도 인정하지 않았다. 소련에 대항하는 대소 전진기지로서 남한을 위치 짓고자 했던 미국의 의도를 관철시키기에 인민공화국은 걸림돌일 것이 뻔했기 때문이다. 미군정은 조선총독부의 지위와 체계를 그대로 인수한 뒤 군정장관 고문 제도를 만들어 김성수, 송진우 등 우익인사를 기용하고, 지방 조직도 미군의 행정요원들이 도착하는 대로 접수해 갔다. 이런 과정을 통해 인민공화국은 해체의 운명에 놓이게 되었다.

미군정의 이러한 입장에 대해 지방에서 자치적인 권력체의 위상을 가지고 있던 인민위원회의 반발은 거셌다. 미군정과 인민위원회 간의 대립은 대구인민항쟁, 여순항쟁, 제주4·3항쟁 등 숱한 인민항쟁을 가져왔다.

토지개혁과 8시간 노동제, 사회경제적 개혁, 일본제국주의와 봉건적 잔재 세력의 일소 등 민주주의 민족국가를 내세운 인민공화국의 정책은 대중의 광범위한 지지를 받고 있는 것이었다. 이러한 과제를 도외시한 미군정의 정책은 남한 민중의 거센 저항에 부딪쳤다. 그것은 한국전쟁 때까지 남한의 정정을 불안하게 만든 주요한 원인이 되었다.

여운형은 해방 공간의 정치인 중 가장 미남이었고 운동도 잘해서, 운동기구 아령의 모델로 나간 적도 있었다.

찬탁은
재식민화의 길이었나?

정작 신탁통치를 원한 쪽은 소련보다 미국이었다.
그러나 조선에 알려진 것은 이와는 정반대의 사실이었다.

『동아일보』, 현대사 최대의 왜곡보도를 하다

"소련은 신탁통치 주장, 소련의 구실은 38선 분할점령, 미국은 즉
시 독립 주장."

『동아일보』1945년 12월 27일자 정치면에는 모스크바3상회의에 대
한 보도가 실려 있었다.

이 보도에 따르면 소련은 절대악이고, 미국은 우리의 자주독립을 지
지하는 정의의 국가였다. 그러나 사실은 전혀 달랐다. 미국은 1943년
카이로회담에서 "미·영·중은 한국 인민의 노예상태에 유의하여 '적
당한 절차'를 거쳐 한국을 자주독립케 할 것을 경의한다"는 결정을 내
렸다. 여기서 '적당한 절차'란 바로 신탁통치를 의미하는 것이었다. 그
뒤 테헤란회담과 얄타회담에서 미국의 루스벨트 대통령은 한국이 독
립할 능력이 없기 때문에 30~40년간 신탁통치를 하면 좋겠다는 의사
를 표명했다. 1945년 12월에 열렸던 모스크바3상회의에서도 미국은

미·소·영·중 4대국이 한국을 5년간 신탁통치하고, 필요하면 5년을 연장할 수 있게 하자는 안을 제시했다. 이에 반해 소련은 한국인에 의한 임시정부를 수립하고 그 임시정부와 협의하여 4개국이 후견한다는 안을 내놓았다. 합의안은 대체로 소련 측의 안을 바탕으로 작성되었다. 주요 내용은 한국을 독립국가로 재건하기 위한 임시정부를 수립한다는 것과, 이를 위한 미소공동위원회 구성, 그리고 민주주의 발전과 일제잔재 청산을 위해 임시정부와 협의해 최고 5년 기한으로 4개국 신탁통치(소련 표현은 후견)를 실시한다는 것이었다. 이 합의문에서 '신탁통치'는 잠정적인 '후원'의 성격이 강한 것이었다. 그것도 미국이나 소련 일방이 아닌 4개국으로 규정되어 분단의 소지도 없었다.

이러한 3상회의 결정에 대한 위의 『동아일보』 보도는 명백한 왜곡보도였다. 이 보도로 인해 반탁운동이 거세게 일어났다. 한국 현대사의 방향을 튼 최대의 왜곡보도였다. 『동아일보』는 왜 왜곡보도를 했던 것일까?

반탁운동으로 주도권을 거머쥔 우익

모스크바3상회의에서 임시정부의 조속한 수립을 결정했다는 것은 인민공화국을 비롯해 공산당조직을 전국적으로 구축해놓은 좌익이 임시정부의 주도권을 쥘 가능성이 높다는 것을 의미했다. 모스크바3상회의 결의 전문이 입수되지 않은 상황에서 '신탁통치'를 강조하는 『동아일보』의 보도를 접한 김구의 임시정부와 한국독립당 세력은 반탁운동을 강하게 전개하면서 우익의 영향력을 넓혀나갔다. 좌익 역시 전문을 입수하지 못한 초기에는 반탁의 입장을 견지했다. 그러나 1946년 1월 1일 오후를 기해 좌익은 3상회의 결정을 지지하게 된다. 이러한 좌익의 입장 변화가 소련의 지령에 의한 것이라는 주장도 있지만, 그보다는 좌익이 결의문 중 첫 번째 항인 '임시정부 수립'에 주목해 지지했을 가능성이 더 높다.

그러나 합의문이 국내 정가에 전달된 뒤에도 우익은 더욱 강도 높은 반탁운동을 전개했다. '찬탁=재식민화의 길'인 것처럼 선전하는 우익의 선동에, 식민통치를 경험한 민중은 신탁통치에 대해 저항을 느꼈다.

이후 신탁통치를 둘러싼 좌우의 대립이 격화되면서 좌우합작 문제도 민족통일 문제도, 친일파 청산 문제도 도외시되었다. 신탁통치에 대한 찬반 논란은 결국 50년이 넘는 남북 분단을 가져온 주요한 계기가 되고 말았다.

미군정은 미소3상회의의 결정 사항을 반대하는 입장이었다. 그래서 이들은 『동아일보』의 왜곡 보도를 묵인했다.

식민잔재 청산,
그 통한의 좌절

이승만과 친일파의 집요한 반대로 인해
반민특위의 친일파 처단 노력은 좌절되었다

일본이 얕잡아보는 계기

"한국에 언론 탄압이 있느냐 없느냐로 일본 매스컴이 논쟁할 무
렵, B씨가 일본에 들른 적이 있었다. B는 국민총력조선연맹 참사며
문인보국회 간부, 총독부 기관지 『매일신보』의 학예부장 등으로 황
도 조선의 실현을 외친, 즉, 소위 친일파의 1인이었다. 이때 일본의
어느 신문이 B의 언론 탄압이 없다는 발언을 반박하면서 '권력에 아
부하는 B의 반동부패상은 전전 전후를 통해서 일관해 있다'고 비난
했다. (…) 치욕을 강요한 일본인들이 오히려 솔선해서 그들을 경멸
하곤 했던 것이다."

-임종국, 「일제말 친일군상의 실태」, 『실록 친일파』

친일문제연구가 임종국은 한국에서 친일파가 청산되지 못하면서 식
민본국인 일본으로부터도 이렇게 경멸을 받는 현실을 개탄한 바 있다.
치욕의 역사를 청산하지 못한 후과는 단지 식민 모국으로부터의 경멸

만이 아니라, 더 크게는 우리 사회가 근대시민사회로 거듭나지 못하고 파행으로 점철되게 하는 요인이 되기도 했다. 곧, 민족국가로서 기본적인 정통성마저도 갖지 못하게 된 것이다.

8·15해방 후 한국은 식민잔재 청산을 위한 좋은 기회를 가졌다. 그것은 바로 '반민족행위특별조사위원회'(이하 반민특위)의 결성과 이들의 의욕적인 활동이었다. 그러나 이들이 활동하기에 상황은 좋지 않았다. 미군정에 의해 경찰과 행정부에 친일파가 들어가 있었기 때문이다. 해방 직후 남한의 통치를 담당했던 미군정은 애초 친일파 청산에 소극적이었다. 미군정은 남한에서 미국의 이익을 원만하게 관철시키기 위해 친일파를 적극 기용했다. 민족적 정통성을 가진 독립운동가들보다 흠집이 있는 이들이 미군의 이해관계를 더 잘 대변해주리라는 것을 미군정은 일찌감치 감지하고 있었다. 그 결과 경찰 조직의 82퍼센트가 전직 일본경찰 출신이었으며, 군대 또한 광복군 대신 일본육사나 만주군관학교 출신들이 요직을 차지했다. 박정희, 전 국무총리인 정일권 등이 대표적인 일본군 출신 장교였다.

반민특위의 활동과 좌절

1948년 8월 15일 대한민국 정부가 수립되고 국회가 구성되면서, 친일파 청산이란 민족의 과제를 해결하기 위한 움직임이 시작됐다. 소장파가 대거 당선된 제헌국회는 1948년 9월 7일 '반민족행위처벌법'을 가결시키고, 10월 23일 김상덕을 위원장으로 하는 반민특위를 구성하여 1949년 1월 1일부터 본격적인 활동에 들어갔다.

반민특위는 1월 8일 일본에 비행기를 바친 화신백화점 사장 박흥식을 체포한 데 이어, 관동군의 촉탁으로 항일유격대를 추적한 이종형, 강우규 의사를 체포한 일제 경시 출신의 김태석, 민족대표 33인 중 한 사람이었지만 변절하여 임전보국단장을 지낸 최린, 친일 문인 최남선, 이광수 등 305명을 체포했다. 이러한 반민특위의 활동에 대해 당시 국민은 대대적인 환영을 보냈다.

그러나 이승만을 비롯한 경찰과 행정부의 친일경력자들은 반민특위에 대한 와해공작을 본격적으로 펼쳤다. 이승만은 자신의 취약한 정치기반을 친일파 관료와 자산가들로 보강하려는 목적으로 반민특위를 공격했다.

독립운동가를 고문한 것으로 유명한 악독 친일경찰 노덕술은 수도경찰청 현직 수사과장인 최란수 등과 공모해 전문 테러리스트 백민태를 시켜 강경파 반민특위 위원을 휴전선으로 끌고 가 살해하고, 이를 월북하다 피살된 것으로 위장하려는 테러계획까지 세운 바 있다. 백민태의 자백으로 무산됐지만 친일파들은 관제시위를 조직해 반민특위의 활동을 저지하고자 했다.

친일파가 독립유공자로 둔갑하는 건 역사의 아이러니입니다

이런 가운데 의혹투성이의 국회프락치사건이 터지면서 반민특위를 지지하는 소장파 의원이 대거 검거되었다. 6월 6일에는 경찰이 반민특위를 습격해 특위를 와해시켰다.

이승만은 반민법을 개정해 공소시효를 1949년 8월 31일로 단축함으로써 사실상 청산 작업을 종료했다. 친일파 처벌은 7명 실형, 5명 집행유예를 언도하는 것으로 끝났다. 그나마 실형을 받은 7명도 이듬해 봄까지 모두 풀려났다.

이러한 결과는 제2차 세계대전 후 각국에서 있었던 민족반역자에 대한 처벌현황과는 너무도 대조되는 것이었다. 프랑스의 2,071건의 사형선고와 3만9,900여건의 징역판결, 벨기에의 5만5,000건의 징역형, 일본의 21만여 명 공직추방과 비교해보면 쉽게 알 수 있다. 한국에서는 오히려 김성수나 이은상, 이갑성(일제 밀정활동) 등 적지 않은 친일파가 독립유공자로 둔갑해 있는 실정이다.

미군정은 남한에 반공국가를 수립하기 위하여 공산 세력에 대항할 세력으로 친일파에 주목하였다. 따라서 친일파의 청산은 미국의 국익과 배치되는 것이었다.

비 전쟁 기간에 일어난 최대의 학살극,
4·3항쟁

4·3항쟁 기간 중 제주도 인구의 8분의 1에 해당하는
3만여 명의 사람들이 학살됐다.

유배의 땅, 제주의 비극

영화 〈이재수의 난〉에서 보듯 제주도는 육지에서 죄를 지은 사
람들이 귀양 살러 가는 유배지였다. 또한 제주도는 관의 수탈이 잔학
한 땅이었던 만큼 민중의 저항의지가 강렬했다. 1932년 천여 명의 잠
녀(해녀)들이 봉기했던 잠녀항쟁이 일어났을 정도로 대중적인 저항의
지가 강한 땅이었다. 1940년대에 이르러 제2차 세계대전이 막바지에
달했을 때, 일제는 제주를 대미 결사항전의 보루로 삼아 주민들을 온
갖 종류의 공출과 강제노역, 징용으로 몰아넣었다. 또한 1945년 2월부
터 7월 사이에는 미군의 폭격으로 3백여 명 이상의 주민들이 사망하
고 수백 채의 가옥이 불타는 피해를 입었다.

이런 상황에서 맞이한 8·15의 감격은 컸다. 제주는 항일운동의 대
중적 지지기반이 탄탄했기에 관공서, 기업체, 학교에서 자발적 자체적
으로 복구위원회 등의 조직을 꾸려서 운영해나갔다. 또한 제주도 인민
위원회가 구성돼 주민들의 전폭적 지지 하에 생존권과 안전 확보에 나
섰다.

그러나 제주도민의 이러한 움직임에 대해 남한을 점령한 미군정은 제동을 걸었다. 기업체를 미군정 귀속 하에 두어 친일파에게 불하하고, 행정기구에는 친일 관료와 경찰을 재임용했다. 경제사정 또한 악화되어 주민들은 칡뿌리와 돼지사료 같은 것으로 연명해야 할 정도였다. 그런 와중에 미군정은 곡물 수집을 강행했다.

미군정에 대한 불만이 고조되지 않을 수 없었다. 게다가 미군정은 민중의 통일 의지를 짓밟고 남한 단독정부수립을 강력하게 추진하고 있는 상황이었다.

국방경비대와 평화를 위한 합의를 이루다

1948년 4월 3일 새벽, 총성과 함께 한라산 주위의 여러 봉우리에서 봉화가 오르면서 항쟁이 시작됐다. 산중에 집결해 있던 3천여 명의 민중무장대는 경찰지서 10여 곳과 서북청년단 등 우익 테러단체를 공격했다. 그리고 미군 철수, 단독 선거 절대 반대, 이승만 매국도당 타도, 경찰과 테러집단 철수, 유엔 한국위원단 철수를 요구하는 전단과 호소문을 뿌렸다.

미군정은 단호하게 나왔다. 1천7백여 명의 경찰을 급파했고, 부산에 주둔해 있던 군대, 그리고 서북청년단도 추가로 파견했다. 제주에는 봉기 전에도 이미 경찰 4백8십 명, 경비대 9백 명과 적지 않은 수의 서북청년단과 우익청년단이 파견돼 있는 상태였다.

봉기 후 산으로 들어갔던 남로당 제주도 당부는 장기적 유격 투쟁을 결의하고 인민유격대를 결성했다. 그러나 초기에는 큰 규모의 전투가 없었다. 국방경비대장 김익렬이 제주민의 불만을 정당한 것이라고 보고 적극적인 진압작전에 나서지 않았기 때문이다.

4월28일 인민유격대 사령관 김달삼과 국방경비대 제9연대장 김익렬 사이에 회담이 열렸다. 회담의 결과 사태 수습을 위한 합의안이 만들어져 전투는 중단되었고, 노인과 아이 등 비전투병력의 귀순이 이뤄졌다.

일본군의 유격대 토벌작전을 동족에게 써먹다

그러나 5월 3일 경비대 병사의 안내로 귀순 중이던 노인과 아이들을 향해 군정경찰이 발포하면서 평화는 깨졌다. 귀순하던 도민 중 상당수가 총살당하자 하산하던 도민들은 다시 산에 올랐다. 토벌대를 피해 가족 전체가 입산하는 사람들이 줄을 이었다. 곧이어 유격대와 군정경찰의 충돌로 살인과 방화가 재연되었다.

사태진압에 온건책을 구사한 김익렬은 그를 공산주의자로 몰았던 강경론자 조병옥과의 의견충돌 끝에 해임되고 박진경 중령이 새로 경비대장으로 임명됐다. 일본군 장교 출신인 박진경은 "폭동을 진압하기 위해서는 제주도민 30만 명을 희생해도 좋다"고 공언하며 대규모 토벌작전을 준비해나갔다.

이에 대응해 인민유격대는 5·10 선거 반대 투쟁을 강력히 추진하며 공세를 강화했다. 5월 9일 많은 주민들이 단독선거 거부를 위해 추가로 입산하였다. 주민들의 거부와 선거관리 공무원의 태업으로 5·10 단독선거는 제주도에서 완전히 파탄이 났다. 이에 대해 미군정은 대대적인 초토화 작전으로 보복에 나섰다. 8월 15일 이승만의 대통령 취임식이 있고 난 후 10월 0일 제주도 건역에 계엄령을 선포하고 대대적인 토벌을 준비했다. 이를 위해 여수 주둔 14연대 군인들에게 제주 출동을 명령했는데, 그들은 이에 거부하고 민중과 함께 봉기에 나섰다. 이것이 여순봉기이다.

그러나 여순봉기를 진압한 뒤 제주도에 증원된 진압군은 일본군이 만주 일대에서 항일독립군에 구사했던 전략촌 소진 소개작전을 구사했다. 제주도 주민을 해안가로 소개시킨 뒤 130개 마을을 불태웠던 것이다. 당시 제주도 마을은 169개였으니 3분의 2이상을 전소시킨 것이다. 그리고 수많은 집단학살극이 자행됐다. 1949년 1월 17일 북촌리 학살사건에서는 6백여 명이 살해돼 남자 중 살아남은 사람이 4명뿐인 경우도 있었다.

이런 학살극 끝에 4·3항쟁은 1949년 4월경 막을 내렸다. 전쟁이 아닌 시기에 동족이 동족에게 행한 최대의 학살극이 아닐 수 없었다. 4·3항쟁 때 살해된 제주도민은 3만여 명, 이는 제주도 인구 8분의 1에 해당됐다.

서북청년단은 우익 세력의 선봉 역할을 맡았다. 부산극장사건, 조선민주애국청년동맹사무실점령사건, 정수복검사암살사건 등 좌익에 대해 테러와 대북공작을 하는 한편 경찰의 좌익 색출 업무를 도왔다.

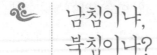

남침이냐,
북침이냐?

최근 중국과 러시아 측 자료에 의하면
한국전쟁은 남침이었다는 것이 분명해진다.

남한의 북침 가능성

한국전쟁을 누가 일으켰는가에 대해 남북한 양측은 정반대의 입장을 취하고 있다. 남한은 북한이, 북한은 남한이 일으켰다는 것이 양측의 공식적인 견해다. 지금까지 남한에서는 한국전쟁이 북한에 의해 개전되었다는 것이 정설이다. 또한 이러한 주장에 대해 반대의 주장을 하는 것도 그 자체가 국시를 위반하는 금기사항이었다.

그러나 1980년대 진보적 정치학자나 현대사 연구자들 중에서 조심스럽게 한국전쟁의 기원에 대한 이견이 부단히 제시되었다. 이러한 이견을 촉발시키는 데 주요한 역할을 했던 것은 브루스 커밍스의 수정주의적 관점에서의 한국전쟁 연구였다. 커밍스는 한국이 1950년 이전에도 38선을 경계로 끊임없는 전투를 벌여왔기 때문에 6월 25일의 개전은 별로 의미가 없다고 주장한다. 소규모 전투가 대규모 전쟁으로 발생했을 뿐이라는 것이다.

실제 북측은 1949년 1월부터 9월에 이르기까지 38선 이북에 대한 침략이 432회 있었고, 남한 측 군경 총 4만9천여 명이 동원됐다고 밝히고 있다. 남한 측 역시 한국전쟁 이전까지 침공 및 불법사격 횟수가 874회에 달했다고 기록하고 있다. 38선은 개전 이전에도 끊임없는 전투상태에 있었던 것이다.

이러한 주장보다 한발 더 나아가 남한의 북침 가능성을 당시의 정세를 들어 제기하는 입장도 있었다. 1950년 5월 30일 국회의원 선거에서 이승만 정권은 전체 의석 210석 중 24석만 확보하는 참패를 당했다. 126명의 무소속 의원들은 남북정당·사회단체협의회를 구성하고, 이의 주도 아래 남북한 총선거를 구성해 통일정부를 수립하자고 주장했다. 그런데 친일파가 요직을 차지하고 있던 이승만 정권의 인사들은 대거 제외되었다. 곧 이승만은 위기가 고조되자 미국의 원조도 받고 정권을 안정시키기 위해 전쟁을 선택할 가능성이 높았다는 견해다. 게다가 이승만은 "점심은 평양에서 저녁은 신의주에서"라고 호언장담하며 북진통일을 수십 차례에 걸쳐 주장하고 있었다.

숨겨진 사실들

그러나 최근 발견된 한국전쟁 관련 중 러시아 측 자료는 한국전쟁이 남침이었음을 확증해주고 있다. 북한 연구의 권위자인 이종석 박사는 김일성이 전쟁을 일으키게 된 몇 가지 국내외적 조건을 다음과 같이 들고 있다.

우선 1949년 10월 마오쩌둥의 공산당이 장개석의 국민당 정부를 무너뜨리고 중국공산혁명에 성공하자 김일성이 이에 고무돼 전체 조선혁명을 위한 개전을 생각했다. 이와 함께 국공내전에 참전했던 만주

거주 조선족 병사 5만 명이 1950년 5월을 기해 전원 입국하고, 소련으로부터 전후 잉여군사물자가 대량 유입됐다. 이를 통해 군사력이 남한을 압도할 수 있었다. 박헌영은 자신의 정치적 기반인 남한에서의 입지 강화를 위해 인민군이 남진할 경우 20만 명의 인민이 봉기할 것이라며 김일성을 부추겼다. 1950년 1월에 소련대사 슈티코프에게 중국혁명을 예로 들어가면서 남조선혁명의 필요성을 역설했다는 기록이 나오기도 한다.

이런 상황 하에서 김일성이 박헌영과 함께 스탈린과 마오쩌둥을 설득하여 '민족해방전쟁'이란 명분으로 남한에 대한 전면적인 공격을 감행했다는 것이다.

한국전쟁은 1951년 여름부터 소강상태에 들어갔다. 그로부터 2년간이나 전쟁이 계속된 것은 그동안 휴전회담에서 전쟁포로 송환과 휴전선 설정 문제가 합의되지 않았기 때문이다.

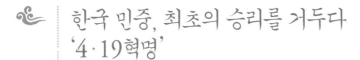

한국 민중, 최초의 승리를 거두다 '4·19혁명'

최근 중국과 러시아 측 자료에 의하면
한국전쟁은 남침이었다는 것이 분명해진다.

집권 연장을 위한 갖가지 수단의 개발

4·19혁명의 직접적인 원인은 3·15 부정선거였지만 더욱 근본적인 원인은 10여 년에 걸친 이승만 정권의 폭정에 있었다.

1948년 미국과 친일지주, 관료층의 지지를 얻어 초대대통령에 취임했던 이승만은 반민특위를 해산해 친일파 숙청이라는 국민적 염원을 좌절시켰다. 또한 한국전쟁 중에 보도연맹사건을 일으켜 20만 명의 양민을 학살하고, 거창양민학살사건과 국민방위군사건 등으로 1,600여명의 무고한 양민과 군인을 몰살시키는 등 폭정을 거듭해 국민의 지지를 잃었다. 그 결과 1952년 총선에서 참패를 당했다. 이에 재집권이 불투명해진 이승만 정권은 대통령 간선제를 직선제로 바꾸고자 개헌안을 들고 나왔지만 국회가 받아들일 리 없었다. 그러자 이승만 정권은 정치깡패를 동원해 국회의원들을 폭행하는 등 강압적 수단으로 개헌안을 관철시키는 부산정치파동을 일으켰다.

1954년에는 대통령중임제를 고쳐 종신집권을 보장하기 위한 개헌안을 억지로 통과시켰다. 개헌안은 재적의원 3분의 2인 136표가 나와야 통과되는데 135표에 그쳤다. 그러나 이승만 정권은 서울대 수학과 교수까지 동원해 "재적의원 3분2는 정확히는 135.3333……으로, 소수점 이하는 한 개인의 인격으로 취급할 수 없으므로 사사오입四捨五入하면 135표는 3분의 2에 해당하여 가결로 볼 수 있다"는 억지 논리로 개헌안을 가결시켰다.

3·15 부정선거와 학생의거

1960년 네 번째 대통령선거에서 이승만은 민주당 후보 조병옥이 선거 직전 병사해 무난히 당선될 수 있었다. 그런데 이승만은 부통령 후보로 나선 자신의 심복 이기붕의 당선을 위해 대대적인 부정선거에 돌입했다. 경찰력과 반공청년단을 동원해 위협적인 분위기를 조성한 뒤 3인조, 9인조 투표를 하게 해 반半공개투표가 되게 했고, 개표소를 정전시켜 표 조작을 했으며, 야당의 선거 감시인을 쫓아내기도 했다. 부정선거가 얼마나 극심했는지 어떤 지역에서는 유권자 수보다 더 많은 표가 나오는 웃지 못 할 일까지 벌어질 정도였다.

그 결과 이승만과 이기붕은 절대다수의 득표를 해 재선됐지만, 이는 국민의 의사와는 정반대되는 것이었다. 이에 고등학교와 대학교를 중심으로 한 항의 시위가 거세게 일어났다. 그러다 4월 11일, 3·15 마산 시위 때 눈에 최루탄을 맞고 죽은 고교생 김주열의 시신이 바다에 떠오르면서 항쟁은 걷잡을 수 없이 확대되었다. 마침내 4월 19일에 시민, 학생이 대대적으로 참여하는 시위가 전국적으로 벌어졌다. 이때 경무대로 행진하는 시위대를 향해 경찰이 무차별 발포하여 183명의 사망자와 6,020명이 넘는 부상자까지 발생했다. 그 뒤에도 시위는 계속되었고, 4월 25일에는 교수단까지 시위에 나섰다. 결국 이승만은 하야를 결심하게 되었다. 물론 그 배후에는 더는 이승만을 지지할 수 없다는 미국 측의 태도 변화가 있었다.

4·19혁명 이후 1년간 한국에는 민주주의와 통일을 열망하는 움직임이 거세게 일었다. 전국교원노조운동과 민주노조운동이 활발하게 일어났고, 학생들의 민족통일운동이 전개되었다. 우리 역사는 이제 새로운 장으로 나서는 것 같았다. 하지만 이러한 움직임은 1961년 박정희가 주도한 5·16쿠데타에 의해 좌절되었다.

이승만은 양녕대군의 17대손이었다. 오만불손하기로 유명한 그의 성격은 "스스로를 조선왕조의 후계자인 '국부'로 착각하고 국민을 우민으로 간주했던"것에서 비롯됐다고 한다.

박정희 개발독재의
빛과 그림자

박정희 정권의 경제성장정책은
정치적 독재 속에서 이뤄진 것이었다.

박정희, 관동군 중위로서 독립군 소탕 작전에 참가

1961년 5월 16일, 박정희를 비롯한 군인들이 쿠데타를 일으
켜 정권을 장악했다. 박정희는 식민지 시대에 만주군관학교를 졸업하
고 1944년에는 일본육사를 졸업했다. 그 후 다카키 마사오란 이름으
로 8·15해방 이전까지 주로 관동군에 복무하면서 독립군 소탕 작전
에 투입되었다. 귀국한 뒤에는 국군 창설에 참여하였다. 박정희는 이
시기 남로당에 가입해 국군 측 조직책임자로 활동했는데, 여순봉기 때
체포되자 군에 있는 남로당 인사들의 명단을 수사진에 넘겨줘 살아날
수 있었다. 그 뒤 제5사단장, 육군본부 작전참모부장, 제2군 부사령관
을 역임하다 쿠데타를 모의해 정권을 잡게 되었다.

박정희정권의 빛, 경제성장

박정희정권은 조국근대화를 국정의 주요목표로 삼고, 급속한 경제
성장정책을 추진했다. 이를 위해 공업화의 기반을 확충하고 수출주도

형 성장 전략을 채택해 수출과 국민소득 면에서 괄목할 만한 성과를 보였다. 1960년 3,000만 달러에 불과했던 수출액은 1980년에는 175억 달러로 폭발적으로 증가했다. 1인당 국민총생산 역시 1962년 87달러에서 1979년에는 1,500달러로 급증했다. 또한 새마을운동을 추진해 농어촌 근대화를 달성했고, 식량증산정책도 성과를 거두어 식량자급을 이뤄냈다. 또한 산업발전을 이루기 위한 사회간접자본의 확충에도 힘을 기울여 경부고속도로를 비롯한 고속도로망을 건설해 전국을 1일 생활권에 속하게 하였다. '한강의 기적'이라고도 불리는 경제성장 결과, 한국은 세계적으로 주목받는 주요 경제국가로 꼽히게 되었다.

그림자, 정치적 독재와 인권 유린

그러나 이러한 경제성장은 국민의 기본권조차 유린하는 정치적 독재 속에서 이뤄진 것이었다. 박정희는 1969년 장기집권을 위해 대통령 중임제 대신 3선 개헌을 강행했다. 더 나아가 1972년 10월에는 국회와 정당을 해산하고 전국에 계엄령을 선포한 가운데 '통일주체국민회의'가 대통령을 선출하도록 하는 유신체제를 구축해 종신집권을 획책했다.

이에 대한 국민의 저항은 거세었지만 박정희정권은 무자비한 탄압으로 일관해 인권은 무시되기 다반사였다. 또한 고도성장정책의 혜택은 소수의 독점자본가에 집중되었고, 노동자와 농민 등 생산에 직접 종사하는 계급은 경제적, 정치적으로 소외되었다.

자유민주주의의 기본적인 요건조차 무시한 박정희정권의 유신독재가 계속되자 민중과 지식인은 지속적으로 저항했다. 1979년에 이르러서는 부마항쟁이 일어나 계엄령 선포가 검토될 정도였고, 집권층 내부에서도 대처 방안을 놓고 갈등이 벌어지는 등 수습하기 어려운 지경에 이르렀다. 결국 박정희가 1979년 중앙정보부장 김재규에게 피살되면서 유신체제는 막을 내리게 되었다.

박정희는 1972년 대통령선거에서 김대중 후보에게 94만7,000표 차로 이겼다. 그는 김대중을 가장 큰 정치적 라이벌로 생각해 여러 번 죽이고자 했다. 그런데 이 둘은 단 한 번도 직접 대화를 나눈 적이 없었다고 한다.

광주민주화운동에서 첫 불항쟁까지

김대중정부는 민주주의와 시장경제의 병행발전을
국정의 기본 목표로 삼았다.

전두환의 12·12 쿠데타

박정희가 궁정동 안가에서 김재규 중앙정보부장에게 피살되는 비상상태가 발생하자 계엄령이 선포되었다. 그리고 국무총리였던 최규하가 통일주체국민회의에서 대통령으로 선출되었다. 그러나 이는 한시 체제였다. 유신헌법을 새로운 민주헌법으로 바꿔야 한다는 것은 시대의 대세였다. 민주화운동 세력은 유신잔재 청산, 학원민주화, 노동 3권 쟁취 등 민주주의 확대를 위해 활발하게 움직였다.

그러던 중 12·12쿠데타가 급작스럽게 발발했다. 전두환, 노태우 등 신군부 세력이 계엄사령관을 불법 체포하고 군권을 장악한 뒤 정치적 실권을 장악했다. 이에 대해 시민과 학생들은 1980년 5월, 계엄철폐와 전두환 퇴진을 요구하며 대대적인 시위를 벌였다. 그러나 신군부는 오히려 계엄을 전국으로 확대하고, 5·18광주민주화운동을 무력을 동원해 무자비하게 진압했다. 수천 명의 시민, 학생을 학살한 뒤 신군부는 국가보위비상대책위를 구성해 통치권을 장악하고 개헌을 추진해, 7년 단임의 대통령을 간접선거로 선출하는 헌법을 공포했다.

'정의사회'를 내세운 전두환정권은 '정의사회'라는 캐치프레이즈와는 달리 집권 기간 내내 민주화운동에 대한 탄압과 각종 비리 사건으로 인해 국민적 분노와 비난을 받았다. 이러한 국민의 불만은 1987년 6·10민주항쟁으로 터져 나왔고, 전두환정권은 결국 6·29민주화선언을 통해 국민의 요구를 받아들일 수밖에 없었다.

노태우에서 김대중, 노무현 정부까지

그러나 직선제 개헌 후 치러진 대통령선거에서 뜻밖에 국민의 지지가 가장 낮았던 노태우가 당선되었다. 김대중, 김영삼 양김씨의 분열도 원인이었지만, 노태우 진영이 지역감정을 유발하고 관권과 금권을 동원해 대대적인 부정선거를 자행했기 때문이었다.

노태우정부는 외교 면에서는 유엔 남북한 동시 가입, 중국·소련과 외교관계를 수립하는 이른바 북방정책을 폈다. 내치에서도 서울올림픽을 성공적으로 개최하여 국력을 신장시키는 계기를 마련하기도 했다.

1988년 총선에서 참패한 민주정의당은 김영삼의 통일민주당, 김종필의 신민주공화당과 합당하여 민주자유당을 창당했다. 이는 여소야대를 바라는 민의를 배신한 행위였다. 그러나 거대 여당을 기반으로 김영삼은 1992년 대통령에 당선됐다. 김영삼 정부는 집권 초기 금융실명제, 공직자 재산 등록, 지방자치제 전면 실시 등 개혁적인 정책을 펴 국민의 지지를 받았다. 하지만 한보사태 등 경제비리와 차남의 정치 개입 등으로 통치에 난맥상을 보였다. 게다가 1997년 말에는 외환위기를 극복하지 못하고 IMF 비상사태를 초래했다.

1997년 12월 대통령선거에서 김대중이 당선됐다. 김대중정부는 민주주의와 시장경제의 병행발전을 국정의 기본목표로 삼았다. 2000년 김대중 대통령과 김정일 국방위원장이 분단 이후 최초로 남북정상회담을 개최하는 등 남북관계에서 뚜렷한 업적을 남겼다. 더불어 IMF체제라는 초유의 경제위기에 기민하게 대처해 위기를 극복하는 일정한 성과를 남겼다. 그러나 경기 회복을 위해 분양가자유화와 분양권전매의 허용 등 건설 관련 정책은 부동산 경기과열을 낳은 원인이 되었다. 또한 경기활성화를 위해 카드 발행의 남발을 허용해 카드대란을 불러일으킨 점은 차기 정권의 부담이 되었다.

2002년 민주당의 노무현 후보가 예상을 뒤엎고 대통령에 당선됐다. 여권의 후보단일화 성공과 보수 세력의 집권을 막고자 하는 국민 다수의 열망이 당선 요인이었다. 탈권위적이고 합리적인 시스템을 구축하고자 하는 노무현정부의 시도는 취임 초기 대중의 지지를 얻었다. 그러나 보수 세력의 강한 반발과 다수를 점한 야당의 집중적인 견제 속에 뚜렷한 성과를 얻지 못했다. 사상초유의 '대통령 탄핵'사태가 발생할 정도로 보수 기득권세력의 견제는 집요했다. 하지만 한때 대통령 지지도 10퍼센트에도 못 미칠 정도로 국민에게 외면을 당한 이유는 경제정책의 실패와 정치노선의 비일관성에 연유한다는 것이 대다수 전문가의 지적이다.

민주주의의 훼손과 전 국민적 저항

노무현 정권 시기 불안정한 정국 운영과 부동산 정책 실패로 한나라

당의 이명박이 17대 대통령에 당선됐다. 이른바 'CEO 대통령'으로 경제를 살릴 것이란 국민의 기대 때문이었다. 그러나 집권 초부터 권력의 사유화로 측근이 구속되고, '광우병 파동'으로 대표되는 미국과의 밀실 쇠고기 협상으로 국민의 광범위한 반대를 불러일으킨 이명박 정권은 집권 내내 민간인 사찰과 인터넷 댓글 공작 등으로 그동안 국민이 일궈낸 민주주의를 훼손했다. 그리고 다수 국민이 반대한 4대강 보 구축 사업 등을 강행해 환경파괴 논란을 가져왔다.

이명박의 폐정에 대한 반발 속에 진행된 18대 대선에서는 박근혜가 민주당 문재인 후보를 이기고 대통령에 당선됐다. 박근혜는 이명박과는 다른 이미지였고, 경제민주화와 복지국가를 공약으로 내걸었다. 진보 진영의 대표적 정책을 보수 진영이 선점한 것이었다. 이러한 전략이 표심을 얻었다. 그러나 2016년 한겨레신문과 JTBC 등의 보도로 최순실이란 비정상적 측근의 국정농단이 밝혀지면서 전 국민적인 저항을 불러왔다. 매주 수백만 명에 이르는 시민이 광화문을 비롯해 광주, 부산, 대전 등 전국에서 촛불을 들고 정권퇴진을 외치는 시위가 두 달 이상 계속되며 박근혜는 탄핵됐다. 이후 2017년 5월 민주당의 문재인 후보가 대통령에 당선됐다.

『신동아』,『월간중앙』,『한겨레21』,『주간동아』,『한겨레』,『동아일보』,『조선일보』,
『경향신문』 등에 실린 수많은 기사들이 이 책의 참고 자료로 이용되었다.

KBS 〈TV조선왕조실록〉 제작팀,『사치하는 자는 장 100대에 처하라』, 가람기획, 1997

KBS 〈TV조선왕조실록〉 제작팀,『전하, 뜻을 거두어주소서』, 가람기획, 1999

KBS 역사스페셜제작팀 정종목,『역사스페셜 1,2』, 효형출판, 2000

고석규 고영진『역사 속의 역사 읽기 1,2,3』, 풀빛, 1996

구로역사연구소,『바로 보는 우리 역사 2』, 거름, 1990

국사편찬위원회,『고등학교 국사 상 하』, 교육부, 1996

국역『고려사』

국역『고려사절요』

국역『연려실기술』

국역『조선왕조실록』

김갑동,『태조 왕건』, 일빛, 2000

김대길,『시장을 열지 못하게 하라』, 가람기획, 2000

김당택,『우리 한국사』, 푸른역사, 2002

김부식 지음, 이재호 옮김,『삼국사기 1,2』, 솔, 1997

김용삼 외,『숨겨진 역사의 비밀 조선왕조실록』, 동방미디어, 1997

김승호 외,『고려시대 인물전승』, 이희, 1999

김재만,『거란·고려관계사 연구』, 국학자료원, 1999

김창현 외,『고려 500년, 의문과 진실』, 김영사, 2001

노계현,『고려외교사』, 갑인출판사, 1994

독서신문사 편 ,『한국사의 재조명』, 독서신문사출판국, 1975

독립신문강독회,『독립신문 다시 읽기』, 푸른역사, 2004

마이클 H. 하트 지음, 김평옥 옮김,『세계사를 바꾼 사람들』, 에디터, 1998

박광용 외,『역사의 길목에 선 31인의 선택』, 푸른역사, 1999

박경자,『고려시대 향리 연구』, 국학자료원, 2001

박노자,『나를 배반한 역사』, 인물과사상사, 2003

박옥걸,『고려시대의 귀화인 연구』, 국학자료원, 1996

박세길,『다시 쓰는 한국현대사 1』, 돌베개, 1988

박영규,『한권으로 읽는 고려왕조실록』, 들녘, 1996

박은봉,『한국사 100장면』, 실천문학사, 1997

박종기,『500년 고려사』, 푸른역사, 1999

박현채 외,『해방 40년의 재인식 1,2』, 돌베개, 1986

『선화봉사고려도경宣和奉使高麗圖經』

송건호 외,『해방전후사의 인식』, 한길사, 1979

신채호,『조선위인전』, 범우사 ,1997

역사문제연구소,『실패한 개혁의 역사』, 역사비평사, 1997

역사문제연구소,『우리 역사의 7가지 풍경』, 역사비평사, 1999

역사학연구소,『교실밖 국사여행』, 사계절, 1993

오수창,『조선시대 정치, 틀과 사람들』, 한림대학교출판부, 2010

완도군무화원 편,『장보고 신연구』, 샘물, 1985

요미우리신문사,『20세기의 드라마 1』, 새로운 사람들, 1996

우윤,『우리 역사를 읽는 33가지 테마』, 푸른숲, 1997

윤덕한,『이완용평전』, 중심출판사, 1999

윤치호, 김상태 편역,『윤치호 일기 1916~1943』, 역사비평사, 2001

이기백 외,『최승로 상서문 연구』, 일조각, 1993

이능화, 이재곤 역,『조선해어화사』, 동문선, 1992

이덕일,『고구려 700년의 수수께끼』, 대산, 2000

이덕일,『누가 왕을 죽였는가』, 푸른역사, 1998

이덕일·이희근, 『우리 역사의 수수께끼 1,2』, 김영사, 1999

이도학, 『궁예, 진훤, 왕건과 열정의 시대』, 김영사, 2000

이도학, 『진훤이라 불러다오』, 푸른역사, 1998

이배용 외, 『우리나라 여성들은 어떻게 살았을까 1』, 청년사, 1999

이상태, 『조선역사 바로잡기』, 가람기획, 2000

이성무, 『조선시대 당쟁사 1,2』, 동방미디어, 2000

이이화, 『한국사 이야기 19,20』, 한길사, 2003

이영화, 『조선시대 조선사람들』, 가람기획, 1998

이이화, 『한국사이야기 1,2,3,4,9』, 한길사, 1998~2000

이이화, 『이이화의 못다한 한국사이야기』, 푸른역사, 2000

이종석, 『새로 쓴 현대 북한의 이해』, 역사비평사, 2000

이태호, 『미술로 본 한국의 에로티시즘』, 여성신문사, 1998

인물한국사편찬회, 『인물한국사 5』, 박우사, 1965

일연 지음, 이재호 옮김, 『삼국유사 1,2』, 솔, 1997

『중국정사조선열국전 中國正史朝鮮列國傳』

장수근, 『한국의 세시풍속』, 형설출판사, 1984

젊은역사연구모임, 『영화처럼 읽는 한국사』, 명진출판, 1999

정성희, 『조선의 성풍속』, 가람기획, 1998

정수일, 「한국 이슬람, 1천 2백년 교류사 탐험」, 『신동아』, 2001년 5월호

정옥자 외, 『시대가 선비를 부른다』, 효형출판, 1998

조선일보사 출판국, 『격동의 구한말 역사의 현장』, 조선일보사, 1986

조성오, 『우리 역사 이야기 2』, 돌베개, 1993

조유식, 『정도전을 위한 변명』, 푸른역사, 1997

진순신, 조양욱 역, 『소설 청일전쟁 상, 중, 하』, 우석, 1995

최용범, 『13인의 변명』, 청년사, 2002

카와이 아츠시 지음, 원지연 옮김, 『하룻밤에 읽는 일본사』, 중앙M&B, 2000

한국사편집위원회, 『한국사 전 27권』, 한길사, 1994

한국여성학연구소 여성역사연구실, 『우리 여성의 역사』, 청년사, 1999

한국역사연구회, 『고려시대 사람들은 어떻게 살았을까 1,2』, 청년사, 1997

한국역사연구회, 『삼국시대 사람들은 어떻게 살았을까』, 청년사, 1998

한국역사연구회, 『조선시대 사람들은 어떻게 살았을까1,2』, 청년사, 1999

한국역사연구회, 『한국역사』, 역사비평사, 1992

한국역사연구회, 『한국사강의』, 한울아카데미, 1989

한국정치연구회 정치사분과, 『한국현대사 이야기주머니 1』, 녹두, 1993

한명기, 『광해군』, 역사비평사, 2000

한스 크리스티안 후프 엮음, 이민수 옮김, 『역사의 비밀』, 오늘의책, 2000

한영우, 『왕조의 설계자 정도전』, 지식산업사, 1999

황선영, 『고려초기 왕권연구』, 동아대학교, 1993

하룻밤에 읽는
한국사

초판 1쇄 발행 2001년 6월 28일

개정판 1쇄 발행 2007년 1월 15일

개정판 51쇄 발행 2019년 1월 18일

개정증보판 1쇄 발행 2019년 9월 19일

개정증보판 10쇄 발행 2023년 6월 20일

지은이   최용범

펴낸이   최용범

편집   박호진, 김소망

디자인   김규림, 김태호

관리   강은선

펴낸곳   페이퍼로드

출판등록   제10-2427호(2002년 8월 7일)

주소   서울시 동작구 보라매로5가길 7 1322호

이메일   book@paperroad.net

블로그   https://blog.naver.com/paperoad

포스트   https://post.naver.com/paperoad

페이스북   www.facebook.com/paperroadbook

전화   (02)326-0328

팩스   (02)335-0334

ISBN   979-11-967935-1-7 (03910)